中华人民共和国海船船员培训合格证考试培训教材

交通运输类"十四五"创新教材

符合《海船船员培训大纲（2021版）》《海船船员考试大纲（2022版）》要求

GAOSUCHUAN CAOZUO YU GUANLI

高速船操作与管理

中国海事服务中心 组织编审

大连海事大学出版社
DALIAN MARITIME UNIVERSITY PRESS

图书在版编目(CIP)数据

高速船操作与管理 / 中国海事服务中心编. — 大连 : 大连海事大学出版社, 2023.6
中华人民共和国海船船员培训合格证考试培训教材
ISBN 978-7-5632-4398-3

Ⅰ.①高… Ⅱ.①中… Ⅲ.①高速船—船舶驾驶—资格考试—教材②高速船-船舶管理-资格考试-教材
Ⅳ.①U674

中国国家版本馆 CIP 数据核字(2023)第 052683 号

大连海事大学出版社出版

地址:大连市黄浦路523号 邮编:116026 电话:0411-84729665(营销部) 84729480(总编室)

http://press.dlmu.edu.cn E-mail:dmupress@dlmu.edu.cn

大连天骄彩色印刷有限公司印装	大连海事大学出版社发行
2023 年 6 月第 1 版	2023 年 6 月第 1 次印刷
幅面尺寸:184 mm×260 mm 印张:12.5	字数:285 千

出版人:刘明凯

责任编辑:刘若实	责任校对:孙笑鸣
封面设计:解瑶瑶	版式设计:解瑶瑶

ISBN 978-7-5632-4398-3 定价:63.00 元

中华人民共和国海船船员
培训合格证考试

培训教材编审委员会

主　　任：孙玉清

委　　员：（按姓氏笔画排序）

王　勇　刘正江　刘红明　吴丽华　吴宗保　赵友涛　施祝斌
姚　杰　潘新祥

审定委员会

主　　任：孙玉清

委　　员：（按姓氏笔画排序）

王　捷　王平义　王明春　吕　明　刘锦辉　李忆星　李建国
杨甲奇　肖亚明　张庆宇　张守波　陈晓琴　苗永臣　范　鑫
周明顺　唐强荣　黄江昆　景向伟

编写委员会

前　言

《中华人民共和国海船船员培训合格证书签发管理办法》已于2019年修订并于2019年10月1日起施行。交通运输部2021年发布的《海船船员培训大纲(2021版)》,对海船船员培训合格证的适任要求,培训的理论知识、实践技能,评价标准及学时等作出了详细规定;中华人民共和国海事局根据《中华人民共和国海船船员适任考试和发证规则》和《海船船员培训大纲(2021版)》编制并发布的《海船船员考试大纲(2022版)》,对海船船员培训合格证理论考试大纲、实操评估大纲作出了详细规定。

为更好地实施高素质船员队伍建设,在新形势、新要求下推进并完善海船船员培训工作,增强海船船员的个人安全意识,进一步提升海船船员适任能力,中国海事服务中心组织具有丰富培训教学经验和航海实践经验的专家编写并审定了本套"中华人民共和国海船船员培训合格证考试培训教材"。

本套教材满足《1978年海员培训、发证和值班标准国际公约马尼拉修正案》、《海船船员培训大纲(2021版)》和《海船船员考试大纲(2022版)》对海船船员培训合格证的各项要求,紧密结合我国有关船员职业培训的最新规定,知识点全面,图文并茂,易于学习、理解,可作为海船船员培训合格证培训用书,亦可作为船上人员解决工作中实际问题的工具书。

本套教材包括:

Z01	《基本安全——个人求生》
	《基本安全——防火与灭火》
	《基本安全——基本急救》
	《基本安全——个人安全与社会责任》
Z02	《救生艇筏和救助艇操作与管理》
Z03	《快速救助艇操作与管理》
Z04	《船舶高级消防》
Z05	《船舶精通急救》
Z06	《船上医护》
Z07、Z08	《船舶保安意识与职责》
Z09	《船舶保安员》
T01	《油船和化学品船货物操作(基本培训适用)》
T02	《油船货物操作(高级培训适用)》

（续表）

T03	《化学品船货物操作（高级培训适用）》
T04	《液化气船货物操作（基本培训适用）》
T05	《液化气船货物操作（高级培训适用）》
T06	《客船操作与管理》
T07	《大型船舶操纵》
T081、T082	《高速船操作与管理》
T09、T10	《船舶装载包装及散装固体危险和有害物质操作与管理》
T11、T12	《使用气体或其他低闪点燃料船舶操作与管理》
T13、T14	《极地水域船舶操作与管理》

在本套教材的编写、出版过程中，得到了各直属海事局、航海教育培训机构、航运企业及大连海事大学出版社等单位的大力支持，特致谢意。

中国海事服务中心
2022 年 10 月

扫码学习《深入学习贯彻党的二十大精神　加快建设交通强国　当好中国式现代化开路先锋》

编者的话

《高速船操作与管理》依据《海船船员培训大纲(2021 版)》和《海船船员考试大纲(2022 版)》对海船船员培训合格证的各项要求,紧密结合我国有关船员职业培训的最新规定编写,适用于高速船船长、驾驶员、轮机长、轮机员 T08 高速船船员特殊培训合格证的考试培训,也可作为船上人员解决工作中实际问题的工具书。

本书共分为三篇十章,内容包括:第一篇通用知识,具体包括高速船的基本知识,高速船的消防、救生和通信管理,高速船的破损控制;第二篇高速船驾驶管理知识,具体包括高速船的安全生产和管理,高速船的航行与操作;第三篇高速船轮机管理知识,具体包括高速船动力装置,轮机操纵系统,高速船电力系统,高速船监控系统,高速船轮机管理。

本书由王涛、王勇、苑仁民担任主编,樊江、王建军担任主审,李晓波、李德明担任副主编。全书由王涛统稿。

本书在编写过程中,立足于我国高速船发展的实际情况,通过广泛的调研,使培训教学和企业需求有效结合。本书的编写得到了中国海事服务中心、舟山市普陀环岛客运有限公司等单位和大连海事大学出版社的支持与帮助,尤其是得到舟山海事局杨鹏飞等业内人士的许多宝贵意见,借鉴了国内多位同行专家的研究成果,在此一并表示衷心的感谢。

航海科技日新月异,相关国际公约、各国法律法规、行业标准和规定也在不断进步和完善,本书未尽之处请广大同人和读者批评斧正。

编　者

2022 年 10 月

目　录

第三篇　高速船轮机管理知识

第一篇

通用知识

第一章
高速船的基本知识

高速船因其高速、高效,越来越广泛地应用于水上客货运输,它们航行于海峡和岛屿间,抑或江河湖泊和汪洋大海之上。在高速船上服务的所有船员,都应掌握高速船的基本知识,了解全船的设备和系统,以便更好地从事船舶操作和管理工作。

第一节 高速船的概念、类型和特点

高速船船型设计新颖,配置的机器小巧且功率大,故能够实现高速航行。简而言之,高速船具有船体轻、主机功率大、航速高、设施配置简单、自动化程度高等特性,通常在特定的航线上航行。因此,无论是设计制造,还是使用管理,高速船都高于传统船舶。

一、高速船的发展概述

第二次世界大战后,世界各国工业得到飞速发展,海上运输随之得到高效提升,船舶航速越来越快,高速船便应运而生,其类型也日益增多。

(一)世界各国高速船的发展

20 世纪 50 年代末,国际上出现商业化高速船,其中最具代表性的是英国的 SR 系列气垫船,如表 1-1-1 所示,搭乘气垫船往返于英国的多佛港(Dover)与法国的加来港(Calais)之间,曾经一度是广大游客横渡英吉利海峡的最好方式之一。与此同时,苏联、法国等国也开展了气垫船的应用研究,并逐步将其应用到短途客运、休闲旅游、执勤巡逻、救援抢险、商业、勘查测量、军事等方面,其航速可达 60~80 kn。

表 1-1-1 早期的 SR 系列气垫船

船名	建造年份	最大航速	用途
SR. N1	1959	23 kn	试验
SR. N2	1961	70 kn	试验、渡船
SR. N3	1963	79 kn	军用
SR. N5	1964	60 kn	渡船、军用
SR. N6	1965	52 kn	渡船、军用
SR. N4	1968	70 kn	车客渡船
SR. N4-MK3	1978	65 kn	车客渡船

几乎是同一时期，水翼船在民用方面也得到快速发展。1957 年，苏联"Raketa"水翼船的出现，引起了轰动，此后出现的"Kometa"水翼船、"Burevestnik"水翼船等都是一时之选。1974 年，美国波音公司建造了船长约 40 m 的 PHM 型全浸式水翼船军舰，其航速超过 45 kn；此后又研发了民用的 JetFoil 929 型水翼船，其船身长 90 m，以铝合金制造，净重约 100 t，载客量可达 250 人，航速达 45 kn。

20 世纪 80 年代，高速双体船开始兴起。1985 年，日本建造出当时世界上最大的小水线面双体船——3 000 吨级海上作业试验船"海洋"号。1991 年，美国建成了 3 400 吨级大型小水线面双体船"胜利"号。英国、德国、荷兰、挪威、芬兰、韩国、丹麦、瑞典、俄罗斯等国纷纷提出了建造双体船的计划和设计方案，掀起一股竞相发展高速双体船的热潮。

20 世纪 90 年代，双体气垫船、双体船等复合型高性能船出现，同时，高速船由近海向远洋进军。1993 年，日本三菱重工设计和制造的"Supper shuttle 400"彩虹号全浸双体水翼船取得了重大的成功。1998 年 7 月 20 日，由澳大利亚 INCAT 公司建造和设计的穿浪双体船"CAT-LINK V"号（如图 1-1-1 所示）创造了当时的穿越速度纪录，该船全长 91.3 m，可载运 800 人和 200 辆汽车，从美国纽约到英国主教灯塔仅用了 2 天 20 小时 9 分钟，平均航速高达 41.284 kn，被授予黑尔斯杯——北大西洋蓝丝带奖。

图 1-1-1 穿浪双体船"CAT-LINK V"号

2000 年以后，高速船开始朝着大型化、智能化方向发展，船体的结构、动力和控制系统发生了重大的进步。

2012 年,澳大利亚一造船厂承建了一艘以 LNG 为燃料的高速滚装渡船,该船全长 99 m,可搭载将近 1 000 名乘客和 140 辆小轿车。

2018 年,澳大利亚船舶企业 Austal 公布了船东 Molslinjen 公司的一艘双体渡船"Express 4"号,该船长 109 m,可搭乘超过 1 000 名乘客和 425 辆小汽车,服务航速可达 40 kn,在设计上优化了船体形式,实现了燃料消耗的最小化,并配备了驾驶控制系统,稳定性和舒适度高。同年,西班牙航运公司 Baleària 建造当时全球最大和首艘 LNG 动力的高速双体船,船长 125 m,型宽 28 m,可载运 1 200 名乘客和 500 辆小汽车。

劳斯莱斯公司从 2019 开始在"Lake Constance"号汽车渡船上试验船舶推进技术,使其成为欧洲第一艘直接由高速气体发动机推进的内河客船。

2022 年 7 月 18 日,世界首艘全电动客运快速渡船"Medstraum"号在挪威交付。2022 年,美国网约车巨头优步(Uber)与英国泰晤士快船公司合作推出的水上通勤项目 Uber Boat 开始建造英国首艘混合动力高速渡船。该船在运送通勤人员和观光客时可以完全依靠电池动力运行,在伦敦市中心以外使用生物燃料发动机产生的多余能量为电池充电。

(二)我国高速船的应用与发展

1. 我国高速船应用水域

我国是一个水运资源丰富的国家,东部和南部海岸线长达 18 000 多千米,沿海共有 6 400 多个岛屿,内陆拥有长江、黄河、珠江、黑龙江、京杭大运河、湖泊等丰富的可航水域。高速船主要分布情况如下:

(1)环渤海湾航区

环渤海湾航区包括大连、天津,以及山东北部各地区,经济比较发达,跨海航线较陆地航线短,节约时间成本,高速客船、高速客车渡船和高速货船具有良好的发展前景。

(2)长江口杭州湾航区

长江口杭州湾航区包括上海以及浙江省舟山、宁波、杭州湾区域,特别是舟山群岛,有众多港口和有人居住的岛屿,人员来往频繁。20 世纪 80 年代起,高速双体船开始运营,往返于上海—宁波、舟山—宁波及其他地区的航线。

(3)珠江口航区

珠江口航区包括中国香港、中国澳门、广州、深圳及周边城市,20 世纪 70 年代,中国香港和澳门之间开始出现水翼船运营,1980 年初,广东与中国香港、中国澳门的贸易和经济技术合作急剧增长,为开发深圳到香港的高速航线,从英国购买了两艘 HM-216 和 HM-218 气垫船,这是广东的第一条高速船航线,也是我国最早的高速船航线。

(4)琼州湾航区

琼州湾航区位于广东省、广西壮族自治区、海南省交界处,目前,海口、钦州、北海之间已经开通水上飞机路线,琼州海峡半小时经济圈已成为现实。

(5)长江内河航区

自 20 世纪 80 年代初,英国侧壁式气垫船就被引进并投入武汉附近的长江水域运营。1985 年起,我国开始使用侧壁式气垫船,水上高速客运在以重庆为中心的长江上游开展起来,并得以蓬勃发展。1992 年以后又引进的"长"字号、"神"字号和"鸿"字号水翼船投入川江水上高速客运航线。

除上述航区外,台湾海峡航区是潜在的高速船航区,海峡两岸经济交流和通航开通可促使大型高速船客车船和货船投入运营。福建福州、厦门两港到台湾基隆、高雄两港航程在 120 n mile 之间,适合开发高速。

2. 我国高速船研发历史

我国的高速船发展经历了从单座艇到千座艇,从简单的钢质结构到高效复合材料结构,从燃油机到电动机,从内河到海洋,经过长期的不懈努力,在研究、设计和应用全方位上取得了非凡的成就。

我国在该领域的研究紧跟世界步伐,在英吉利海峡出现第一艘气垫船的第二年,1960 年,国防科委主持召开全国气垫技术会议,明确以气垫船为主要研究方向,并缩短战线,集中力量对关键技术组织协作攻关。1963 年到 1967 年,沈阳松陵机械厂研制成功全垫升式试验艇“松陵 1”、“松陵 2”和“松陵 3”号。

上海 708 研究所于 1963 年后五年间相继设计建成全垫升式气垫试验艇 711-1 号和 711-2 号,航速达 98 km/h;1978 年设计建成全垫升式气垫交通艇 716 型,总重 16 t,载重 2 t,航速达 100 km/h;1981 年以 717-C 型艇为原型,为重庆轮船公司设计、建造了载客 54 名的 717-2 型艇“岷江”号。

中国船舶科学研究中心(中国船舶重工集团公司第七〇二研究所)在 20 世纪 60 年代就试制出“长江水翼 1”号试验船;1988 年,研制开发“飞鱼”号水翼船,总重 15 t,能在水中以 52 km/h 的速度航行;1989 年完成了“信天翁Ⅰ、Ⅱ”号冲翼艇的研制。

1995 年中国航空航天工业部设计与开发的 HT 型气垫船达到了当时世界的先进水平,在 1996 年还出口新加坡,这是国产全垫升式气垫船的第一次出口。

2000 年后,我国的高速船发展进入了合作创新发展阶段。2006 年,由中船重工 701 所设计的穿浪双体船“海峡”号在广州沙角试航,获得圆满成功。2008 年 8 月 29 日,英辉南方造船(广州番禺)有限公司打造的两艘亚洲最大型铝合金高速车客渡船顺利开航,交付土耳其船东。2011 年,我国第一艘高速客滚轮“海峡”号从福建平潭首航中国台湾台中,该轮采用轻质铝合金建造,长 97.22 m,宽 26.6 m,船舶总吨 6 556 t,可在 4 m 高海浪中平稳行驶,额定航速 45 kn。

2018 年,英辉南方造船(广州番禺)有限公司交付了国内第一艘单体铝合金高速载客工作船——“新时代”轮。同年,当时全球最先进的碳纤维高速客船“银珠湖”启航。

2020 年,由澳龙船艇建造的目前国内尺度、客位最大的铝合金高速客船“北游 26”号(如图 1-1-2 所示)顺利下水,该船长 70 m,共有 1 200 客位,采用四台喷水推进器,航速达 32 kn,是国内目前最大的铝合金高速客船。

图 1-1-2 “北游 26”号高速客船

二、高速船概念

高速船并没有标准的统一定义，但基本上可分为基于航速和水动力学上的概念。

1. 基于航速的概念

有学者认为设计静水时速在沿海水域为 25 n mile/h 及以上、在内河通航水域为 35 km/h 及以上动力支撑船舶和排水型船舶可以被定义为高速船。《中华人民共和国内河避碰规则》中有类似的定义：“快速船是指静水时速为 35 km 以上的船舶。”

2. 基于水动力学的概念

国际海事组织（IMO）的《高速船安全规则》中的高速船是指最大航速大于等于以下数值的船舶

$$V \geqslant 3.7\nabla^{0.1667} \tag{1-1-1}$$

式中：V——静水中的最大航速（m/s）；

∇——对应设计水线的排水体积（m^3）。

该公式适用于：

（1）在其航行过程中，以最大航速的 90%航行至避难处不超过 4 h 的高速客船；

（2）在其航行过程中，满载以最大航速的 90%航行至避难处不超过 8 h 的 500 总吨及以上的高速货船。

目前，国际上各大船级社，包括中国船级社（CCS），以及我国《船舶与海上设施法定检验规则》《中华人民共和国高速客船安全管理规则》等均采用了此定义，因此，该定义可视为当前一种主流和被广泛采纳的定义。

3. 傅汝德数

19 世纪中期，英国造船工程师傅汝德在研究水动力学时提出了无量纲参数——“Fr-傅汝德数”。学者在研究高速船水动力性能与航速的关系时引入了“排水体积傅汝德数 Fr_{∇}”：

$$Fr_{\nabla} = V/\sqrt{g\nabla^{1/3}} \tag{1-1-2}$$

式中：V——航速（m/s）；

g——重力加速度（m/s）；

∇——排水体积（m）。

船舶在不同的排水状态下所受的阻力也不同，同时航速也影响船舶的航态。巴甫连柯在试验中观测到船舶的航态随着 Fr_{∇} 的变化呈现出图 1-1-3 所示的变化。

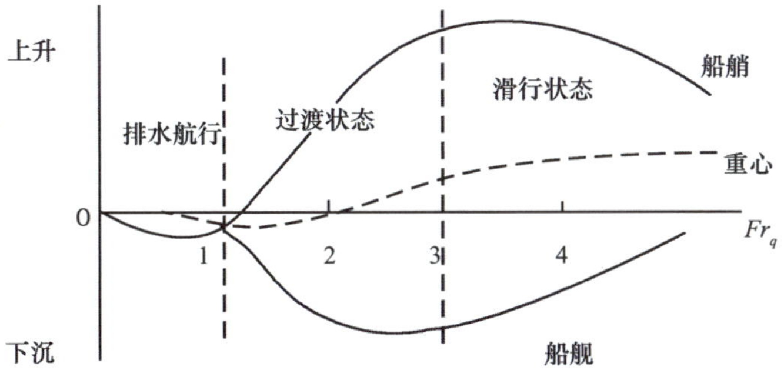

图 1-1-3　船舶航态随 Fr_{∇} 的变化关系

(1)排水状态

当 $Fr_\nabla<1$ 时,船舶的航速较低,流体动力所占的比例极小,船体基本由静浮力支持,船体航态与静浮时变化不大,处于排水航行状态。在这个速度范围内的各种船舶,其阻力及其他航行性能可以认为与航态无关,称为排水型船舶。大多数的民用船舶属于这种状态,称为水面排水型船舶。

(2)过渡(或半滑行)状态

在 $1<Fr_\nabla<3$ 时,此时随航速增高,航态较静浮状态有明显的变化,船首上抬较大,船尾下沉明显,整个船体呈现明显的尾倾现象。在这种状态下,流体动力较排水航行状态明显增大,船的排水体积减小,即在该速度范围内的各种船舶,阻力特性与航态关系较密切,如高速炮艇、巡逻艇、交通艇都是这种航态范围的船舶。这些船舶流体动力占支持艇体的总浮力的比重不可忽视,但航态基本上处于排水型状态,故这些船舶称为高速排水型艇或过渡型艇。

(3)滑行状态

当 $Fr_\nabla\geqslant3$ 时,此时航速很高,船首、船尾的吃水变化很大,而且整个船体被上抬沿水面“滑行”,因此,处在这种航态下的船称为滑行艇。滑行艇处在滑行阶段时,静浮力很小,船体几乎完全由流体动力来支持。高速摩托艇、鱼雷快艇及导弹快艇等均属于滑行艇。

综上,国际上所定义的高速船 $V\geqslant3.7\nabla^{0.1667}$ 换算为体积傅汝德数为 $Fr_\nabla\geqslant1.182$。此时高速船船体部分或大部分受流体力支撑,与常规的排水船舶的受力有很大的区别。

三、高速船的种类和等级

(一)高速船的种类

1981 年举行的第 16 届国际船模试验池会议(ITTC)将当时流行的主要高速船归纳为四类七种船型,即单体高速艇(高速排水型艇和滑行艇)、水翼艇(全浸式水翼艇和表面割划式水翼艇)、气垫船(全垫升式气垫船和侧壁式气垫船)、多体船(小水线面双体船)。第 17 届 ITTC 高速船委员会强烈建议将高速双体船加入高速船行列中。

此后,冲翼艇(又称为地效翼船)以几种支持力互相组合的所谓复合型高性能船等技术相继成熟;近年来新能源动力、智能控制技术也应用于高速船,使其类型进一步拓展。

总体而言,从不同的功能和结构等方面,高速船大致可分为以下几类:

(1)按用途分,可以分为客船、货船、军船、海岸巡逻艇、政府公务船等;

(2)按与流体动力特性相关的船型分,可以分为滑行艇、水翼船、气垫船、地效翼船等;

(3)按片体数量分,可以分为单体船、双体船、多体船;

(4)按船体材料分,可以分为钢质船、铝质船、玻璃钢船、碳纤维船、钛合金船等;

(5)按浸水位置分,可以分为水面型船、半潜型船、腾空型船等;

(6)按驱动方式分,可以分为燃油船、LNG 船、电动船等。

在实际生产和运营中,根据主流产品和商业营运,常见的高速船类型如图 1-1-4 所示。

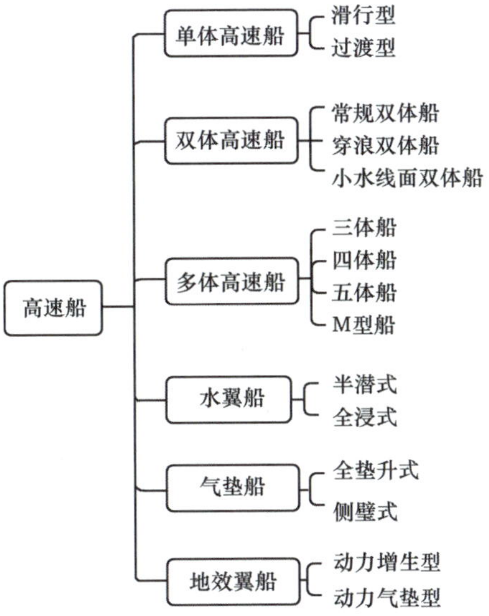

图 1-1-4　常见高速船类型

(二)高速船等级

1. 国际规则中的高速船等级

IMO 海上安全委员会 MSC. 36(63)决议《1994 年国际高速船安全规则》和 MSC. 97(73) 决议《2000 年国际高速船安全规则》中对高速货船和高速客船的结构、设备、安全性等方面做了具体的规定。其中,对于高速货船,规则中并没有划分等级;对于高速客船,规则中把高速客船分为 A 类船和 B 类船。

(1)A 类船

A 类船系指符合下列条件的任一高速客船:

①船旗国和港口国对营运的航线已经了解并确认:一旦船舶在该航线任何地点出事而需撤船,有很大把握能在下列三项中最短时间内将所有乘客和船员安全救出:

—在最坏预计工况下为保护救生艇筏内的人员免予因暴露而造成体温过低的时间;

—与该航线所处的环境条件和地理特点相适应的时间;

—4 h。

②载客不超过 450 人。

(2)B 类船

B 类船系指除 A 类船以外的其他高速客船。这类船的机器和安全系统的布置应在任何舱内的任何重要机械和安全系统一旦失效时,该船仍能保持安全航行的能力。

2. 我国高速船等级

(1)海上高速船等级

对于海船,中国船级社《海上高速船入级与建造规范》中的分类与《国际航行高速船安全规则》相同,把高速客船分为 A 和 B 两类船。

此外,根据航行限制水域,又分为远海营运限制、近海营运限制、沿海营运限制、遮蔽水域营运限制和平静水域营运限制,如表 1-1-2 所示。

表 1-1-2　海上高速船营运限制水域等级

限制等级	限制范围
远海营运限制	系指航行于距岸不超过 300 n mile 的水域,且船舶在其经营的航线上,满载并以其营运航速航行至庇护地:对客船不超过 4 h;对货船不超过 8 h
近海营运限制	系指航行于距岸不超过 200 n mile 的水域,且船舶在其经营的航线上,满载并以其营运航速航行至庇护地:对客船不超过 4 h;对货船不超过 8 h
沿海营运限制	系指航行于距岸不超过 20 n mile 的水域,且船舶在其经营的航线上,满载并以其营运航速航行至庇护地:对客船不超过 4 h;对货船不超过 8 h
遮蔽水域营运限制	系指航行于沿海航区内由海岸与岛屿,岛屿与岛屿围成的遮蔽条件较好、波浪较小的海域,在该海域内岛屿之间、岛屿与海岸之间距离不超过 10 n mile;或距岸不超过 10 n mile 的水域,船舶满载并以其营运航速航行,航程不超过 2 h,并限制在风力不超过 6 级(蒲氏风级)且目测波高不超过 2.0 m 的海况下航行
平静水域营运限制	系指航行于距岸不超过 5 n mile 的水域,船舶满载并以其营运航速航行,航程不超过 2 h,并限制在风力不超过 6 级(蒲氏风级)且目测波高不超过 1.0 m 的海况下航行

注:参照中国船级社《海上高速船入级与建造规范》2022 综合文本。

(2)内河高速船等级

对于我国内河水域航行的高速船,中国船级社《内河高速船建造规范》根据航行水域波高和流速,把高速船划分为以下等级,具体如表 1-1-3 所示。

表 1-1-3　内河高速船等级

航区等级(Hs——有义波高)	
A 级	$1.25\ m<Hs\leqslant 2\ m$
B 级	$0.5\ m<Hs\leqslant 1.25\ m$
C 级	$Hs\leqslant 0.5\ m$
航段等级(V——滩上流速)	
J1	$5\ m/s<V\leqslant 6.5\ m/s$
J2	$3.5\ m/s<V\leqslant 5\ m/s$

注:参照中国船级社《内河高速船建造规范》2022 综合文本。

四、高速船的特点

不同类型的高速船的航行特点和性能各有千秋,适合于不同的水域和地区。下面就常见的高速船介绍其特点。

1. 单体高速船(monohull high speed craft)

高速单体船是只有一个船体的高速船,一般可分为滑行型和过渡型。

(1)滑行型高速船

其也称为滑行艇,如图 1-1-5 所示。滑行型高速船的排水量一般在 200 t 以内,航速可达 40 ~ 50 kn，甚至 70 ~ 80 kn，军事领域主要用作鱼雷艇、导弹艇、炮艇、猎潜艇、工作艇、侦察艇、布雷艇等；民用方面主要用作游艇、赛艇、交通艇等。

图 1-1-5　单体高速船

滑行型高速船在水面高速运动时，升力产生最为简单，是由船体形状产生的，因垂向水动压力作用而产生升力，船体接触面随速度的增加而减小，船艇进入滑行状态。这种船航速高、吨位小、操纵灵活，但滑行状态时波浪会对艇体产生很大的冲击力，在风浪中的失速也较大，因而不适于在大风浪中航行。

从船体形态上区分，有常规滑行艇、深 V 滑行艇、断级滑行艇。常规滑行艇的艇底剖面 V 度不大，有利于产生较大的动升力，但在波浪中吃水较小，耐波性较差；深 V 滑行艇主要是加大剖面 V 度以改善艇的耐波性；断级滑行艇是在艇底纵向设置横向断级，在高速时断级后的艇底不与水接触，从而进一步减少摩擦面积以达到预计的高航速。

滑行艇航行中具有以下特征：

①船体重心被抬高。全滑行状态下，船体重心上升到静浮状态之上，船体动压力的大小近似于和船速的平方成正比，因此，船速越高，重心上升越大。

②剖面形状采用 V 形或对称折角形，其目的是使水流尽快脱离艇体，减少飞溅阻力。

③艇体剖面保持一定的斜升角，首部的斜升角很大，向艇尾方向迅速减少，主要为了综合适应艇体阻力、耐波性和操纵性等方面的要求。

④艇体纵倾角和湿面积均随航速而变化。由于在不同航速下，艇底纵向压力分布是不同的，因而对尾板的力矩是变化的，所以航行时，纵倾角和湿面积随航速而变化。

⑤滑行艇在滑行过程中出现明显的"喷溅"现象。水流向驻点线前和两舷外侧喷溅，该部分喷溅面积亦是艇体湿面积的一部分，因而将影响到摩擦阻力。若喷溅过大，水流会冲向甲板，影响在甲板上的人员工作和设备的使用。

(2)过渡型高速船

过渡型高速船航态处于一般排水型船舶与滑行艇之间，又称为高速排水型船。

根据剖面形状，一般有圆舭形、圆舭折角形和准深 V 形。

圆舭形是最早出现的船型，横剖面圆滑，阻力小，经济性能高，但在高速时阻力增加较快，横摇阻尼小，在风浪中横摇较大，高速时旋回圈较大，船舶操纵性能受到一定影响。

圆舭折角船型是在圆舭船型的基础上在舭部设置折角线以改善流体性能，船型适用的航速比圆舭船形高。

准深 V 船型是从深 V 船型滑行艇的设计和性能改进而得，主要是借鉴深 V 船型滑行艇耐波性优良和适用于高航速的特点。其船型特点是长、宽都比较大，横剖面线型平直，横向斜升角要小于典型深 V 船型，而且从船中至船尾逐渐减少以保证船舶的快速性和耐波性兼优。准深 V 船型具有良好的总体性能，建造工艺简单，造价相对较低，技术风险小，因而逐渐得到广泛的应用。

2. 双体高速船(catamaran high speed craft)

双体高速船由两个片体组成，每个片体更瘦长，从而减小了兴波阻力，使其具有较高的航速；双体船的宽度比同级别的单体船大得多，其稳定性明显优于单体船，且具有承受较大风浪的能力，因而被世界各国广泛应用于军用船舶和民用船舶。

为进一步改善高速双体船的综合性能，若干新型的双体船型出现，主要有小水线面双体船和穿浪双体船等。

(1)小水线面双体船(small waterplane area twin hull)

小水线面双体船，因其水线面积仅相当于排水量相同的普通船只的 1/4 左右而得名，主要由上船体、下潜体和支柱三部分组成，其结构如图 1-1-6 所示。

图 1-1-6　小水线面双体船结构

上船体亦称箱体，其材料通常是钢结构、铝合金或玻璃钢。下潜体是两个完全浸没在水中的彼此平行的鱼雷管状体，它是产生浮力的主要部分。支柱垂直穿过水面，在上船体与下潜体之间起连接作用，支柱的横剖面较小。

小水线面双体船具有耐波性好、推进效率高、甲板面积宽大、操纵性好、横稳性好等优点，也存在纵稳性较差、装载量小、湿面积大、摩擦阻力较大等缺点。

(2)穿浪双体船(wave-piercing catamaran)

穿浪双体船型是吸收常规双体船高速低耗、小水线面船优良耐波性的优点设计的一种复合船型。船体由两个片体、拱形连续支柱、中间船体以及铺设在中间船体上的平台组成，如图 1-1-7 所示。

片体和中间船体的艏部均为深 V 船型。片体细长，艏部为尖削的梭形穿浪艏，船尾为方形。上部露出水面，下部浸没于水中，水上部分储备浮力较小。在静水或小浪中航行时，由两侧片体入水提供浮力，中间船体腾空离水；遇大风浪时，其片体的穿浪艏在波峰和波谷间穿浪航行，中间船体一般不入水；只有纵摇、艏部升沉严重时，中间船体才入水提供浮力，辅助调整船的姿态。其具有较好的快速性、优良的耐波性和在波浪中失速小等优点。

图 1-1-7　穿浪双体船模型

与常规双体船型相比,穿浪双体船型具有快速性好、横摇和纵摇较轻、稳定性较好、耐波性好等特点。

3. 多体高速船(multiple-hull high speed craft)

多体高速船是指利用间隔一定距离的两个以上的瘦形船体,通过上部的强力构架连成一体的船舶。世界上已有的多体高速船主要有三体船、四体船、五体船和 M 型船。图 1-1-8 是 M 型多体高速隐形快艇。

图 1-1-8　M 型多体高速隐形快艇

同单体船相比,多体船具有更加优越的浮性、稳性、耐波性、机动性和隐身性,能够大量装载,抗打击能力强等优点,因此在民用和军用领域得到了广泛的应用。

4. 水翼船(hydrofoil craft)

水翼船船身底部有支架,装上水翼,如图 1-1-9 所示,其航速可以达到 40~70 kn。

图 1-1-9　水翼船

水翼船的工作原理与飞机一样,水翼的断面也与机翼断面的形状一样。当船在推进装置的作用下快速航行时,浸在水中的水翼就因其断面的特殊形状而造成它的上、下表面所受水的压力不同,下表面的压力大于上表面的压力,从而形成升力,逐渐把船体抬起。

这样就使船所受的水中阻力减小,使船速容易提高。当航速增加到一定值时,升力大到可以将船体完全抬出水面,使船在水面上掠行,称为翼航(Foilborne)。这样,当船高速行驶时,就可大大降低水动阻力,并可减少波浪对船体的冲击。当水翼船停泊或以低速航行时,水翼不产生升力,这时水翼船就同普通的排水型船一样,其船体靠浮力支持。

按照翼航时水翼与水面的相对位置来划分,水翼船可分为“浅浸式”和“深浸式”水翼船。

早期的水翼船采用U形水翼,称为“浅浸式”或“割划式”水翼,翼航时,U形水翼部分浸在水中,部分割破水面而露在空中。U形水翼结构较为简单,通常使用船尾在水中的螺旋桨及方向舵推进,航行在风浪中时,会出现较大的运动响应,甚至于船体受到冲击,因此此类水翼船多用于内河。

较新的水翼船则是采用倒T形或L形水翼,翼航时通常保持在水下,因此被称为“深浸式”水翼。此类水翼受海浪影响较小,因此适于海上航行。但因深浸式水翼设计不具有自我稳定的特性,必须要由自动控制系统就海面情况、船身姿态、速度、加速等参数不断改变水翼的攻角,以维持翼航的状态。

5. 气垫船(air cushion vessel;hovercraft)

气垫船是利用高压空气在船底和水面间形成气垫,使船体全部或部分垫升,从而大大减小船体航行时的阻力,实现高速航行的船舶,如图1-1-10所示。其特点是航速快、噪声小、甲板面积大、水陆两栖。气垫是用大功率鼓风机将空气压入船底下,由船底周围的柔性围裙或刚性侧壁等气封装置限制其溢出而形成的。

图1-1-10　气垫船

气垫船按航行状态分为全垫升气垫船和侧壁式气垫船两种。

(1)全垫升式气垫船

全垫升气垫船采用空气螺旋桨推进,航行时船底离开水面,因此具有较好的登陆快速性。其营运航速为40~50 kn,静水航速可达70 kn。

(2)侧壁式气垫船

侧壁式气垫船也称双体气垫船,航行时不完全离开水面,气垫升力支撑船体的大部分重量,一般为总排水量的90%左右。它的气垫是被左右两侧插入水中的刚性侧壁和船首、船尾的封裙所围住。推进装置有采用水中螺旋桨的,也有采用喷水装置的,其航速可达30~80 kn。

6. 地效翼船(wing in ground craft, WIG)

利用安装在船体上的机翼贴近水面或地面飞行时所产生的表面效应升力形成气垫而支持船重,能在水面或地面航行或腾空低飞,又称飞翼艇、冲翼艇,如图1-1-11所示。

图 1-1-11　地效翼船

根据动力产生方式，地效翼船可分为动力增升型和动力气垫型两种类型。

动力增升型地效翼船航行时相当于飞机的起飞状态，即机翼贴近地面，气流在机翼下方获得阻塞而机翼下方的压力升高，于是升力急剧上升，使该艇贴近水面航行，阻力减小，航速升高，同时其前置导管又将压力气流送至主翼下方产生增加升力的作用。

动力气垫型地效翼船利用动力气垫增压现象，由首部主机带动涡轮风扇将压力气流打入气垫内部，由尾翼向下转折，使气垫内的气流在尾部溢流时受阻滞，使机翼下的压力急剧上升。

地效翼船航行时艇体完全脱离水面而贴地面或水面飞行，故其所受的阻力小，因此具有航速高、适航性好、操纵性好、经济性好、隐蔽性好等特点。

第二节 高速船控制、操纵和推进系统概述

一、推进系统

(一) 推进系统概述

船舶在水面上航行需要动力，常见的方式是把燃料转化成热能来推动发动机运转，发动机把热能转换成机械能。高速船上最常见的发动机是柴油发动机和燃气轮机，随着科技的进步和环境保护的需求，电动发动机也开始得到使用。不论动力装置采用何种发动机，最终将通过推进装置来推动船舶高速前进。

为最大化推进效率，减少能源损耗，高速船应根据不同的船型、航速、营运水域等因素，选择合适的推进系统。

高速船推进器按照其形态分为螺旋桨推进器和喷水器推进器，如图 1-2-1 所示。

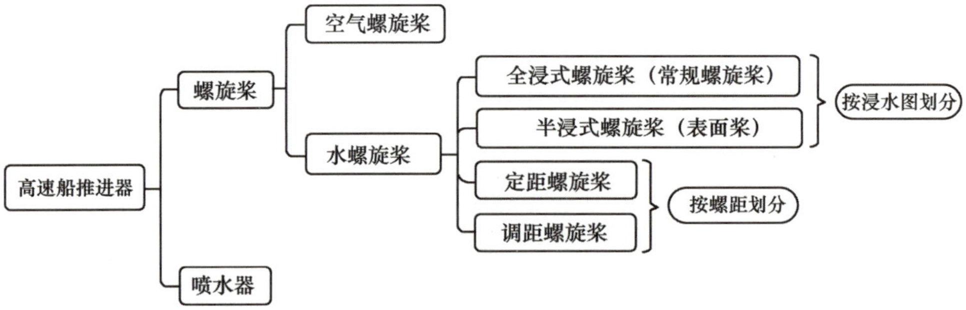

图 1-2-1　高速船推进器分类

(二)常见的高速船推进器

高速船上常使用的推进器主要有以下几种：

(1)水螺旋桨,多用于航速 30 kn 以下的高速船舶,有轴式、挂机、IPS 等方式。

(2)喷水推进器,是主流的高速船推进器,适用于航速 30~40 kn 的高速船舶。

(3)表面桨,推进效率最高,适用于 60 kn 以上的高速船。

(4)空气螺旋桨,主要用在全垫升气垫船和地效翼船,在非排水状态下使用,作为低空飞行的推进器,速度在 40~200 kn 之间。

1. 水螺旋桨推进器(water propeller)

水螺旋桨也称为螺旋桨,一般指的是全浸式螺旋桨,如图 1-2-2 所示。

图 1-2-2　水螺旋桨

螺旋桨一般安装在船艇尾部水线以下的推进轴上,由主机带动推进轴一起转动,将水从桨叶的吸入面吸入,从排出面排出,利用水的反作用力推动船艇前进。螺旋桨分为固定螺距螺旋桨和可调螺距螺旋桨。

(1)固定螺距螺旋桨

固定螺距螺旋桨由桨毂和桨叶组成。桨叶一般为 3~6 片,临近桨毂部分称为叶根,外端称为叶梢,正车运转时在前的一边称导边,在后的一边称随边,螺旋桨盘面向船尾一面称排出面,向船首一面称吸入面。

如果在固定螺距螺旋桨外缘加装一圆形导管,即为导管螺旋桨。导管可提高螺旋桨的推进效率,但倒车性能较差。导管螺旋桨又可分为固定式导管螺旋桨和可转式导管螺旋桨。固定式导管螺旋桨使船艇回转直径增大,可转式导管螺旋桨能改善船艇回转性能。

(2)可调螺距螺旋桨

通过桨毂内的曲柄连杆机构带动桨叶转动,在不改变推进轴的转速和运转方向的情况下,改变桨叶的角度,即可改变推进器的推进功率和推进方向。

螺旋桨构造简单、工作可靠、效率较高,是船艇的主要推进器。现代船艇的螺旋桨多采用大盘面比、适度侧斜、径向不等螺距和较多桨叶等结构形式,以减小在船尾不均匀伴流场中工作时,可能产生的空泡、剥蚀、噪声和过大的激振力。

2. 喷水推进器(water-jet propeller)

喷水推进器是推进机构的喷射部分浸在水中,利用喷射水流产生的反作用力驱动船舶前进的一种推进器,多用于中小型高速船舶,如滑行艇、穿浪艇、水翼艇、气垫船等。

典型的喷水推进装置结构主要由吸口、水泵、喷口、管道系统、倒车斗、操舵装置等组成,如图 1-2-3 所示。前进时,水泵自船底吸水管道吸进水流,从喷水管道高速喷出,获得水流的反作用力,推动船艇前进;倒车时,将装置在喷水管道口上方的倒车斗放入水中,高速水流进入倒车斗后,将向后方喷射的水流反射成向前的水流,在不改变主机旋转方向的情况下使船倒航。操舵同倒车一样是靠改变水流的喷射方向来实现的。

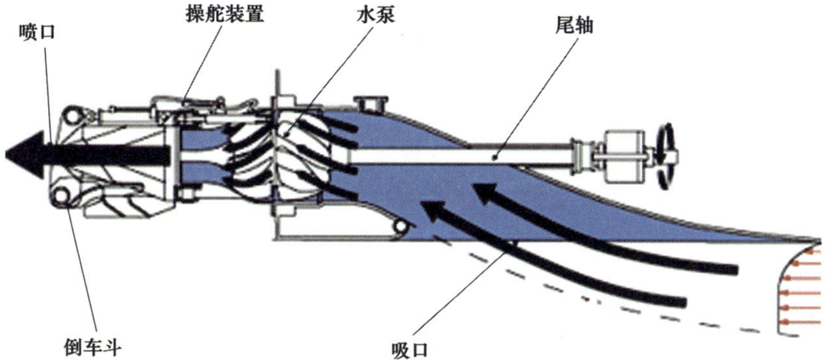

图 1-2-3 喷水推进器

与常规螺旋桨相比,喷水推进器的优点主要体现在以下几个方面:

(1)传动结构简单;

(2)航速超过 40 kn 的高航速阶段,推进效率高,中、低速时可以使用较大功率产生较大的推力,使船加速,也容易通过某些船舶的阻力峰;

(3)船内噪声较小,通常比安装螺旋桨的船舶小 7~10 dB(A);

(4)喷水推进的水流喷向船后,不会有脉动压力作用在船底板上,不易引起船体结构的振动,喷水推进叶轮处的流场较为均匀,自身也不易产生振动;

(5)抗空泡性能好;

(6)可实现浅水航行;

(7)与操舵装置、倒车斗配合,可实现原地回转和横移;

(8)叶轮在泵壳内,不会受到触底、碰撞而引起损坏。

然而,喷水推进器也存在一些缺点,主要体现在以下几个方面:

(1)进口容易堵塞,造成推进器不能运转;

(2)容易在高转速、低航速时进入空蚀区(装有多个喷水推进器的船上,当部分喷水推进器工作时的状态),严重时产生空蚀、推力下降,引起振动,所以必须严格控制所使用的转速,使其不进入空蚀区运转或者瞬时进入;

(3)自重大,再加上流道、水泵内的水,对船的排水量的影响大;

(4)造价高;

(5)设置了外壳体,因此泵叶轮拆换较为复杂;

(6)20 kn 以下的低航速时,推进效率较低。

3. 表面桨(surface piercing propeller)

表面桨是一种正常工作时部分桨叶露出水面的特种螺旋桨,也称作半浸式螺旋桨,高速航行时具有无空泡、低阻力、浅吃水和高效率等特点,是当今世界新型高速船艇的首选推进方式。

半浸式螺旋桨推进装置的结构如图 1-2-4 所示,桨叶一部分在水中而另外一部分在空气中,桨轴及其支架都在水面上,位于水面上方的推进装置除包含桨的传动轴系外,还有调节轴系纵倾角和横倾角的机构。表面桨的方向控制装置通过改变螺旋桨转速调整推力大小,通过操纵操舵机构(转舵油缸和纵倾油缸)实现船舶转向和船桨运动匹配。

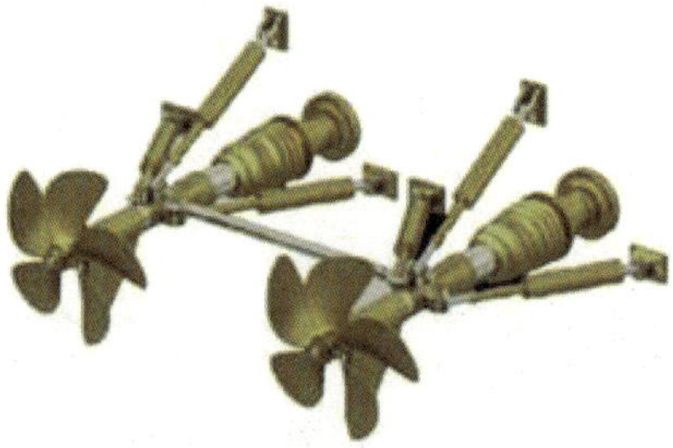

图 1-2-4　半浸式螺旋桨推进装置

半浸式推进系统较常规推进系统有众多优势,主要体现在以下几个方面:

(1)桨毂、轴、液压支撑附件等露在水面之上,因此有效地减少了附加阻力;

(2)半浸式推进系统布置在船体尾封板的后方,不必保持与全浸桨相同的限制直径,其直径可以做到全浸桨直径的 2 倍,推力界面大,推力负荷系数小,使其效率提高;

(3)推进效率高、安装灵活、维护保养方便等。

4. 空气螺旋桨推进器(air propeller)

空气螺旋桨通常安装在船的甲板上,大多是从航空螺旋桨承袭过来的,主要用于地效翼船和全垫升气垫船,如图 1-2-5 所示。其工作原理与水中螺旋桨相似,只是工作介质不同,一个是空气,一个是水。空气螺旋桨转动时,对空气产生一个作用力;反过来,空气对转动的螺旋桨也有一个反作用力,这个反作用力就是高速船前进的动力。

图 1-2-5　空气螺旋桨

二、操纵系统

高速船的快速性要求船舶驾驶人员在航行中遇到危险或避让障碍物时,应快速判断、决策,也要求船舶操纵系统能快速地响应指令。随着自动化技术和电子技术的发展,各种遥控技术和集成控制已在船舶上广泛应用,驾驶人员应当了解和熟悉操纵系统的操作方式和紧急情况下的不同操纵模式的切换,以保证船舶和人员的安全。

高速船操纵系统主要包括主机和操舵装置等操控系统。一般高速船有两套操纵系统,既可单独使用,也可联合使用,只要通过开关的转换就可达到目的。一旦其中一套系统发生故障,另一套系统也可保证使船舶安全返航或抵达目的港。

除小型船舶外,大部分高速船舶的操纵系统是在驾驶室遥控操纵,也就是在驾驶室实现对主机的起停、换向、调速,实现对操舵装置的控制,转动舵板或改变推力的方向来改变航向。图 1-2-6 是一种典型的高速船驾驶室操纵台。

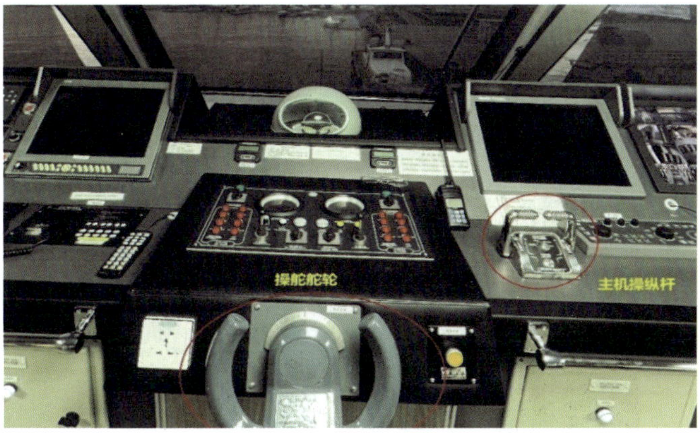

图 1-2-6 典型的高速船驾驶室操纵台

1. 遥控系统

遥控系统一般位于驾驶室,为获得即时的参数信息,驾驶室内应能指示操控系统控制的推进和操舵装置的关键性能的参数,并且在发生故障的时候应能发出听觉和视觉的警报,这些警报不得妨碍正常的手动控制。

根据控制的方式,遥控系统可分为:

(1)电动式遥控系统

该系统以电作为能源,通过电动遥控装置和电力驱动装置对操纵系统进行远距离操纵。

(2)气动式遥控系统

该系统一般用在大型船舶上,以压缩空气为能源,通过气动遥控装置和气动驱动装置对主机进行远距离操纵。

(3)液力式遥控系统

该系统以油泵产生的压力油作为能源,通过液压阀件和液动机构进行控制,一般用来控制舵板。

(4)混合式遥控系统

综合上述各种系统的优点,分段或分系统采用不同的遥控形式。远距离采用电动,近距离则采用气动或液力。目前船舶上广泛采用电-气混合式和电-液混合式,即从驾驶台到机舱采用电动,机舱系统采用气动或液力。

(5)微机遥控系统

近年来,微型计算机已用于设备的巡回检测和工况监视等方面。采用微机对主机、舵机进行遥控是通过专门的软件设计,给计算机一个执行程序来取代常规遥控系统的控制回路。微机执行遥控动作时能根据输入的指令和设备实际运行状态的各种信息进行综合判断和运算,得出需要的控制信息并经输出接口去控制操纵系统的执行元件,达到精准、迅速操作。这种控制系统主要特点是用微处理机取代了分立元件或集成逻辑电路元件,体积小,功能强,扩大了逻辑功能、运算功能,增加了灵活性,可实现最佳状态和最经济性控制。

2. 主机(动力)操纵系统

主机(动力)操纵系统主要包括起动、换向、调速、停车等,通过车钟来控制,"康士伯"车钟如图 1-2-7 所示,其一般有操纵盘和操纵手柄两种形式。操纵地点一般在驾驶室和(或)机舱集控室。

图 1-2-7 "康士伯"车钟

以高速柴油机为例,主机操纵系统的主要功能包括以下几个方面:

(1)起动

按指令打开主起动阀,使柴油机迅速起动,并在起动后迅速关闭主起动阀。

(2)换向

完成换向指令。当柴油机的转向与要求不符时通过移轴(双凸轮换向)、差动(单凸轮换向)或齿轮箱换向方式完成换向动作。

(3)调速

调速按指令要求压缩或放松调速弹簧,或直接移动油量调节杆,通过喷油泵增减油来满足柴油机加、减速的要求。

(4)停车

按停车指令把油量调节杆拉至零油位,保证柴油机按要求熄火停车。

(5)各部分之间的连接装置及连锁装置

将前述各个相互独立的部分用机械、气动、液压等方式组合成方便直观的单手轮或双手柄,按指令进行各种操作,使柴油机按规定的程序和要求进行动作,并通过相互连锁机构确保不发生操作差错,使整个操纵系统能可靠地运行。

为保证航行安全,每台发动机均应设有应急超速停车装置,应设有两个能从操纵室操纵的独立快速停机装置,操纵和应急控制装置应能使操作船员在没有困难、不疲劳或不过分专注的情况下以正常的方式完成他们所负责的工作。若操纵室外的控制站设有推进的控制装置时,这些控制站应设有与操纵室直接联系的通信设备,该操纵室应是一个连续有人值班的控制站。船舶应配备显示推进系统方式的指示器。

3. 方向控制操纵系统

方向控制操纵系统用来控制船舶的航向，包括任何操舵装置或装置组群、任何机械联动装置和所有动力或人力装置、控制器和驱动系统。

高速船通过操纵“舵”来实现转向和保向，高速船的“舵”不同于一般商船，可能是空气舵或水舵、水翼、襟翼、可转向螺旋桨或喷射器、偏航控制孔或侧推器、差动推进器、船舶的可变几何形状或其垫升系统部件，或这些装置的组合。

操纵站包括位于驾驶室的遥控控制站、机舱集控室和应急操舵间。所有方向控制系统通常均应能在船舶操纵站内进行操纵。如在其他位置也能操纵方向控制系统，则应在操纵站和这些其他位置之间布置双向通信设备。

操舵装置的设计应使船舶能与舵轮、舵柄、操纵杆或控制杆同方向旋转，并在操纵站和这些其他位置应设有足够的指示器，使船舶操纵人员能验证方向控制装置对指令的反应是否正确，并且也能显示任何异常反应或故障。

具有应急操舵位置的船舶，应配备为应急操舵位置提供可视罗经读数的装置。

三、其他系统

除了推进系统和操舵系统，高速船的安全航行还需要一系列的其他辅助控制系统来完成船舶的安全航行，包括通信设备、航行设备、电气设备、液压和气动系统、舱底泵和消防泵系统等。

（一）通信设备

通信是船舶之间保持安全航行的必备手段和技能之一，船舶通信设备一般分为内部通信设备和外部通信设备。

1. 内部通信设备

船舶内部通信设备主要包括公共广播系统和驾驶台—机舱通信等。

（1）公共广播系统

高速船应设置一套有线广播系统，如图 1-2-8 所示，该系统应能覆盖乘客和船员能进入的所有区域、脱险通道和登乘救生艇筏的处所，并应在任意一舱进水或着火情况下，该系统的其他部分仍可操作。

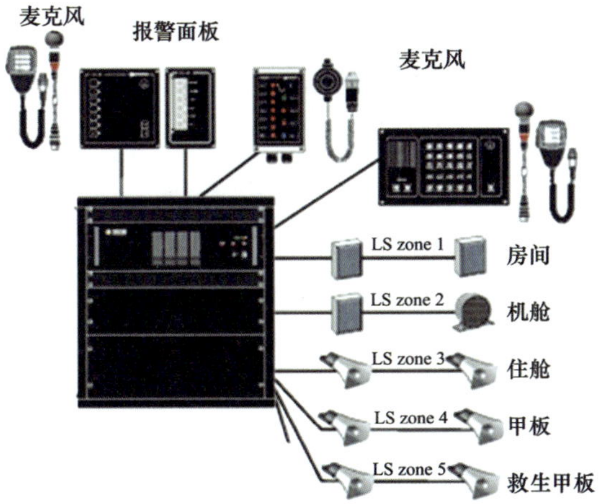

图 1-2-8　船舶有线广播系统

(2)驾驶台—机舱通信

驾驶室与机舱之间的通信有两种:一种是传令钟,也就是我们通常所说的车钟,当驾驶台进行主机操作时,机舱应能发出相应的车钟;另外一种是船内电话,如图 1-2-9 所示,这种电话的电源应当独立于主电源。以上设备对于长度小于 15 m 的高速船舶只需要配备其中的一种即可。无人值班的机舱不做要求。

图 1-2-9　船内电话

2. 外部通信设备

高速船的外部通信设备要符合相关的国际规则或国内法规。对于国际航行的 500 总吨及以上的高速船应当按照《国际海上人命安全公约》(SOLAS 公约)和《国际高速船安全规则》中的海区划分配备相应的通信设备;对于国内航行的高速船舶应满足相应的国内法规。

常用的外部通信设备包括 VHF,MF/HF,NAVTEX,INMARSAT-C,SART, EPIRB 等,如图 1-2-10 所示。

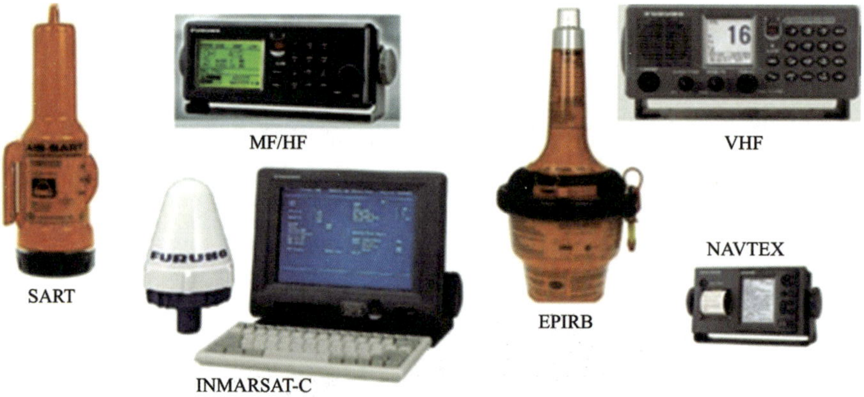

图 1-2-10　船舶通信设备

(二)航行设备

航行设备是指驾驶室内用来协助船长或驾驶员观测海上情况、评估海上风险的助航设备,主要包括以下设备。

1. 罗经

罗经通常包括磁罗经和陀螺罗经,个别船上配置了光纤罗经或卫星罗经。船上具体配备罗经的类型和数量要根据船舶吨位、航线等因素确定。

2. 计程仪

计程仪是用于测定船舶航速并累计航程的导航设备。

3. 回声测深仪

回声测深仪是利用声波反射的信息测量水深的仪器。测深仪包括记录式和数字式两类。

4. 雷达

装在船上用于航行避让、船舶定位、狭水道引航的雷达,亦称船用雷达,其原理是依靠发射无线电波和接受物标反射回来的无线电波来计算物标的方位和距离。

所有高速船至少应配备一台在 9 GHz 波段工作的方位稳定雷达,并有一台雷达备有自动雷达标绘或自动跟踪功能,以帮助测定船舶的速度和航向。

5. 电子定位系统

现代船舶一般装有 GPS、北斗或其他的卫星定位系统,能获取船舶的实时船位,确保船舶航行安全。

6. 旋回速度指示器与舵角指示器

旋回速度指示器用来显示艏向的变化率,一般以"度/分钟"为单位。舵角指示器用来显示舵板的偏转角度,是驾驶人员在操舵时的参考设备。

7. 自动识别系统

自动识别系统(AIS)是一种利用现代通信和信息技术对周围船舶进行识别和对其运动状态进行跟踪的一种航行仪器,有助于船舶航行安全和保安。

8. 船载航行数据记录仪

船载航行数据记录仪(VDR)又称"船用黑匣子",用于实时记录并保存船舶发生事故前后船体有关信息。根据性能标准分为 VDR 和 S-VDR(简化航行数据记录仪)。

9. 夜视仪

夜视仪是可以在夜间探测水面上的物体的外形及其相对于本船的位置的定位装置,驾驶员可利用夜视仪捕捉船舶周围动态,助力夜间航船,避免碰撞。

(三)电气设备

船上的电气设备是对所有为船舶正常操作和居住条件所必需的电气辅助设备保证供电的设备,大体上可分为下列系统:

1. 配电系统

高速船配电装置是用来接收和分配船舶电能,并对发电机和电网进行保护测量和调整等工作的设备,由多种开关保护电器、测量仪表、调节和信号装置等电器设备按一定要求组合而成的,按其用途可分为以下几类:

(1)主配电盘

主配电盘是对船舶主发电机的工作及船上所有用电设备的供电进行通断、监视、控制和保护的配电盘。

(2)应急配电盘

应急配电盘是对应急发电机及其所供给的应急负载起通断、监视、控制和保护的配电盘。

(3)充放电盘

充放电盘用来控制和监视充电电源的工况与蓄电池组的充放电,并将蓄电池组的电能分配给船上低压直流用电设备。

(4)岸电箱

在船舶进厂或停靠在码头时,船上发电机停止供电,将岸上电源线接到岸电箱,由岸电箱送电到应急配电盘或主配电盘后再向全船供电。

(5)分配电盘

分配电盘将由主配电盘输送来的电能向不同区域的成组用电设备进行配电。分配电盘通常根据配电负荷的性质分为动力、照明、无线电、助航通信等分配电盘。

2. 主电源

主电源为船舶正常运转提供电力。双套船舶必需的用电设备应由两路相互独立的电源供电。在其正常工作期间,两路电源可以连在同一电力线路上,但应设有易于隔离的装置,每套电源应能向维持推进装置、操舵装置、稳定装置、航行设备、照明,以及通风设备的控制所必需的所有设备供电,并允许最大的重要电机在任何负载情况下起动。非重要设备可允许使用自动负荷分断器。

3. 应急电源

当主电源失效时候,为船舶提供应急电力,这些电力应能符合相应等级和航区的国际或国内法规。

高速船应配备至少一套应急电源,可以是发电机,也可以是蓄电池。应急电源应能为重要场所和设备提供特定时长的电源,比如应急照明、方向控制系统中的电力传动装置、火灾警报等。

4. 辅机和设备的电力拖动

电力拖动指的是船舶上用电力驱动的设备,比如泵、制冷设备、锅炉、液压系统、甲板机械、舵机、起货机、油净化设备、防污染设备、海水淡化设备等。

这些设备的用电量占到船舶总用电量的70%~90%,一定程度上反映了一艘船舶的电气设备的水平。

5. 照明与航行灯

照明系统应能以规定的亮度照明,包括驾驶室、船员住舱、客舱、机舱、货舱、甲板以及消防救生的场所等。

航行灯包括桅灯、舷灯、尾灯、频闪灯、环照灯以及相关规则要求各种信号灯。

(四)液压和气动系统

高速船的各种机械设备,如舵机、锚机、绞车、舱口盖和起货机等,其操纵和控制广泛使用液压系统。

高速船气动系统则主要包括主机的气动起动系统和气动升力系统。主机气动起动系统是主机遥控系统的重要组成部分,主机的逻辑控制(起动、换向和停车)大多通过气动操纵系统得以实现,通过高压压缩空气来驱动船舶主机的启停。气动升力系统主要存在于气垫船和地效翼船,采用空气作为驱动力,控制其高速滑行和低空飞行。气动升力系统包括前置导管、涡轮增压风扇、涡轮发动机、围裙等设备。

(五)舱底泵和消防泵系统

舱底泵是用来排出水密舱室的舱底水的装置,应能以不小于2 m/s的流速通过所要求的舱底水管进行抽水。舱底泵可以用于灭火或通用等其他用途,但不得用来抽吸燃油或其他易燃液体。

消防泵用来灭火,其配备应满足相关规则和国内法规。消防泵应满足一定的排量要求,但不得低于 25 m^3/h,压力应达到使来自两个不同消火栓通过两处消防水带喷出的水柱能射至船舶的任何地点,其中一股仅用单根消防水带。滚装处所消火栓的布置应使来自两个不同消火栓通过单根消防水带喷出的两股水柱能射至该处所内的任何地点。

三、控制、操纵和推进系统的故障模式及纠正措施

1. FMEA——失效模式和影响分析

《国际高速船安全规则》中要求采用失效模式和影响分析(FMEA)对船舶机械系统及其控制系统、方向系统、电力系统、稳定系统和其他重要系统进行故障分析和编写分析资料。

实施 FMEA 应遵循以下步骤:

(1)确定要分析的系统;

(2)利用方框图说明系统功能部件的相互关系;

(3)确定所有功能的故障模式及其原因;

(4)评估每种故障模式对系统的影响;

(5)确定故障探测方法;

(6)确定故障模式的纠正措施;

(7)如果可能,评定引起危险后果或灾难性后果的概率;

(8)编写分析资料;

(9)制定试验程序;

(10)准备 FMEA 报告。

在实践中,不同类型的高速船,由于其采用的控制、操纵和推进系统的差异,在运营中常见的故障也不尽相同,船舶应当参照各个不同系统的使用说明书中所列的常见故障及纠正措施来处理营运中出现的故障,无法处理的时候应及时联系制造厂商进行维修。

2. 高速船柴油机常见故障与纠正措施

以柴油发动机为例,当柴油机发生故障时,要根据故障的现象和特点果断地采取措施,如降低转速、包扎漏泄、空车运转直至停车等,并判明故障发生的原因,尽快采取正确措施加以排除,以恢复并保持柴油机原有的性能。发生故障停机后,在未查明原因并排除前,不能重新起动柴油机,以免使故障扩大或发生新的故障。

柴油机的故障或可能发生的故障,主要根据下列情况来分析:

(1)注意柴油机在运转中参数的变化和运转情况,如转速、压力、温度、运转声音和排烟情况等。

(2)维护保养中检查出来的机件内部情况,如配合间隙不当、过热、锈蚀、裂纹等。

(3)通过滑油油样目测和化验来分析判断柴油机运转机件的工作状况。

判明故障的原因时,发生该故障的原因可能不止一个,对于有多种可能的原因发生的故障,其排除应按先易后难、先简后繁、先外后内的顺序进行。还要注意有时柴油机的故障并不是柴油机本身机件的故障引起的,可能是由于柴油机以外的故障影响到柴油机的正常运转,如车叶碰损或缠绕异物等;遇到不能立即判明原因的故障时,应先让柴油机做速空转或立即停车,然后逐步查找分析原因。

至于判断和处理其他机器或系统在运行中发生的故障,同样可以遵循柴油机故障分析和排除及查询的思路和原则进行,例如××品牌主柴油机常见故障分析和排除及查询与诊断见表 1-2-1 和表 1-2-2。

表 1-2-1　××品牌主柴油机常见故障及诊断

故障	诊断和排除
发动机不能停机	2,4,5,7
起动马达不转	1,2,3,4,5,6,8,9,10,11,36,38,39
起动马达旋转太慢	1. 2
起动马达转动正常但发动机不起动	12,13, 14,15,38
发动机起动但又熄火	13,14,15,19,38
油门全开时不能达到额定转速	13,14,15,16,17,18,19,20. 23. 33. 37. 38
发动机运转不平稳	14,15
发动机振动	24
油耗高	16,17,21
冒黑烟	19
冒蓝烟或白烟	20,21,34
滑油压力过低	22
冷却剂温度过高	25,26,27,28,29,30,31,32
冷却剂温度过低	31
无法充电或电流太弱	2,35

表 1-2-2　××品牌主柴油机查询与诊断

1	电池没电	14	燃油系统中有空气	27	循环泵失效
2	接头松/开路	15	燃油中有水/燃油中有污物	28	海水进口关闭
3	主开关断开	16	船载重过大	29	海水进口/管路/滤器堵塞
4	其中一个断路器弹开	17	水下船体有污物 螺旋桨有污物	30	海水泵叶轮损坏
5	错误的钥匙开关	18	喷油器(油嘴)失效	31	恒温器损坏
6	控制杆不在空挡 控制台没有激活	19	发动机供气不足 空气滤清器堵塞 增压器和发动机进气管之间漏气 增压器压气机部分生锈 增压器失效 机舱通风不良	32	热交换器进口堵塞

（续表）

7	停机继电器失效	20	冷却剂温度过高	33	中冷器堵塞
8	主继电器失效	21	冷却剂温度过低	34	滑油液面过高
9	起动继电器失效	22	机油位过低	35	发电机皮带打滑
10	起动马达继电器失效	23	螺旋桨失效/不正确	36	发动机进水
11	起动马达失效 电磁阀失效	24	发动机安装不良	37	排气背压高
12	没有燃油 燃油阀关闭 油箱空 连接错误的油箱	25	冷却剂液面过低	38	存有故障代码
13	燃油清滤 预滤堵塞	26	淡水系统中有空气	39	检查紧急停车按钮是否在运行位

第三节

高速船操纵特性和限制的操纵条件

高速船因其航速高、船型特殊等因素，具有独特的操纵特性和限制条件，船舶驾驶人员应切实掌握，以确保船舶和人员安全。

一、高速船操纵共同特点

1. 航速高，机动性能好，操纵灵活

高速船舶的功率一般较大，而吨位却不大，功率配比较高，机动性好，在水面上航行时能在短时间内达到最高航速。和航速在 10～20 kn 的商船相比，高速船的航速一般在 30 kn 以上，甚至达到 200 kn，操纵灵活。表 1-3-1 是一艘三体高速船（trimaran）和一艘 5 000 TEU 集装箱船数据对比，可以看出，在功率相差不大的情况下，高速船的总载重量只有货船的 1/50。明显高速船的机动性能、航速优于货船。

表 1-3-1　高速船与集装箱船对比

船名	总长	航速	功率	总载重量
Benjichigua express	126 m	40. 5 kn	32 000 kW	1 141 t
WANHAI 502	268 m	24. 0 kn	33 500 kW	52 146 t

2. 稳性的降低和不稳定的动态

高速船的运动特性不同于传统的排水量型船舶。在顺浪中，一艘高速船可能会因冲浪、横摇或波浪降低稳定性而倾覆。即使在平静的水面上，一艘高速行驶的船也显示出独特的运动特征。

(1)横稳性降低

船舶的横稳性受船速、重心位置、纵倾角和船体形状等影响较大，高速船因船速升高、排水体积减小，其横稳性大大降低，由此导致大角度的横倾，这种现象在单体船上尤其突出。

(2)跳跃

跳跃是一种自激运动，因纵摇运动和垂荡运动之间的耦合恢复系数的不同所致。高速船的跳跃会降低乘客的舒适性体验。

3. 耐波性和抗风能力

高速船在水面航行时，船体会受到波浪很大的冲击力。

单体船、气垫船、地效翼船等船舶，耐波性较差，不适宜于在开敞水域航行，因此适合于在内河、湖泊及遮蔽的海域航行。

小水线面双体船、穿浪双体船虽然耐波性有了较大提升，但仍无法与普通海船相比，因此多用于海峡、海湾的客货运输。

无论何种高速船，高速行驶的状态会使其不可避免地受到波浪和风的阻力，加上其本身的重量较轻，会产生较大的漂移，操纵时候应特别注意。

4. 持续航行能力差

高速船一般排水量较小，所能携带的燃料、淡水及日常生活所需的用品有限，许多高速船都是用铝合金、玻璃钢、钛合金等材料制造的，目的是减轻船身重量，因而续航里程较短，一般满足不了跨洋航线的需要。

5. 水上小物标探测、避让困难

船舶高速行驶时，给驾驶员的瞭望带来非常不利的影响，水面漂浮的一些小的物标，如小船、浮木等，驾驶员不易发现，发现后在采取避让措施时也有所限制，如果操纵不当可能造成事故，因此对驾驶员值班和避碰的要求更高。

二、常见高速船的操纵特性

1. 单体高速船

单体高速船可以分为滑行型和过渡型，其操纵特性也有不同。

(1)滑行型高速船

滑行型高速船因其水动力特性和船型的影响，其操纵性与一般排水型船舶具有不同的特点，主要表现在回转过程中出现“侧滑”和“内倾”现象。

①侧滑现象

所谓滑侧现象，就是滑行型高速船在回转开始阶段，船体存在明显地向转舵相反方向一舷滑动的现象，其成因是船舶航速大，惯性大，并且舵效高。当开始转舵时，由于舵效很好，因此舵角一出现，船体在回转力矩的作用下发生偏转。但由于航速很高、惯性很大，因而迫使船体按原航向运动。同时由于船的外侧投影面积很小，所以船体将向一舷侧产生明显的滑动现象。船速越高，船的水下侧投影面积越小，则船舶侧滑现象越严重。侧滑现象大大增大了滑行型高速船的回转半径，因此此类船舶回转性较差。

②内倾现象

滑行型高速船的另一操纵特性是内倾现象。滑行型高速船回转开始时由于存在侧滑现象，船体外侧产生附加水动压力，形成使船体内倾的力矩。当船舶进入稳定回转阶段后，虽然侧滑现象消失，但漂角的存在使船体仍有一个横向速度分量，同时由于回转过程中船体外侧的流体相对速度较内侧为大，因而船体外侧底部的水动压力将较内侧为大，从而对船体重心产生一个使船体向内侧倾斜的力矩，因此，滑行型高速船回转时，船体始终呈现内倾现象。

(2)过渡型高速船

过渡型高速船的操纵特性主要表现在回转过程失速过大，且出现明显的横倾，横倾角较普通排水型船舶大得多。因此，该类船舶在大风浪中航行时要特别注意，尤其是顺风、顺浪航行时，应尽量避免突然回转，因为回转时会产生较大的横倾角，并且在风和浪的叠加作用下，船体可能出现倾覆等危险。

(3)单体高速船操纵注意事项

①航行中应平稳变速；

②禁止全速满舵回转，应选择海面相对平静时，小舵角、减速回转；

③大风浪航行时，应保持顶风航行，不应横向受风航行，并应调整航速，减轻船体所受的风浪冲击，波高接近本船允许极限值时，应减速行驶；

④船舶颠簸严重时应留足富余水深，谨慎驾驶，防止船舶触浅。

2. 双体高速船

双体高速船稳定性和耐波性明显优于单体船，具有较强的抗风浪能力，回转时失速较小，但在操纵时，仍需注意以下几个方面。

(1)航行时应使用安全航速，全速航行时不应满舵旋回。

(2)考虑到高速航行时兴波带来的影响，通过狭窄水域、要求减速河段或接近他船时，应适当减速，并保持安全距离通过，防止船吸或浪损而导致事故。

(3)喷水推进的船舶，在靠离码头或需要减速的情况下，应充分考虑舵效降低对操纵的影响。

(4)当机器发生故障需要单机航行时，继续运转的主机不应开全速，应严格控制主机转速，确保主机的排温、水温等主要参数不超过正常值。

(5)大风浪中航行，应根据可航水域实际情况及时调整航速和航向，以减轻船体受风浪冲击。

3. 水翼船

水翼船航行有三种状态，即排水状态、过渡状态和翼航状态，应注意各个阶段的操纵特性和要求。

(1)排水状态

水翼船在排水状态下，应充分考虑水翼装置对船舶操纵带来的影响。此时，水翼装置往往会驱出巨浪，因此在通过狭水道、系泊船舶和浮动工具附近时，最好用半机低速航行。

(2)过渡状态

过渡状态航行到翼航状态所需的时间与船舶的结构特点、动力装置有关,通常在100~150 m航程内约需1~3 min。

①加速之前应确认载荷均衡、横倾角不大于本船允许值;当横倾角大于允许值时,用小舵角平缓地向倾侧一舷操舵直至达到要求,未消除到允许横倾角之前不应进入翼航状态;

②不应延长进入翼航的时间,如果船舶无法按正常时间过渡到翼航状态,在查清原因及排除故障之前不应继续向翼航状态过渡;

③船舶加速时宜尽可能保持直航,在进入翼航状态的过程中,不应急速回转或操急舵;如需急速改变航向,应减速使船舶转为排水状态后再操舵。

(3)翼航状态

①不应大角度回转,以防止稳性不足造成船舶倾覆。

②应避免在横浪中翼航,如果波浪使翼航受到限制,应及时调整航向。

③当船尾出现明显的"八"字形波,并伴有航速下降和主机过载等现象时,应立即减速,检查水翼或其立柱是否挂有异物,如有异物,应由翼航状态转为排水状态,并采取有效措施解脱异物,未清除异物前不应翼航;如无异物,应查明原因并及时排除,排除前不应翼航。

④与其他船舶会遇或通过水上设施时,应保持安全距离,在船行波大的情况下,应选用对其他船舶或水上设施不构成危害的状态航行。

⑤应根据越浪能力选择适当的航速,以避免船体与水面发生严重拍击。

⑥当波高达到翼航最大允许值时,应立即转为排水状态航行。

(4)靠、离泊及锚泊操纵

①船舶驶靠泊位时,应根据船舶吨级、尺度、操纵性、当时通航环境条件转为排水状态航行,并检查遥控操纵装置的有效性;

②船舶驶离泊位时,船舶与泊位间应留有1.0~1.5 m的距离,不应以护舷材作为支点驶离泊位;

③船舶航行中需应急抛锚时,应立即向主管机关报告,并按指定区域锚泊。

4. 气垫船

(1)侧壁气垫船

①侧壁气垫船驶离泊位时,主机应在低速工况下运行,驶出适当距离后再逐步提高到额定转速;空载航行时,应通过调整浮态来保证船舶垫航稳定性。

②改变航向时,如遇大风天气且主机以低速运转,应防止掉头时船舶受风侧漂。

③通过浅滩,应提前确认有足够的水深并快速通过。

④通过有漂流物的航道时,应防止漂流物阻缠推进器;当推进器处有异物时,应立即停车并予以清除。

(2)全垫升气垫船

①船舶在垫升状态时不应有明显的横倾、纵倾;

②在正常起飞及航行中,应平稳变速;

③航行中应密切注意船舶航行状态变化;在顺风航行或高速航行的情况下,若发现船舶有纵向失稳或埋艏时,应采取降速、转移人员或调整压载的方法予以调整;

④回转时应降低航速,不应全速满舵回转;

⑤大风中掉头时，应防止船舶受风侧漂；

⑥高速航行时不应突然关停主机造成迫降，防止围裙受损。在水面上需紧急制动时，应将主机转速降低并使船舶转为半垫升或排水状态；

⑦通过船舶密集水域时，应降低航速使船舶处于低飞高或半垫升状态；

⑧通过障碍、沟壑或在滩上、冰上航行时，应减速航行。

5. 地效翼船

(1)主要操纵特性

地效翼船的操纵特性不同于其他高速船，主要体现在以下几个方面。

①航速高，地效翼船的速度可以高达 100～300 kn，堪比飞机，远高于一般高速船的 30～80 kn 航速；

②适航性好，地效翼船能完全脱离水面飞行，不受波浪影响，不会产生失速和增加加速度的现象，因此能在海况不良的条件下航行；

③多航态特性，地效翼船能像常规船舶一样做排水状态航行，也能像气垫船一样做垫升状态航行，又可像飞机一样在地效区内超低空飞行和升高到地效区外做短时飞行。

(2)操纵注意事项

虽然地效翼船有很好的耐波性，但是当时在起飞的过程中还是要尽量避免极端的海况，避免海浪冲击到空气螺旋桨。

地效翼船在加速滑跑起飞离水这一过程中，气动抬头力矩是以与速度平方成正比的速率迅速增加，而拉力提供的低头力矩随速度增大而减小，因此在越过第一阻力峰后，在加速到高速段时，对一些设计不良的船往往会发生抬头的倾向；若驾驶操纵不恰当，就容易造成刚离水就迅速猛抬头，急剧上升，无法进入巡航状态，甚至有失速倾覆的危险。而离水起飞，由于机翼的地面效应固有的特性，使地效翼的气动压力随飞高增大而大幅度地向前移，这又导致抬头失速。

地效翼船在过渡区滑行存在稳定性问题，当地效翼船处于 $0.1\sim0.3<H/B<0.3\sim0.8$（$H$ 代表飞行高度，B 代表翼展）区间内，船舶不稳定，特别是有强风或大的纵倾的状态下，驾驶员一定要注意操控，以免发生倾覆。

第四节

高速船安全管理法规

高速船除应按照一般船舶遵守相关国际公约、国内法规外，还应遵守其特定的规则，配备相应的设备和遵守特定的避碰责任。

一、高速船相关的国际公约和规则

1. 海员培训、发证和值班标准国际公约(STCW 公约)

STCW 公约为缔约国提供了一个普遍能接受的船员培训、发证和值班标准方面最低标准。STCW 公约在其附属规则 STCW 规则“B 部分”中提出对高速船船员培训的建议性指导,即在“第 B-Ⅴ/a 节 关于对大型船舶和具有特殊操纵特点性能的船舶的船长和大副的附加要求培训指南的指导”中要求增加了高速船舶的经历和培训,并且在上船任职前,得到公司提供的有关此类船舶操作特点的资料,并完全熟悉有关船上安装的所有导航和操纵装置的使用,包括其能力和局限性使其熟知在相关船上装设的所有助航设备和操纵设备的应用,包括其性能和局限性。

高速船附加培训的要求和资格,应符合《IMO 国际高速船(HSC)安全规则》(1994 HSC 规则和 2000HSC 规则)的有关指南。

2. 国际海上人命安全公约(SOLAS 公约)

《国际海上人命安全公约》(SOLAS 公约)是 IMO 的支柱性公约之一,该公约首先明确了高速船的定义,并且,其中第Ⅹ章专门为“高速船安全措施”,明确适用于 1996 年 1 月 1 日或以后建造的高速船:

(1)在其营运的航线上,满载时以其营运航速航行至避难地不超过 4 h 的客船;和

(2)在其营运的航线上,满载时以其营运航速航行至避难地不超过 8 h 的 500 总吨及以上的货船。

任何高速船,无论其何时建造,在进行修理、改装以及与之有关的舾装时,应至少继续符合该船原先适用的要求。该船如系在 2002 年 7 月 1 日以前建造,一般应至少按其修理、改装或舾装之前的同等程度,符合对该日或以后建造的高速船的要求。重大的修理、改装以及与之有关的舾装,在主管机关认为合理和可行的范围内,应满足对 2002 年 7 月 1 日或以后建造的高速船的要求。

此外,SOLAS 公约还有两个附属性规则,即《1994 年高速船安全规则》和《2000 年高速船安全规则》。

3.《国际高速船安全规则》

《国际高速船安全规则》现行有效的有《1994 年国际高速船安全规则》和《2000 年国际高速船安全规则》。

《1994 年国际高速船安全规则》由《动力支撑船安全规则》演变而来,适用于从事国际经营的在 1996 年 1 月 1 日或以后建造的但在 2002 年 7 月 1 日之前的高速船。

IMO 海上安全委员会于 2000 年 12 月 5 日以 MSC. 97(73)号决议通过了《2000 年国际高速船安全规则》,确认了自 1994 年国际高速船安全规则通过以来,高速船安全标准的新类型和新尺寸的发展和改进。适用于 2002 年 7 月 1 日或以后安放龙骨或处于相同建造阶段的、从事国际航行的高速船。目的以确保更大和更快的高速船,不会因采用最新技术和创新成果而影响其安全。

规则涵盖了高速船的结构分舱、浮力稳性、消防、救生、通信、轮机、辅机、电气、导航、警报、营运要求等多方面的规定。

4.《1972 年国际海上避碰规则》

《1972 年国际海上避碰规则》中虽没有出现高速船的字眼,但规定了水上飞机和地效船的避让要求,国际航行的其他高速船可作为避碰要求的参考,具体的规定有:

第十八条“船舶间的责任”第 5 款规定:在水面的水上飞机,通常应宽裕地让清所有船舶并免妨碍其航行。然而在有碰撞危险的情况下,则应遵守本章各条的规定。

第十八条“船舶间的责任”第 6 款规定:

(1)地效船在起飞、降落和贴近水面飞行时应宽裕地让清所有其他船舶并避免妨碍他们的航行;

(2)在水面上操作的地效船应作为机动船遵守本章各条。

二、高速船相关的国内法规

1.《中华人民共和国高速客船安全管理规则》

《中华人民共和国高速客船安全管理规则》规定了航行于我国水域的高速客船应当遵守的具体规定,包括:

(1)适用的对象及水域;

(2)高速船运营前应编制的手册,以及登记、备案等要求;

(3)船舶营运应携带的证书,作业手册,航行安全设备的要求;

(4)船员的任职要求;

(5)航行安全;

第19条中规定"高速客船在港口及内河通航水域航行时,应主动让清所有非高速船舶。高速客船在海上航行及高速客船与其他高速船舶之间避让时,应按避碰规则的规定采取措施。"

(6)安全保障;

(7)法律责任。

2.《中华人民共和国内河避碰规则》

《中华人民共和国内河避碰规则》规定了航行于我国内河水域船舶在避让时应遵守的规定,其中有关高速船部分的要求有:

第19条"快速船相遇"规定:快速船在航时,应当宽裕地让清所有船舶。两快速船相遇时,应当按本节各条规定避让。

第二章
高速船的消防、救生和通信管理

高速船在消防、救生和通信设备方面，既要满足普通船舶的基本规范要求，还需要考虑高速船的特殊要求，所有船员应熟练掌握相关知识，以便应付各种紧急局面。

第一节
高速船消防安全

船舶消防系统是为了提高船舶安全、预防船舶火灾而设计安装的保护设施，是船舶的重要组成部分。

国际航行高速船除应满足 SOLAS 公约和《国际消防安全系统规则》(FSS 规则)的规定，还应遵守《国际高速船安全规则》中有关消防安全的规定。国内航行高速船除应满足《国内航行海船法定检验技术规范》和《内河船舶法定检验技术规范》等法规的要求外，特定船舶还要执行《地效翼船技术与检验暂行规则》和《珠江水域至香港特别行政区高速客船检验规则》等法规中有关消防的规定。

本节以《国际高速船安全规则》中的规定对高速船的消防要求进行介绍。

一、结构防火

结构防火主要是针对热量的传播方式，使金属结构的热传导能力减弱，并增强对热辐射的抵御。在船舶结构上设置一些耐火分隔，能有效地防止船舶火灾的发生，并能在一定时间内遏制火灾的蔓延，以便控制和扑灭火灾。

1. 结构分区

船舶应考虑各处所的失火危险，并在此基础上通过耐热和机构性分隔划分为若干处所。对于高速船而言，根据失火危险程度对处所用途所做的分类，应适用如下分组：

(1)较大失火危险区域

包括下列处所：机器处所；滚装处所；装有危险货物的处所；特种处所；装有易燃液体

的储藏室;厨房;面积为 50 m^2 或以上的甲板;有易燃液体供出售的卖品部;直接通向上述处所的围壁通道。

(2)中等失火危险区域

包括下列处所:辅机处所;装有酒精浓度不超过容积 24%的包装饮料的保税储藏室;设有铺位的船员舱室;服务处所;甲板面积小于 50 m^2,供出售的易燃液体储量有限,且不另设专用库房的卖品部;甲板面积为 50 m^2 或以上,无易燃液体的卖品部;直接通向上述处所的围壁通道。

(3)较小失火危险区域

包括下列处所:无火灾危险或火灾危险极小的辅机处所;货物处所;燃油柜舱室;公共处所;箱柜、空舱和几乎没有或无着火危险的区域;小卖部;乘客区域的走道和梯口室;无铺位的船员舱室;直接通向上述处所的围壁通道。

(4)控制站

(5)撤离站和外部脱险通道

包括下述区域:用作脱险通道的外部梯道和开敞甲板;外部和内部集合站;作为救生艇和救生筏登乘与降落地点的开敞甲板处所和围闭游步甲板处所;上层建筑和甲板室的舷侧界面,其范围自救生筏和撤离滑道的登乘区下方和邻近的舷侧直至营运状态下最轻载水线为止。

(6)开敞处所

包括下述区域:除撤离站和外部脱险通道以及"控制站"以外的开敞处所。

2. 结构防火要求

以上处所的结构防火应满足表 2-1-1 和表 2-1-2 的要求。

表 2-1-1　客船用作分隔的舱壁和甲板的结构防火时间

	A	B	C	D	E	F
较大失火危险区域 A	60 60 1,2 1,2	30 60 1	3 60 1,8	3,4 60 1	60 3 1	– 60 1,7,9
中等失火危险区域 B		30 30 2 2	30 3 8	3,4 60	3 30	– 3
较小失火危险区域 C			3 3	3,4 30 8,10	3 3	– 3
控制站 D				3,4 3,4	3 3,4	– 3
撤离站和脱险通道 E					3 3	– 3
开敞处所 F						– –

表 2-1-2　货船用作分隔的舱壁和甲板的结构防火时间

	A	B	C	D	E	F
较大失火危险区域 A	60 1,2 / 60 1,2	30 / 60 1	3 / 60 1,8	3,4 / 60 1	3 / 60 1	– / 60 1,7,9
中等失火危险区域 B		2,6 / 2, 6	3 / 6	3,4 / 60	3 / 6	– / 3
较小失火危险区域 C			3 / 3	3,4 / 30 8	3 / 3	– / 3
控制站 D				3,4 / 3,4	3 / 3,4	– / 3
撤离站和脱险通道 E					3 / 3	– / 3
开敞处所 F						– / –

注:斜线每一边的数字表示为相应分隔每边的保护方式要求的结构防火保护时间。如表中某一分隔采用钢结构并且要求有两种不同的结构防火保护时间,只需采用其中较长的保护时间。

1. 对由固定式灭火系统保护的处所内甲板的上一面,不必隔热。

2. 在相邻处所分类字母相同且有注 2 的地方,如主管当局认为没有必要时,其间不必设置舱壁或甲板,例如两个储藏室间不必设置舱壁。然而,尽管机器处所和特种处所属相同类别,但其间还应设置舱壁。

3. 除要求用不燃材料或阻燃材料构成烟密分隔外,没有其他结构防火要求。

4. 同时为辅机处所的控制站应具有 30 min 结构防火能力。

5. 表中只有一个"—"符号的地方,对其材料或限界面完整性没有特别要求。

6. 根据标准耐火试验的前 30 min 确定,防火保护时间为 0 min,在 30 min 内能阻止烟气和火焰通过。

7. 阻燃分隔不必符合的要求,在相应的防火时间范围内,背火面的平均温度较初始温度的温升不大于 140 ℃,而且包括任何接头在内的任一点的温升不超过 180 ℃。

8. 采用钢结构时,空舱附近的阻燃分隔不必符合 7 的要求。

9. 开敞滚装处所的某些部分并非船舶主要承载结构的基本部分,乘客不能进入并且船员在任何紧急情况下都不必进入这些部分,其防火保护时间可减至 0 min。

10. A 类船如仅设一个有喷淋系统保护并靠近操纵室的公共处所(盥洗室除外),此时间值可减至 0 min。

二、探火和灭火

(一)火灾探测

1. 火灾探测和报警系统

固定式探火和失火报警系统主要由火灾探测器和报警器两大部分组成。探测器能对火灾区域内所产生的烟、热、光或众多元素的组合做出反应,向报警器传送火警信号,如图2-1-1所示。

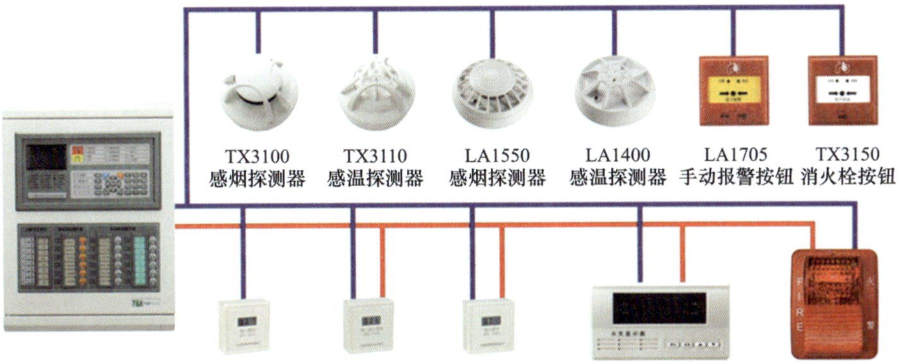

图 2-1-1 火灾探测和报警系统

较大失火危险区和中等失火危险区及其他不常有人的公共处所和船员起居处所中的围闭处所,如盥洗室、梯道环围、走廊和逃生通道,应设有认可型自动感烟式火灾探测系统和手动报警按钮,以能在控制站显示所有正常运行条件下发生失火的位置。

对通常无人的控制站(如应急发电机室),不必安装手动报警按钮。由感温式替代感烟式火灾探测器可以安装在厨房内。主推进机器室还应设置感烟探测之外的其他探测器,并通过电视摄像头从操作舱室对其进行监视。根据需要,公共处所、船员起居处所、走廊、梯道环围、服务处所和控制站(如有必要)应遍布手动报警按钮。在这些处所和较大失火危险区的每一个出入口处均应安装一个手动报警按钮。

2. 火灾探测器

船舶火灾探测器主要有两种型式。

(1)感烟火灾探测器

感烟火灾探测器是利用一个小型烟雾传感器响应悬浮在其周围附近大气中的燃烧和(或)热解产生的烟雾气溶胶(固态或液态微粒)的一种火灾探测器,是船舶应用最广泛的火灾探测器,如图2-1-2所示。

图 2-1-2 感烟火灾探测器

感烟火灾探测器按其原理可分为离子型和光电型两种。感烟式探测器的动作设定为：在烟密度没超过每米2%的减光率之前不动作，但超过12.5%的减光率前要动作。

(2)感温火灾探测器

感温火灾探测器主要是利用热敏元件来探测火灾的，如图2-1-3所示。在火灾初始阶段，一方面有大量烟雾产生，另一方面物质在燃烧过程中释放出大量的热量，周围环境温度急剧上升。探测器中的热敏元件发生物理变化，响应异常温度、温度速率、温差，从而将温度信号转变成电信号，并进行报警处理。

图2-1-3 感温火灾探测器

(二)灭火系统

1. 水灭火系统

消防泵、消防总管、消火栓及消防水带消防泵及相应附属设备或其等效灭火系统应按如下要求配备：

(1)至少应设两台独立电源供电的泵。每台泵排量不得小于25 m^3/h，每台消防泵应能向所要求的消火栓同时提供足够数量和压力的消防水；

(2)泵的布置应使在任一舱失火的情况下，不会导致所有消防泵同时失去作用。

(3)在机器处所内设有一台或数台消防泵(如图2-1-4所示)时，则应在机器处所之外易于到达并可维持的位置装设隔离阀，使机器处所内的消防总管能与机器处所外的消防总管隔断。消防总管应布置成为隔离阀关闭时，船上的所有消防火(上述机器处所内的除外)能由置于该机器处所外的一台消防泵通过不进入该处所的管子供给消防用水。消防总管应有排水功能，并安装阀门，以使消防总管的支管部分在总管用于非消防目的时能予以隔离。手工操作的阀杆应易于到达，并且所有阀均应有明显标记。

图2-1-4 消防泵

(4)消火栓(如图 2-1-5 所示)的布置应使来自两个不同消火栓通过二处消防水带喷出的水柱能射至船舶的任何地点,其中一股仅用单根消防水带。滚装处所消火栓的布置应使来自两个不同消火栓通过单根消防水带喷出的二股水柱,能射至该处所内的任何地点。在靠近每一机器处所的入口处外部应设有一个消火栓。

图 2-1-5　消火栓

(5)消防皮龙(如图 2-1-6 所示)应由经主管机关认可的不腐蚀材料制成,其长度应足以将水柱喷射到可能需要使用消防水带的任一处所。每条消防水带应配有一支水枪和必要的接头;消防水带的长度应:

①至少 10 m;

②在机器处所内不超过 15 m;和

③在其他处所和开敞甲板处不超过 20 m。

(6)每根消防水带应配备带有关闭装置的认可型两用水枪,即水雾/水柱型。

图 2-1-6　消防皮龙和水枪

2. 固定气体灭火系统

以常见的固定 CO_2 灭火系统为例,应满足下列要求:

(1)对装货处所,除另有规定外,所备的 CO_2 量,应足以放出体积至少等于该船最大装货处所总容积 30%的自由气体。

(2)对机器处所,所备的 CO_2 的量,应足以放出至少等于下列两者中较大值的自由气体:

①被保护的最大机器处所总容积的 40%,此容积算至机舱栅的一个水平面为止,在这个水平面上,机舱栅的水平面积等于或小于从双层底顶至机舱栅最底部分的中点处水平截面面积的 40%。或

②被保护的最大机器处所包括机舱栅在内的全部容积的35%；对于2 000总吨货船，上述百分数可分别减至35%和30%；如两个或两个以上的机器处所未完全隔开，应视作一个处所。

(3)这里所指的CO_2自由气体的容积应以0.56 m^3/kg计算。

(4)机器处所的固定管路系统应能使85%的气体能在2 min内注入该处所。

(5)应设置两套独立的控制装置，以将CO_2释放至被保护处所，并确保报警装置的动作。其中，一套控制装置应用于将气体从所储存的容器中排出，另一套控制装置应用于开启安装在将气体输送至被保护处所的管路上的阀。

(6)两套控制装置应布置在一个施放箱内，在该箱的特定部位应设醒目标记。如果控制施放箱平时用锁锁住，则其钥匙应置于布置在控制箱附近的设有玻璃面板的盒子内。

3. 手提灭火器

控制站、公共处所、船员起居处所、走廊和服务处所应配备经认可类型和设计的手提式灭火器(如图2-1-7所示)。应备有至少5具手提式灭火器，且应布置在易于获取处以便即刻可用。另外在每个机器处所入口处至少应配备一具适于机器处所灭火的灭火器。

(a) 手提干粉灭火器　　(b) 手提水基灭火器　　(c) 手提CO_2灭火器

图2-1-7 手提灭火器

(三)高速客船的特别防火要求

1. 布置

(1) B类客船的公共处所应按下述要求分区：

①应至少分为两个区域，每个区域的平均长度不应超过40 m；

②各个区域中应有一个备择的安全区域，供其他区域内人员在失火情况下撤离至内。该备择安全区域应用延伸至上下甲板的不燃和阻燃材料制成的烟密分隔与其他乘客区域隔开。该备择安全区域可以是另一个乘客区域。备择安全区域应根据最高人员数量在应急情况下被召进的情况，按一人一座位以及净剩面积每人0.35 m^2确定。

③备择的安全区域应尽可能位于所服务的乘客区域附近。每一乘客区域应至少有两个尽可能远离的出口，并通向该备择区域。脱险通道应使所有乘客和船员能从该安全区域在较大失火危险区域结构防火时间内安全地撤离。

(2)A类客船不必分区；

(3)控制站、救生设施存放点、脱险通道和救生艇的登乘点尽可能不位于较大失火危险区和中等失火危险区附近。

2. 通风

为公共处所的每个安全区域服务的通风系统应与任何其他区域的通风系统分开。公共处所每一区域的通风，应能从连续有人值班控制站进行独立控制。

3. 固定式喷水器系统

(1) 公共处所和服务处所、设有卧铺的船员起居区域，除装有可燃液体以外的储存处所，以及类似处所，应使用符合本组织制定标准的固定喷水器系统保护。在一层甲板上开敞的梯道应视为该开敞处所的一部分，并应受到任何用于该处所的喷水器系统的保护。人工操作的喷水器系统应分成适当大小的区域，并且每一区域所设的阀门、喷水泵的起动和报警装置应能从两个尽量分开的处所进行操作，其中之一应为连续有人值班控制站。对 B 类客船，喷水器系统不得服务于一个以上处所。

(2) 每一操作站应展示系统图，应采取适当的布置以排干该系统工作时所放出的水。

(3) 如有下列情况，A 类船不必符合(1)和(2)的规定；

①禁止吸烟；

②不设小卖部、厨房、服务处所、滚装处所和货物处所；

③载客最大数量不超过 200 人；

④从出发港至目的港船舶满载时以最大航速的 90%的续航时间不超过 2 h。

(四) 高速货船的特别防火要求

1. 控制站

控制站、救生设备存放点、脱险通道和救生艇筏的登乘点应位于船员起居处所附近。

2. 货物处所

除了开敞甲板区域或冷藏装货处所以外的货物处所应设有符合要求的认可的自动烟气探测系统，以能在控制站显示出装置在所有正常操作条件下的失火位置，能从控制站操作的经认可的固定快速反应灭火系统所保护。

3. 固定喷水器系统

配有卧铺的船员起居处所，所占总甲板的面积大于 50 m^2(包括服务这类起居的走廊)，应按 IMO 制定的标准，由固定喷水器系统予以保护。

固定喷水器系统图应张贴在每一个作业站。当系统启用时，对所排放的水的排干应有适当安排。

(五) 其他要求

1. 消防员装备

除了 A 类客船以外的所有船舶应携带至少备有 2 套符合要求的消防员装备。另外，对 B 类客船，设有乘客处所和服务处所的甲板，按其乘客处所和服务处所的总长度或这种甲板如多于一层，按其最大的乘客处所和服务处所的总长度，每 80 m 或其零数应配备 2 套消防员装备和 2 套个人装备。

消防员装备(如图 2-1-8 所示)的组成情况如下：

(1) 个人装备，具体包括：

①防护服，其材料应能保护皮肤不受火焰的热辐射，并不受蒸气的灼伤和烫伤，其外表应为防水型；

②消防靴,由橡胶或其他不导电材料制成;

③一顶能有效抵御撞击的刚性消防头盔;

④一盏认可标准的合格防爆型的安全灯(手提式),其照明时间至少为 3 h;

⑤一把具有高压绝缘斧柄的消防员手斧。

(2)认可的呼吸器,其型式可为下列之一:

①一具装有适宜的空气泵和一段空气软管的防烟头盔或防烟面具,其空气软管长度应足够从开敞甲板到达货舱或机器处所的任一部分,且不受舱口或门口的妨碍。如为符合此项要求,空气软管所需长度超过 36 m 时,则应用自给式压缩空气呼吸器替代或由主管机关确定其他替代办法;

②一具自给式压缩空气呼吸器。其筒内空气储存量至少为 1 200 L,或一具可供使用时间至少为 30 min 的其他自给式呼吸器。船上还应配备足够数量的对所备呼吸器适用的备用充气器。

(3)每具呼吸器应配有足够长度与强度的耐火救生绳一根,此绳应能用弹簧卡钩系在呼吸器的背带上,或系在一条分开的腰带上,以使拉曳救生绳时防止呼吸器脱开。

图 2-1-8　消防员装备

2. 防火控制图

船上应有供船长和船员参考的永久展示的防火控制图,图上应清楚地标明每层甲板的如下地点:控制站;船上由阻火分隔围闭的区域连同失火报警、探火系统;自动喷水器装置;固定式和手提式灭火设备;通往船上各种舱室和甲板通道;通风系统,包括对主风机的控制;挡火闸的位置和服务于每一区域通风机的识别号码;国际通岸接头的位置(如有时)及所有控制装置的位置。

防火控制图的文本应为船旗国的官方文字。然而,若该文种不是英文、法文或西班牙文,则应译成这些文字之一种。防火控制图包括此图的手册的副本,应永久地存放在甲板室以外具有永久标记的水密套内,供岸上消防人员参考。

图 2-1-9 是某轮防火控制图。

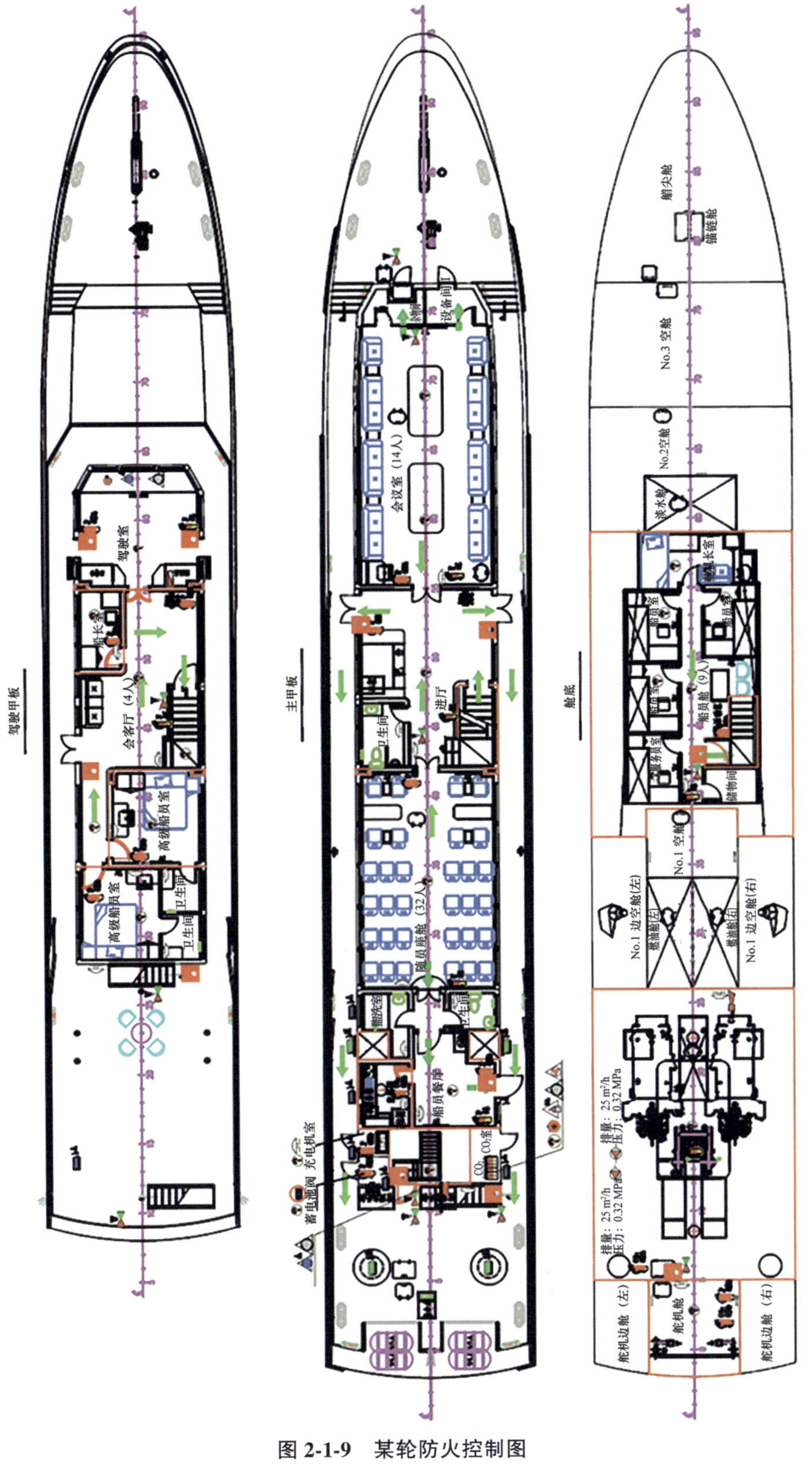

图 2-1-9　某轮防火控制图

第二节 高速船救生设备

高速船应配备足够的救生设备，以保障水上人命安全。

国际航行高速船除应满足 SOLAS 公约和《国际救生设备规则》（LSA 规则）的规定，还应遵守《国际高速船安全规则》中有关救生设备的规定。国内航行高速船除应满足《国内航行海船法定检验技术规范》和《内河船舶法定检验技术规范》等法规的要求外，特定船舶还要执行《地效翼船技术与检验暂行规则》和《珠江水域至香港特别行政区高速客船检验规则》等法规中有关救生设备的规定。

本节以《国际高速船安全规则》中的规定对高速船的救生设备要求进行介绍。

一、个人救生设备

1. 救生圈

在正常的工作情况下，如果乘客或船员可以到达露天甲板，应在船的两舷各配备至少一只能从操纵室和从其存放处及附近快速释放的救生圈（如图 2-2-1 所示），该救生圈应配有一盏自亮灯和一具自发烟雾信号。自发烟雾信号装置的放置和固定措施应确保其不会由于船舶碰撞或搁浅产生的加速度而松脱或自行放射。

图 2-2-1　带自亮灯和烟雾信号的救生圈

在船舶的每个正常出口附近至少设置一只装有不少于 30 m 长的浮式救生索的救生圈，并在乘客和船员容易到达的每层露天甲板，应至少设置 2 只救生圈。

船上至少总数一半的救生圈应设有自亮灯，这些设有自亮灯的救生圈应不包括装有浮式救生索的救生圈。

2. 救生衣

船上每一人员应配备一件符合 LSA 规则要求的救生衣（如图 2-2-2 所示），另外还应：

（1）配备船上乘客人数至少 10%的儿童救生衣，或为每个儿童配备一件救生衣，取其大者；

（2）每艘客船还应配备不少于船上总人数 5%的救生衣。这些救生衣应存放于甲板上或集合站的显眼之处；

(3)还应配供值班人员使用和供远置的救生艇筏站及救助艇站使用的足够数量的救生衣;

(4)所有救生衣都应具有符合 LSA 规则要求的灯;

(5)救生衣应放置在容易到达之处,其位置处应有明显标志。

图 2-2-2 救生衣

3. 保温服

保温服,即保温救生衣(Immersion Suit),又称救生服、绝热型浸水保温服、保温救生服。保温服的主要作用是保温,按照 SOLAS 公约的要求:

(1)非自然保温材料制成的救生服

应标明必须连同保暖衣服一起穿着的须知。其构造应为:在穿着者连同保暖衣服一起穿着时,或如救生服必须连同救生衣一起穿着,则加穿救生衣后,从 4.5 m 高度处跳入水中后,救生服仍能继续提供足够的热保护,确保穿着者在温度为 5 ℃的平静流通水中历时 1 h,体温降低不超过 2 ℃。

(2)自然保温材料制成的救生服

穿着者单独穿着救生服,或如救生服必须连同救生衣一起穿着,则加穿救生衣后,从 4.5 m 高度处跳入水中 1 次,应能继续提供足够的热保护,确保穿着者在温度为 0 ℃与 2 ℃平静流通水中历时 6 h,体温降低不超过 2 ℃。

船舶应为每位救助艇员配备一件适当规格的符合 LSA 规则要求的救生服(如图 2-2-3 所示)。

图 2-2-3 救生服

另外，应为应变部署表中指派的在海上撤离系统操作中负有将乘客送到救生艇筏责任的船员配备一件救生服或抗暴露服。如果船舶固定在温暖气候航区航行，经主管机关批准，则可免配上述救生服或抗暴露服。

二、救生艇筏和救助艇

1. 救生艇筏配备要求

所有船舶应配备：

(1)至少两艘经检验合格的能够容纳不少于船上总人数 100%的救生艇筏；

(2)此外，还应配备经检验合格的能足够容纳不少于船舶核定总人数 10%的救生艇筏；

(3)即使船舶中心线一舷的所有救生艇筏以及规定的船侧纵向破损内的所有救生艇筏被认为受损或不能使用时，足以容纳船上所有人员的救生筏(如图 2-2-4 所示)。

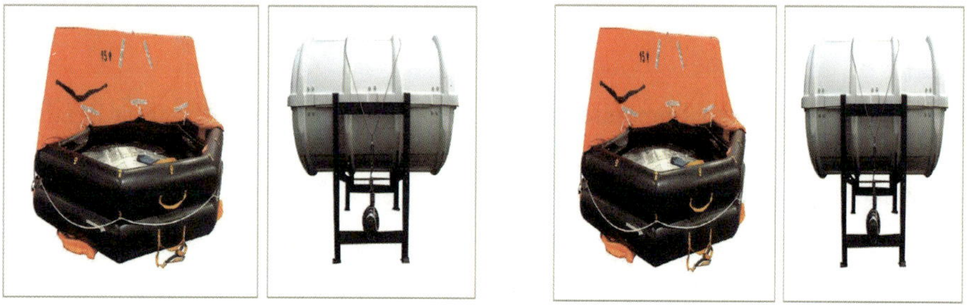

图 2-2-4　救生筏

2. 救助艇配备要求

应至少配备一艘用于援救水上人员的救助艇。当船舶载客 450 名以上时，应在每舷至少配备一艘这样的救助艇；

(1)除上述的规定外，船舶还应配备足够的救助艇，确保供船上全体人员弃船时使用；

(2)每艘救助艇集结不多于 9 艘符合规定的救生筏；或

(3)若救助艇能同时拖带一对救生筏并让主管机关满意，则每艘救助艇集结不多于 12 艘符合规定的救生筏，且能在规定的时间内完成撤离。

(4)免于配备的条件(下列条件需同时满足)

长度少于 30 m 的船舶可免于配备救助艇，但需满足下列所有要求：

①船舶的布置能在水平或接近水平的体位上救起无助人员；

②在驾驶台上能观察到对水上无助人员的救助；

③船舶应有足够机动性，以便能在设想的最坏条件下接近并救起落水人员。

3. 救生艇筏操作须知

应在救生艇筏及其降落控制器的上面或附近设置告示或标志，确保：

(1)用图解说明该控制器的用途及其操作程序，并提出有关须知或注意事项；

(2)在使用应急照明时，容易被看清；

(3)使用符合国际海事组织要求的符号。

三、无线电救生设备

1. VHF 无线电话

所有高速客船和 500 总吨及以上的高速货船应至少配备 3 具双向 VHF 无线电话设备(如图 2-2-5 所示),这类设备的性能,应不低于认可的标准。

2. 雷达应答器

所有高速客船和 500 总吨及以上的高速货船的每舷应至少配备一具雷达应答器(如图 2-2-6 所示),这类雷达应答器的性能应不低于 IMO 认可的标准,雷达应答器应存放在能迅速移到任何一只救生艇筏,或者每艘救生艇筏都应放置一具雷达应答器。

图 2-2-5 双向 VHF 电话

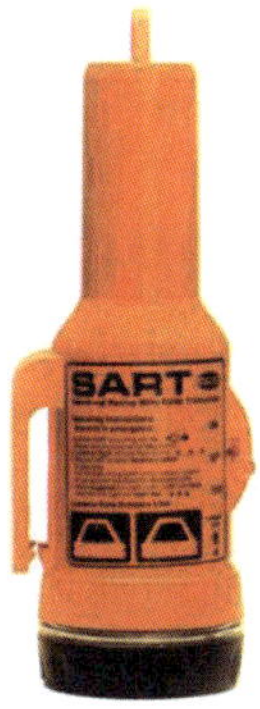

图 2-2-6 雷达应答器

3. 通信与报警系统

船舶应配备下列船上通信与报警系统:

(1)船舶应配备一套固定式或手提式应急设备或两者兼备,供船上应变控制站、集合站和登乘站与要害部位之间的双向通信联系使用。

(2)船舶应配备一套符合 LSA 规则要求的通用应急报警系统,以供召集乘客与船员至集合地点和采取应变部署表所列行动之用。该系统应由符合 LSA 规则要求的公共广播系统或其他适当通信设施进行补充。该系统应能在驾驶室操作。

4. 信号设备

(1)所有船舶应在操纵室永久配备一盏便携式白昼信号灯(如图 2-2-7 所示),该信号灯不应依靠船舶的主电源。

图 2-2-7 白昼信号灯

(2)船舶应至少配备 12 支符合 LSA 规则要求的火箭降落伞火焰信号,并应将其存放在操纵室或其附近。

四、逃生应急出口

1. 设置要求

逃生应急出口也称为脱险通道，为了确保在应急情况下能立即得到船员的帮助，船员起居舱室包括住室，应设在那些有通道能使船员从船内方便、安全迅速通往公共处所的地方。鉴于同样理由，应为操纵室提供安全和快速的通道直达公共处所。所有的脱险通道应如此设置：

(1)船舶设计应能使所有在船人员在各种应急情况下不论白天、黑夜都可以安全撤离进入救生艇筏。所有在应急情况下可能使用的出口和所有救生设备的位置、撤离程序的可行性，以及全部乘客和船员撤离时所耗费的时间，都应进行验证。

(2)凡公共处所、撤离路线、出口、救生衣存放处、救生艇筏存放处，以及登乘站都应清晰和永久性地标明，并予以照明。

(3)凡供乘客或船员使用的封闭式公共处所和类似的永久性封闭处所都应至少有两个出口，其位置应尽量相互远离。所有出口都应清楚标明撤离站和安全区域的方向(如图 2-2-8 所示)。在 A 类船和货船上，至少应有一个出口通往供所述封闭处所内人员使用的撤离站，所有其他出口应有通道通向开敞甲板上的一个位置并可由此通往撤离站。在 B 类船上，各出口应有通道通向替代安全区域；如要求，可接受外部撤离通道。

图 2-2-8　逃生路线标志

(4)出口门不论白天黑夜应能里、外均可操纵，且开闭装置应显明易见，操作便捷，具有足够强度。脱险通道上的门的开启方向应尽量与所在舱室的脱险流向一致。

(5)邻近出口处应有供 1 名船员活动的足够空间，以确保乘客迅速撤离。

(6)所有出口及其开启设施都应标明，使船上乘客和船外的救生人员都一目了然。应设有清晰的标志，包括防火控制图位置，以引导船外救助人员实施救助。

(7)凡提供从内部至出口的通道的踏板和梯子，应为刚性结构并永久定位。如必须借助扶手才能使人员到达出口时，应设永久性的扶手，这种扶手应在船舶发生任何可能的横倾或纵倾情况下都能适用。

(8)应为每个人员提供至少两条畅通无阻的脱险通道。脱险通道的安排应使撤离人员在任何可能发生的险情或应急情况下都能获得足够的撤离手段。脱险通道上应有主电源和应急电源供电的充足照明。如可能，一个处所内的应急撤离门应位于该处所内的相对两端。如应急撤离门位于处所的同一端，则这些门之间的距离应大于该处所的最大长度。

(9)构成脱险通道的走道、门道和梯道的宽度，在客船上应不小于 900 mm，在货船上应不小于 700 mm。对于通常无人占用处所的走道、门道和梯道，此宽度可减至 600 mm。脱险通道上不应有任何可能伤人、钩住衣服、损坏救生衣或阻碍残疾人撤离的凸出物。本段要求不适用于过道(座位组隔离区的前后过道)或相邻两排座位间的处所。但是,过道宽度和座位坡度应使高速船符合要求。

用于存放机动车辆的特种处所应设有通往一个安全脱险通道的走道,走道宽度至少为 600 mm。

(10)应设置足够的指示牌,引导乘客通往出口。

2. 撤离时间

撤离设施的设计应使船舶在受控情况下,能在撤离时间内撤离人员。撤离时间为规定的主要火灾危险区结构防火时间(SFP)减去最初探测火情及灭火作业所需的 7 min 后余下时间的三分之一。

$$撤离时间=\frac{SFP-7}{3} \tag{2-2-1}$$

式中:SFP 为结构防火时间(min)。

五、高速船特别规定

鉴于航区的遮蔽特性,以及营运区域的气候条件,主管机关可以允许 A 类高速船使用符合要求的开敞式两面可用气胀式救生筏(如图 2-2-9 所示),代替 LSA 规则规定的救生筏。

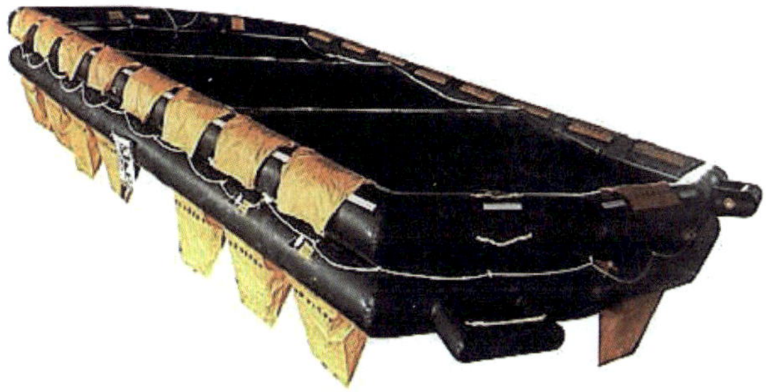

图 2-2-9 开敞式两面可用气胀式救生筏

如 B 类高速船上装备有登乘救生艇筏的海上撤离系统时(如图 2-2-10 所示),则应另设有撤离装置,以使在其失效时,或因纵向范围受损而导致无法使用时,直至并包括在最坏预计工况下,用于乘客和船员撤至船上相同一侧的救生艇筏内。

图 2-2-10 海上撤离系统

第三节 高速船通信管理

一、无线电通信

高速船的通信包括船与船、船与岸之间的通信。传统的通信方式，例如旗语、莫尔斯码、声号等在传输距离和效率上受限，已无法满足现代船舶之间的通信，现代船舶主要采用无线电设备完成船舶之间的通信。根据船舶吨位和航行区域的不同，船舶应配备不同标准的通信设备。

1. 海区划分

根据船舶航行的区域，全球海区可分为 A1、A2、A3 和 A4 海区。

(1) A1 海区

系指至少由一个具有连续 DSC 报警能力的甚高频(VHF)岸台无线电话所覆盖的区域，该区域可由各缔约国政府规定。

(2) A2 海区

系指 A1 海区以外，至少由一个具有连续 DSC 报警能力的中频(MF)岸台的无线电话所覆盖的区域，该区域可由各缔约国政府规定。

(3) A3 海区

系指除 A1 和 A2 海区以外，由具有连续报警能力的 Inmarsat 静止卫星所覆盖的区域。

(4) A4 海区

系指 A1、A2 和 A3 海区以外的区域。

2. 功能要求

每艘船舶在海上应能：

(1) 至少由两台分开和独立的装置发送船对岸遇险报警，且每台装置应使用不同的无线电通信业务；

(2) 接收岸对船遇险报警；

(3) 发送和接收船对船遇险报警；

(4) 发送和接收搜救协调通信；

(5) 发送和接收现场通信；

(6) 发送和接收定位信号；

(7) 发送和接收海上安全信息；

(8) 向海岸无线电系统或网络发送和接收一般无线电通信；

(9) 发送和接收驾驶台对驾驶台的通信。

3. 无线电通信配备一般要求

(1) 一台 VHF 无线电装置(如图 2-3-1 所示)，能发送和接收：

①在 156.525 MHz(70 频道)上的 DSC。它应能从船舶通常驾驶的位置，在 70 频道起动遇险警报的发送；

②在 156.300 MHz(6 频道)、156.650 MHz(13 频道)和 156.800 MHz(16 频道)上的无线电话。

(2)一台能在 VHF70 频道上保持连续 DSC 值班的无线电装置。该装置可以与(1)所要求的功能分开或相结合;

(3)一台能在 9 GHz 频带上工作的雷达应答器,其存放应便于使用,可以是救生艇筏所配备的其中一台;

(4)如果船舶航行在任何具有国际 NAVTEX 业务的区域,应配备一台能接收国际 NAVTEX 业务广播的接收机(如图 2-3-2 所示);

图 2-3-1 VHF

图 2-3-2 NAVTEX

(5)如果船舶航行在 A1、A2 或 A3 海区,而该区域又未能提供国际 NAVTEX 业务,一台接收来自经认可的移动卫星服务增强群呼系统的海上安全信息的无线电设备,但是,如果船舶仅航行在使用 HF 直接印字电报提供海上安全信息业务的区域,而该船已配备了能接收这种业务的设备,则可免除本款要求;

(6)一台卫星紧急无线电示位标(卫星 EPIRB);

(7)每艘客船应配备用于搜救目的,其从船舶通常驾驶位置操作,使用海空频率 121.5 MHz 和 123.1 MHz 的双向现场无线电通信设备使用。

4. 无线电通信配备其他要求

除按第 3 条配备无线电设备,船舶根据航区的不同,按照 SOLAS 公约中 A1、A2、A3 和 A4 海区配备相应的无线电通信设备。

二、应急通信程序

船舶发生碰撞、触碰或浪损,触礁或搁浅,火灾、爆炸,沉没,航行中发生适航性能的机件或重要属具的损坏或灭失,其他引起财产损失和人身伤亡等紧急情况,危及人员、船舶或财产安全和污染的危险时,船舶应立即向海事主管机关及船公司报告,最大限度减少船员伤亡,减少对环境造成损害和对船舶及财产造成损失。

1. 呼叫方式

(1)DSC 遇险呼叫

数字选择性呼叫(DSC)在遇险呼叫时,自动将发信机转换到设定的遇险频率上,按设定的报警方式进行报警。同时,DSC 值班接收机可以自动接收 DSC 遇险报警,而不需要人工值守,从而大大提高了遇险报警的成功率。

通用的遇险报警频道有:VHF70 频道,或 MF/HF,频率为 2 187.5 kHz、8 414.5 kHz、

4 207.5 kHz、6 312 kHz、12 577 kHz 或 16 804.5 kHz。

(2)语音呼叫

通过 VHF 语音紧急呼叫。一般使用国际上通用的代码：

①MAYDAY

遇险信文,表明船舶、飞机或其他交通工具收到重大而紧迫的危险,需要立即救助。

呼叫格式如下：

—MAYDAY,MAYDAY,MAYDAY

—This is 遇险船名或呼号(三次)

—船位

—遇险性质

—需要救助的种类及其他有关救助的信息

—Over

②PANPAN

紧急信文,关系到一艘船舶、飞机或其他交通工具的安全或人员安全。

呼叫格式如下：

—PAN-PAN, PAN-PAN, PAN-PAN

—all stations(三次)

—This is 发送紧急信文的船名或呼号(三次)

—紧急信文

—Over

③SECURITY

安全信文,有关航行安全的信文或重要的气象警告。

呼叫格式如下：

—SECURITY,SECURITY,SECURITY

—all stations(三次)

—This is 发送紧急信文的船名或呼号(三次)

—安全信文

—Over

(3)卫星电话应急通信

国际航行高速船在海上发生应急情况下,船舶还可以利用卫星电话来向公司和附近的救助中心报告。

目前国际海事组织认可的卫星通信有 Inmarsat-fleet、美国铱星以及我国的北斗。

(4)电话应急通信

航行于沿海或内河的高速船,一般可以接收到陆上的移动网络信号,可以向沿岸的救助部门呼叫,也可以使用手提电话向船舶公司报告险情。

2. 报告内容

发送海上遇险信息时,应包括以下内容：

(1)事件发生的时间、位置。

(2)遇险状况。

(3)船舶、航空器或遇险者的名称、种类、国籍、呼号、联系方式。

如果当时的环境允许,尽可能提供下列信息:

(1)船舶或航空器的主要尺度、所有人、代理人、经营人、承运人。

(2)遇险人员的数量及伤亡情况。

(3)载货情况,特别是危险货物,货物的名称、种类、数量。

(4)事发直接原因、已采取的措施、救助请求。

(5)事发现场的气象、海况信息,包括风力、风向、流向、流速、潮汐、水温、浪高等。

3. 搜救中心的名称及频道

搜救中心的名称和工作频道以及联系方式可以通过《无线电信号表》来查找。我国专用水上遇险求救电话是 12395。

第三章 高速船的破损控制

船舶因碰撞、搁浅、触礁、爆炸或遭到武器攻击从而造成船体破损进水时，需要全体船员共同按照应变部署，使用堵漏器材进行自救。所有船员都应掌握破损控制的基本知识，熟练使用相关设备。

第一节 破损控制和水密完整性

一、完整浮力和水密及风雨密完整性

1. 完整浮力

船舶浮力是指在一定装载情况下的漂浮能力。船舶在海上航行，经常会遇到海浪打上甲板，冬季还会结成很厚的冰，这就等于给船舶增加了重量。为了保障船舶安全，船舶必须留有一定的储备浮力(也叫保留浮力)。储备浮力是指船舶主甲板以下至水线之间水密空间产生的浮力。

考虑到船舶的用途，行李舱、货舱和特种处所的外部开口的关闭装置应为风雨密。船舶所载甲板货的堆放，应使堆货部位供往返船员住舱、机器处所和船上必需进行的工作所用的其他所有部位使用的任何开口能够关闭和锁定，以防进水。

所有高速船均应在设计水线状态下具有足够的储备浮力，以满足完整稳性和破损稳性要求。为允许高速船在任何预期的状态下运行，主管机关可以要求有更大的储备浮力。

船舶驾驶人员应安排核查各个舱室的水密完整性或风雨密完整性，以及《高速船操作手册》所包含的各种细节。

2. 水密分隔的开口

舱壁甲板以下的所有水密舱壁的开口数量应尽可能少，门的强度与相邻舱壁强度相当，且应保证水密。水密舱壁的门可以是铰接式或滑动式，如图 3-1-1 所示。

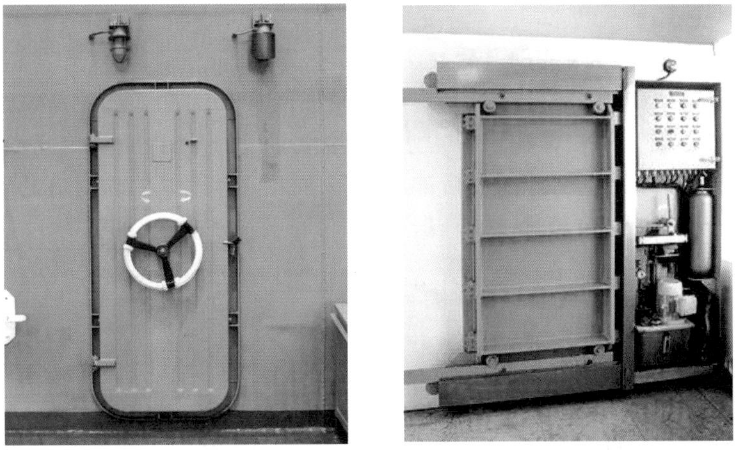

图 3-1-1 水密门

水密门在船舶驶离泊位前均应关闭。所有水密门应能在船舶倾斜至 15°的情况下启闭,并应在操纵室内设有表明水密门是开启或关闭的显示装置。这种门应能在舱壁的每一侧就地启闭。

当船舶在海上时,水密门除了在用作通道的情况下可以开启外,应保持关闭。应在每扇门旁张贴告示,说明不得让门敞开。

水密门应能从操纵室在不少于 20 s 和不多于 40 s 的时间内遥控关闭,并应配有不同于该区域内其他报警装置的声响报警装置。每当用电力遥控关闭时,声响报警在门起动之前至少响 5 s,但不多于 10 s,并持续至门完全关闭。并且,上述操作在电源、控制装置和显示器在主电源失效的情况下应仍能操作。在乘客区域和环境噪声大于 85 dB(A)的区域,应在门口设一间歇视觉信号作为对声响警报的补充。

如管道、排水孔、电缆等穿过水密分隔,水密贯穿装置应经过原型试验。试验压力应至少保持 30 min,贯穿装置在此期间不得有任何渗漏。

如通风管道是水密界限的一部分,该管道应能承受可能出现的水压,这要考虑到在进水的所有阶段的最大允许倾角。

3. 指示器和监控

所有边门和其他关闭装置均应在操纵室设有指示器。这些门和关闭装置如果未关上或未关妥,在完好和破损情况下均可能导致大量进水。指示器系统应按故障安全原则设计,应在门未完全关闭或任何锁闭装置不到位和未完全锁住时,发出视觉报警信号,并在这类门或关闭装置打开或锁闭装置松开时发出声响警报。

应设有电视监控和漏水监测系统,向操纵室和发动机控制台显示船首内门和外门、尾门或任何其他边门可能导致大量进水的任何漏水。

4. 上层建筑的完整性

如基准面以上的各个建筑的进水对船舶稳性和浮力会有重大影响,则这些建筑应有足够强度保持水密完整性,并设有风雨密关闭装置;或设有足够的排水装置;或是上述两种手段的等效组合。

基准面以上的上层建筑和甲板室应在外部限界上设有关闭开口的装置,其强度足以使所涉及的未受损处所在所有破损情况下保持风雨密完整性。此外,关闭装置应在所有营运情况下保持风雨密完整性。

5. 在风雨密处所限界内的门、窗

风雨密上层建筑和甲板室内的门、窗等以及任何相关的框和梃应是风雨密的,并应在均匀承受的压力小于会使相邻建筑产生永久变形或失效的压力时不致漏水或失效。对于风雨密上层建筑内的门,应从外部进行冲水试验。通向露天甲板的门道的门槛,尤其是在露天部位的门槛在甲板以上的高度应以合理和可行为限,如图 3-1-2 所示。

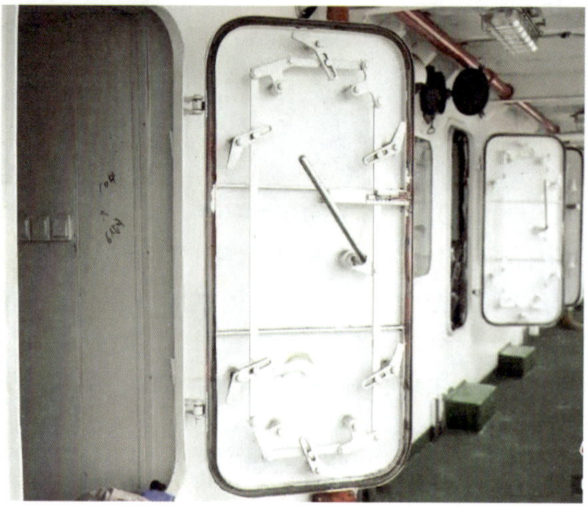

图 3-1-2　风雨密门

在特种处所限界内或基准面以下不应允许设置窗户。基准面以下各处所的舷窗应在内侧设有有效的铰接窗盖,使之可有效关闭和水密固紧。

6. 舱口和其他开口

由风雨密舱盖关闭的舱口应符合船舶安全在直至最坏预计工况的任何海况下不会受到影响,直至最坏预计工况的任何海况下保持密封性。

在基准面上的或封闭式上层建筑以外的上层建筑内的人孔和平的小舱口应以能保持水密的坚固罩盖关闭。

在基准面或封闭式上层建筑甲板以下处所的通风筒应有结构牢固的围板,该围板应与甲板有效相连。通风筒开口应装设有效的风雨密关闭装置。

7. 泄水孔、进水孔和排水孔

从基准面以下处所或从设在基准面以上的上层建筑和甲板室内通过船壳的排水孔,均应装设有效和便于检视的防止水进入船内的装置。通常每一独立的排水孔应有一个从基准面以上的位置可靠关闭的自动止回阀。

从稳性计算范围内的风雨密舱室通出的泄水孔上的阀应可从操纵室进行操纵。由未装设风雨密门的上层建筑或甲板室引出的泄水孔应通到舷外。

8. 空气管

存放可燃液体的主贮存液舱或能泵出或注海水的液舱,应设有终端不在封闭处所的空气管。所有空气管均应配有自动关闭的风雨密关闭装置,如图 3-1-3 所示。

图 3-1-3　空气管及自动关闭装置

9. 排水口

如舷墙在露天甲板上形成阱，应有充分准备以迅速排除甲板积水和放尽积水。

二、完整稳性

1. 排水状态下的完整稳性

划式水翼船和(或)全浸式水翼船在所有允许的装载工况下，应具有足够的稳性以符合《国际高速船安全规则》的有关规定，尤其是当其承受较大的倾侧力矩时，应保持其横倾角小于 10°。

除水翼船以外的单体船和多体船在所有允许的装载工况下，应符合《国际高速船安全规则》的有关要求，如不适合上述规定，主管机关可以根据船舶类型和营运区域接受等效于规定衡准的其他衡准。

2. 非排水状态下的完整稳性

如果船舶设置割划水面的结构或附体，则应采取预防措施，防止在与浸没水中或漂浮水面的物体碰撞后船舶出现危险的姿态或倾侧和失去稳性。

在设计中，如果把定期利用气垫变形作为控制船的一种辅助手段，或把定期利用气垫向大气排气以操纵船舶，则应确定对垫升稳性的影响，并应根据船的速度或姿态制定这种利用限度。

对设置柔性围裙的气垫船，应证明围裙在营运条件下保持稳固。

3. 过渡状态下的完整稳性

在一般气象情况直至最坏预计工况下，从排水状态转为非排水状态以及相反过程所用的时间应尽可能短，除非证明稳性在此过渡期间无实质性的减小。

三、破损后排水状态下的浮力与稳性

在所假定的任何破损发生之后，船在静水中应有足够的浮力和正稳性，以同时确保：

(1)对于两栖气垫船以外的所有高速船，在停止进水和达到平衡状态后，最终水线在可能会继续进水的任何开口以下，距该开口水平线至少为相应于最坏顶计工况的有义波高的 50%；

(2)对于两栖气垫船，在停止进水和达到平衡状态之后，最终水线在可能会继续进水的任何开口以下，距该开口的水平线至少为相应于最坏预计工况的有义波高的 25%；

(3)从破损水线至救生艇筏登乘位置的干舷为正值;

(4)组织人员撤离所需要的重要应急设备、应急无线电台、供电系统和有线广播系统保持易接近和可操作;

(5)船的剩余稳性按要求符合适用衡准。

(6)衡准所确定的正稳性范围内,无防护的开口不应浸在水中。

在所述的向下进水开口应包括用于破损控制程序或人员撤离程序的门和舱口,但可以不包括用风雨密门和舱口盖关闭并且不用于破损控制程序或人员撤离程序的门和舱口。

四、对高速客船的特殊要求

1. 完整稳性要求

(1)排水状态下的完整稳性

船舶应具有足够的完整稳性,使船在静水状况下(在所有允许的装载工况和可能产生的不可控制的乘客移动作用下)所引起的偏离水平位置的倾侧不会超过10°。

(2)非排水状态下的完整稳性

在静水中由于乘客移动的影响和横向风压引起的总横倾角应不超过10°。如果每当船在非排水状态下运行时均要求乘客坐在座椅上,则不必考虑乘客的移动。

在所有的装载工况下,由于回转引起的向外侧横倾应不超过8°,并且横向风压和由于回转引起的向外侧总横倾应不超过12°。

2. 破损后排水状态下的浮力与稳性

船舶破损发生之后,船舶除满足普通要求外,还应在静水中具有足够的浮力和正稳性,以同时确保:

(1)船舶在任何方向偏离水平线的倾侧角通常不超过10°。然而,如果这是明显的不切实际的,只要设有有效的防滑甲板表面和诸如防滑孔、防滑条等合适的支撑点,应允许船在破损后立即倾斜至15°,但能在15 min内减到10°;

(2)乘客舱室或脱险通道任何可能的进水不会明显地阻碍乘客的撤离。

第二节 破损控制系统和设备

高速船的破损控制系统和设备包括船体的水密结构、水密舱壁的开口关闭设备、堵漏与排水设备等,从广义的应急角度,还可以包括应急通信、人员逃生与疏散的相关设施,这些内容在其他章节已有介绍,本节不做赘述,仅介绍水密门、堵漏器材以及相关的排水设备等内容。

一、水密门的操作与管理

水密门是保护船舶开口、保证船舶水密的重要设施,在操作和维护保养上,船员应格外重视，严格按照规范和规程进行。

(一)水密门的操作

1. 水密门的开启、关闭和紧固操作

高速船应建立关于开关和紧固船体开口的程序，以及正确操作相关系统的程序，其内容至少应包括：

(1)应由适任的操作员开关、锁紧所有船体开口。

(2)应在适当的位置张贴水密门保持关闭的标志，大型外部水密门旁张贴关闭设备的操作程序等。

(3)船舶开航前，除必要通道的水密门开启外，其余水密门均应保持关闭，水密舱壁的所有开口在正式开航前都确认关闭。

(4)操作前应注意对环境的要求，如气温、船舶的纵倾和横倾等。

(5)外部水密门在操作前应检查周围环境，清除障碍。

(6)若设有门销和机械紧固装置，在门的开关之前以及开关过程中务必注意该装置的状态，不打开或未完全打开前，切勿开关水密门。在门关妥以后，门销及机械紧固装置一定锁紧并保证在航行中处于良好状态。在门开启后务必将机械锁固锁好，栏杆等防护设施装妥，以防意外。

2. 密封检查

对船舶开口部位进行密封检查是确保船舶水密性的重要手段，主要包括：

(1)用电视监视器进行监控。

(2)使用漏水指示器或报警器监控。

(3)对可能损坏、磨损或与闭锁装置框架无法密闭相连且无法立即更换的密封部位，应实施持续检查。

(4)船上应保留水密门操作和维护的相关资料。

(二)水密门的维护与管理

水密门是船舶的重要设备，直接影响着船舶的安全，因此应按照规范的要求定期进行维护保养。

(1)铰链等受力部件定期检查，及时更换、修理。

(2)水密门附属的活动部件，如门销、轴承等以及按说明书需定期加油的地方应及时加油，以便保护活动部件灵活到位。

(3)保证水密橡胶填料完整，并保持清洁，其上切勿涂油或油漆以防老化。

(4)暴露在舱面上的电气设备注意其绝缘的完好，冲洗甲板时，应注意保护，防止用水直接冲洗。

二、堵漏设备和器材

对于高速船的堵漏设备和器材，法规方面没有特殊要求，应按照公约对普通船舶的配置标准配备堵漏毯、堵漏箱、各种专用木塞、木楔等器材。

1. 堵漏设备和器材的日常管理

应急堵漏设备和器材的存放与管理方面，应注意以下事项：

(1)堵漏设备应分类存放在规定地点,专人保管,不能移作他用,存放舱室外应有明显标志。

(2)各种金属堵漏器材与部件,应注意防止锈蚀,活动部分应经常加油润滑,以保持灵活。

(3)纤维材料制作的堵漏器材,如堵漏毯、软垫、帆布和麻絮等,应经常晾晒通风,保持干燥,不使霉烂。

(4)木质堵漏器材不要置于高温、潮湿处。

(5)橡胶填料不可接触油,也不宜置于高温或潮湿处。

(6)水泥要防潮,防止压实结块,一般应每半年至一年更换一次;黄沙为堵漏设备保持清洁,防止被油污染。

(7)应根据各种器材的检查周期要求进行定期检查,必要时换新。

2. 堵漏设备和器材的优化使用

船舶进水后,应根据破损位置及破口大小,合理选用各种堵漏器材,采取有效措施。

(1)水线以下的破洞

①小型破洞采用木塞堵,孔大时,圆形方形混用,堵后用油麻丝堵塞。

②小于堵漏板的破孔可用堵漏板或堵漏箱堵住。

③大于堵漏板的破口先用堵漏毯堵住控制其压力,再做水泥型箱,灌进调好的水泥浆,破口处敷设钢筋或铁丝网,型箱侧壁装引流管,水泥凝固后再用木塞塞住。

(2)水线以上的破洞

水线以上破洞在舷内外都可堵塞,但从外向里堵比较可靠。小的破洞,各种器材均可使用;大的破洞可用床垫和撑柱进行撑堵。

(3)裂缝

裂缝不直接用木塞或木楔打入以免裂缝扩展,最好用堵漏螺杆加以垫板,或在裂缝两端打好止裂孔,再用木塞堵住。情况许可时,可用电焊设备焊补或用黏合剂黏补等办法。

三、舱底水抽吸与排出系统

舱底水抽吸与排出系统既要起着排出日常舱底水的作用,当船体因海损破舱进水时,还担负着紧急排出进水的任务。因此,整个系统除包括舱底泵、舱底水总管、支管、吸口滤器、分配阀箱、泥箱、污水分油器等设备外,还应备有应急的排水接管,以便在机舱进水紧急情况下,通过应急排水支管由主循环水泵或主海水冷却泵排水。

(一)舱底水抽吸与排出系统的法定要求

1. 通用要求

船舶应设有排除任何水密舱室内舱底水的装置,但其中用来永久储存液体的水密舱室除外。除用来永久储存液体的水密舱室以外,其余每个水密舱室均应能由所设的舱底抽吸装置进行排水。这些舱室的容积或位置应使其进水后不致影响高速船的安全。

在遭到假设的破损以后,舱底水抽吸系统应能在任何可能的横倾和纵倾状态下工作。舱底水抽吸系统的设计应能防止水从一个舱室流入另一舱室。控制舱底水吸入的必要的阀应能从基准面以上进行操纵。与舱底水抽吸装置相连的所有分配阀箱以及手动操纵阀的所在地点在正常情况下均应易于接近。手动操作的阀杆应易于接近,而所有阀应做上明显的记号。

动力驱动的自吸式舱底泵可以用于诸如灭火或通用等其他用途，但不得用来抽吸燃油或其他易燃液体。

每台动力舱底泵均应能以不小于 2 m/s 的流速通过所要求的舱底水管进行抽水。舱底吸入支管的内径，不得小于 25 mm。吸入支管应安装有效的过滤器。

每个设有推进原动机的机器处所，均应设有一个应急舱底水吸口，该吸口应通往除舱底泵、推进泵或油泵以外的最大可用动力泵。

海水进口阀的阀杆应延伸到机器处所花铁板以上的适当高度。所有的舱底水吸入管与泵的接头应独立于其他管路。在预期最不利的破损情况下，位于水面以上的处所，可以通过装有止回阀的排水管把水直接排至舷外。任何要求设置舱底水抽吸装置的无人值班处所，均应设有舱底水报警装置。在舱底水抽吸管系布置中，除公共处所和船员舱室前面的处所以外的其他处所，若未设舱底水总管时，则每一处所应至少设 1 台固定的潜水泵。此外，还应至少设一台能用于各个处所的移动式泵。如果是电动的，该泵应由应急电源供电。

2. 高速客船的舱底水抽吸与排出系统的附加要求

对高速客船来说，B 类高速船至少应设 3 台、A 类高速船至少应设 2 台与舱底水总管相连的动力舱底水泵，其中之一可由推进主机驱动。其布置应至少有 1 台动力舱底水泵在高速船被要求承受的所有浸水情况下可以使用。此项要求可采取下列方法之一予以满足：

(1)所要求的舱底水泵之一应为 1 台有应急动力源的可靠的潜水式泵；

(2)各舱底水泵及其动力源应分布在高速船的全长范围内，进水时至少在未破损的舱室内有 1 台泵能供使用。

在多体高速船上，每一片体至少应设 2 台舱底水泵。连接舱底水抽吸系统的分配阀箱、旋塞和阀，应确保在任一舱室进水时，所设的舱底水泵之一可以工作。另外，当 1 台泵或其与舱底水总管的连接管损坏时，不应使舱底水系统失效。除了主舱底水抽吸系统外，应当还设有 1 个应急舱底水抽吸系统时，该系统应独立于主系统，其布置应有 1 台泵在任一舱室在所规定的进水情况下可以工作在这种情况下，仅应急系统运转需要的那些阀应能在基准面以上进行操作。

3. 高速货船舱底水抽吸与排除系统的附加要求

舱底水抽吸系统至少应设置 2 台与舱底水总管系统连接的动力泵，其中 1 台可由推进主机驱动。若主管机关认为高速船的安全未受损害，则具体舱室内的舱底抽吸装置可予免除。

在多体高速船上，除非在一个片体内的 1 台舱底水泵也能抽吸其他片体内的舱底水，否则，每片体内应至少配备 2 台动力泵。每片体内至少应有 1 台泵为独立动力泵。

(二)舱底泵的操作和管理

1. 舱底泵的操作

舱底泵开关通常有“自动”和“手动”的配置，当水在舱底积聚达到设定的水位时，舱底泵浮动开关自动打开；当降到设定的水位时，浮动开关自动停止。部分船上只有手动泵,如图 3-2-1 所示的在驾驶台上的手动泵按钮。

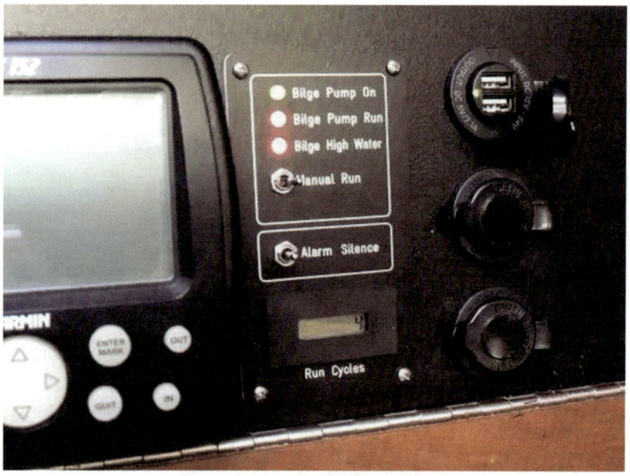

图 3-2-1　舱底泵控制按钮

2. 舱底泵的日常管理

(1)船员应定期检查泵周围区域是否有可能导致泵开口堵塞的杂物。

(2)定期检查浮动开关的功能,防止冻住或腐蚀。

(3)如果舱底泵不经常开着,可以往舱底水注入少量水以检查它的功能,以确认舱底泵自动开关的性能及其排水路线。

第三节 船上破损控制计划和组织

船舶一旦发生破损,轻则因破损进水引起船舶和设备的损坏,重则导致船舶沉没、人员伤亡、严重污染海洋环境等事故。船舶应根据实际情况制订科学合理的破损控制计划,充分利用船上的各种应急资源,加强组织和演练,提高破损应急能力。

一、破损控制图和破损控制手册

SOLAS 公约第Ⅱ-1/23 条指出,为了指导高级船员,船上应有永久性固定显示的破损控制图,该图清晰地标明各层甲板及货舱的水密室限界,限界上的开口及其关闭装置和控制位置,以及扶正由于进水产生的横倾的装置。此外,还应给船上高级船员提供包含上述资料的小册子——破损控制手册。

1. 基本要求

破损控制图和破损控制手册旨在为船上高级船员提供有关船舶水密舱室以及维护舱室边界和保持分隔有效性装置的准确信息,以便在船舶破损情况下,能给予合适的预防以避免通过开口进一步进水,并采取有效措施以便快速减轻,可能的话,使船舶损失的稳性得到恢复。

破损控制图和破损控制手册应用船上工作语言写成,如船上工作语言不是 SOLAS 公约的官方语言,图和手册应至少要包括中文、英文、法文、俄文或西班牙文的一种译文。

2. 破损控制图

破损控制图应以合适的比例绘制,以便清楚地显示各种内容,但应不小于 1:200。图纸的内容应包括船内轮廓,每层甲板俯视图,以及显示以下内容必要的区域横剖面图:

(1) 船舶的水密分隔;

(2) 横贯进水装置,泄放塞和纠正由于进水造成的横倾的机械装置的位置和布置,以及所有阀和遥控装置的位置,如有时;

(3) 所有内部水密关闭装置的位置,在航行过程中不允许开启和允许开启的水密关闭装置都应清楚地指明;

(4) 船舶外壳上的所有门,开启/关闭指示器,渗漏检测和监测装置的位置;

(5) 舱壁甲板以上和最低露天甲板上局部分舱舱壁的所有风雨密关闭装置,以及控制装置和开启/关闭指示器的位置,如适用;

(6) 所有舱底泵和压载水泵,以及它们的控制装置和相关的阀的位置;

(7) 已被主管机关接受的限制进一步进水的管系、导管和轴隧,如有。

此外,客船破损控制图还应提供彩色图并保持印刷清晰,并对图中的符号进行说明,清晰标识出破损控制设备的位置,提供与破损控制手册和稳性资料相一致的舱室标识,突出显示各个进入点,标识水密门和半水密门等。

对客船,破损控制图应永久陈列在驾驶室和船舶控制站或相应地点。对货船,破损控制图应永久陈列在驾驶室或在驾驶室易于查阅。另外,破损控制图还应永久陈列在货物控制室或在货物控制室易于查阅。

3. 破损控制手册

破损控制手册中应包含破损控制图的内容,针对破损控制图中的信息,破损控制手册应包含更详细的内容,例如所有不高于露天甲板的测深仪、液舱通风管和溢流管的位置,泵的排量,管系分布图,横贯进水装置的操作指南,根据破损控制部分从舱壁甲板以下的水密舱室通过和撤离所采取的方式,如要求,和对船舶管理部门和其他组织应遵守规定和协调提供援助提出警示。

破损控制手册中应包括控制破损后果的一般性指导,如:

(1) 立即关闭所有水密和风雨密关闭装置;

(2) 确定船上人员的位置和安全性,对液舱和舱室进行测深以确定破损的范围,并对进水舱室重复测量以确定进水速率;

(3) 就横倾和为减少横倾或纵倾采取液体转换操作的原因,以及因此产生的附加自由液面影响和为控制进水起动泵进行排放操作的后果,提出警戒性建议。

二、破损控制组织

1. 保持船体水密完整性的措施

(1) 检查船体水密完整性。每天开航前,大副或指派水手测量各水密舱室的水位是否正常。

(2)甲板水密舱壁上的水密门开航前应关闭,海上航行期间不应敞开。

(3)航行期间难以到达地方的舷窗及其窗盖开航前应予以关闭。

(4)如果影响船舶水密完整性的船体其他开口的密封装置为维修或检查而需打开,事先应得到船长的允许。作业完毕密封装置应关闭。

(5)除艏尖舱外,每个舱设有一个浮子开关与污水板报警相连,一旦发生进水将在驾驶室内发出声光报警。

2. 防止进水设备的维修保养

(1)舱口盖密封装置的水密状况应予以检查,活动部件应注油润滑,灰尘脏物要清除,部件要清洁。

(2)装在水密舱壁上的滑动水密门的槽沟应每天清洁。

(3)铰链式水密门的水密密封装置、橡胶垫条及其水密接触状况应予以检查。必须注意,橡胶条和水密接触部分不得油漆,所有链及其他转动部件应定期注油润滑。

3. 舱底水排水装置工作状况的确认

(1)泵,如舱底水泵的运转情况应定期检查,管系和连接件、经过空气管的空气通过状况应做滴漏检查。

(2)污水沟、污水井和消防水带箱应定期检查,防止由于脏物、异物流入而堵塞管系,损坏水泵。

(3)舷侧排水沟应定期检查,使露天甲板上的水能迅速流干,应注意确保没有堆积脏物,应检查甲板流水孔的排水能力。

(4)排水口应定期检查,确保其功能正常。

(5)及早发现船上每个分舱的进水情况,应每天监测,检查其异常情况。

4. 进水时的措施

船舶最常见的损坏是碰撞和搁浅,这两种情况,都可能会造成船舶破舱的危险。

(1)碰撞

当船舶碰撞后应立即采取措施使船舶停止航行,再立即从驾驶台的控制中心检查水密的情况,如水密门尚未关闭,就立即关闭,并应从船体外面和内部检查损坏情况,关于损坏的程度和范围以及进水的情况应向船长报告,船员应检查旅客的受伤情况以及予以急救和药物处理。

如果进水,污水警报会在驾驶台报警板上发出声光信号,应起动泵排水,并立即进行堵漏以避免或减少进水,并根据船舶的漂浮状态估算进水量和船舶稳性。

在自救过程中,船长应根据水流的方向和漏洞部位,正确使用车、舵操纵,减速或停车将破损部位放在下风,以减少水压和进水量,并配合堵漏毯施放。

如碰撞涉及另外一条船,则船长应设法与另外一条船联系。在任何情况下,保护人的生命应是最重要的,如另外一条船需要帮助抢救旅客人身安全,如果这样做是安全的,且旅客不会受到危险的,应予以帮助应用无线电话联系有关主管机关,报告此次事故和损坏的范围以及旅客受伤的情况。如果损坏已经十分明显,有必要撤离人员,则根据船长的指示,船员们必须将情况通过广播告诉旅客,按撤离程序操作。

只有在船长认可的情况下,船舶才能继续前进。如果继续前进不安全的话,则船长应采取必要的安排以求得相应的支援。

(2)搁浅

当船舶搁浅时,应检查损坏情况。如发现船舶没有损坏,则船长可以试图脱离搁浅的位置,要避免船体受到损伤;还要特别注意管系的吸入口和海水的吸入口的情况,若吸入了异物可能会造成主机停车。如果船舶不能自由浮起,船长应用无线电向外求援。

如果船体损坏已经十分明显,有必要撤离人员,则根据船长的指示,船员们必须将情况通过广播告诉旅客,按撤离程序操作。在这种情况下船员应在规定的位置做好准备,只有在不得不撤离的情况下才付诸实施。

5. 检查船体损坏的方法

(1)派人到各处可以做直观的地方检查。

(2)测量各舱水位。

(3)观察污水报警的声光信号。

(4)倾听各空气管内的水声。

(5)观察船旁水面有无气泡,记下冒泡的肋骨号。

(6)在舱内以听声或目观的方式查清渗漏部位,尽可能查清漏洞大小和形状。

6. 破损控制程序

(1)发现进水情况的船员应报告船长。

(2)船长发出破损部署信号,宣布进入破损部署,操纵船舶使破损地点位于下风舷。

(3)轮机长监视主机、发电机、起动泵,准备排水。

(4)听到警报信号后,除固定值班人员外,所有船员应携带应变部署规定的器材迅速赶到现场,集合待命。查明情况后立即向船长报告。

(5)堵漏抢险之关键是应尽快找出准确部位和漏情。

7. 船舶进水/堵漏

船舶进水的原因大多是由于搁浅、触礁、碰撞、船舶老旧、水密失灵、造船缺陷、严重横倾、武器攻击等原因引起的。船体破损进水后,如果进水速度大于本船排水速度,船安全会受到威胁。因此,船舶一旦进水,制止进水的方法就是堵漏,以及与其相应的排水及应变。

船舶一旦进水,应按下列程序应急:发现船舶漏损进水,应立即发出堵漏警报(警铃或汽笛二短一长,连放 1 min)召集船员,报告船长并通知机舱。全体船员听到警报信号后,按应急计划分工,携带规定的堵漏器材,迅速赶赴现场,做好堵漏准备。

(1)立即报告公司指定人员或其替代人及公司调度室,并根据所处位置报告附近港口主管机关或海上搜救中心。

(2)堵漏应急计划中,大副为甲板现场指挥,轮机长为机舱现场指挥。堵漏队长为水手长和三管轮,隔离队长为三副,排水队长为轮机长,救护队长为医生。

(3)现场指挥大副率领堵漏队和隔离队的队长迅速查明破损部位、损坏情况和进水量等并立即报告船长确定施救方案,命令各队人员投入施救。木匠测量淡水舱、压载舱、污水沟等的水位。二管轮等测量各油舱液位。大副率人测定破洞的位置、破洞大小及进水情况。

(4)船舶发生漏损后,船长应通知机舱备车,立即采取停车或减速措施,以减少水流和波浪对船体冲击。若已查明漏损部位,应用车、舵配合将漏损部位置于下风侧,以减少进水量。

(5)一经发现进水部位,应立即通知机舱排水,机舱应积极响应。同时,三副率领隔离队紧闭进水舱四周的水密门和隔舱阀等,使进水舱与其他舱室隔离,考虑临近舱壁强度,必要时予以加固。

(6)堵漏队在水手长和三管轮的率领下,直接担负堵漏和抢修任务,实施行之有效的堵漏措施。船长和大副根据漏损情况发展,及时调整部署。

(7)轮机长率领排水队使用所有水泵合力排水,并根据情况注入、排出和驳移压载水,保持船体平衡。

(8)指派木匠定时测量水和干舷高度变化,估计进水量和排水量之差,判断险情的发展和大量进水对船舶稳性及浮力的影响。

(9)若进水严重和情况紧急,船长应请求第三方援助,条件允许,择地抢滩。如船长确认堵漏无效,船舶面临沉没时,有权宣布弃船。

(10)船长应指示值班驾驶员做好详细记录,向公司和有关当局报告。

8. 船体结构损坏

(1)船航行中因故发生结构损坏时,应立即报告公司安全经理或其替代人及调度室,并视情报告就近港口主管机关或海上搜救中心。

(2)发现船舶结构损坏时,船长首先应采取变向、变速等措施,以减少损坏的进一步扩大。

(3)根据海区情况,采取滞航、抛锚等措施以策安全。

(4)大副安排人员进行检查监测,查清损坏程度并报告船长,同时指派人员检查和关闭水密设施。

(5)根据结构损坏程度,船长会同轮机长、大副制定抢修方案。

(6)结构损坏严重或情况紧急时,船长应请示公司安排外援。

(7)结构损坏导致的消防、弃船、进水/堵漏及污染执行相应的应急措施。

第二篇
高速船驾驶管理知识

第四章
高速船的安全生产和管理

高速船的运行效率高、周转快,其日常营运与管理方面既有与普通船舶相同点,也有独特之处。船长和驾驶员作为高速船的驾驶与管理人员,应掌握安全生产和管理、客货管理与应急管理的知识,确保船舶安全高效地运营。

第一节 高速船的日常安全管理

一、高速船营运公司的安全管理要求

高速船经营公司(简称“公司”)应全面遵守各公约和规则的要求,加强公司安全管理工作。

(一)国际规则对高速船营运公司的要求

1. 公司应遵守的一般性规定

公司应通过建立并运行安全管理体系对高速船的营运和维修实行严格的控制,并确保所有聘任的船员都是有资格在指定航线上操纵特定类型高速船的人员。

2. 公司应为船舶配备的资料

公司应为高速船以手册形式提供充足的资料和指导性文件,使高速船能够进行安全营运和维护。这些手册的内容应满足公约和法规的要求,并使用船员能看懂的文字。对于国际航行的高速船,这些手册如果所用文字不是英文,则至少应该提供航线操纵手册和船舶操作手册的英文译本。

(1)船舶操纵手册

船舶操纵手册至少应包括船舶的主要特征、船舶及其设备的说明、核查浮力舱完整性的程序、船员在紧急情况下可能直接实际应用的细节、破损控制程序、机器系统的说明和操作、辅助系统的说明和操作、遥控和报警系统的说明和操作、电气设备的说明和操作、装载程序和限制、探火和灭火设备的说明和操作、结构防火布置图、无线电设备和导航设备

的说明和操作、船舶操纵资料、最大的许可拖曳速度和拖曳载荷（适用时）、进干坞或起吊程序及各种限制。

（2）航线操作手册

航线操作手册至少应包括撤离程序、操纵限制和操纵程序；在可预见的偶然事件中用于主要辅助救援的适用应变计划的诸要素（包括用于每一事件的岸基设施和活动）；获得气象资料的措施；指定“基地港”；指定做出取消或延迟航班决定的责任人员；规定船员的编制、职责和资格；对船员工作时间的限制；中转码头的安全设施；交通管制措施和限制（适用时）；特定航线情况或有关定位、夜间和视线受限制情况的操作（包括使用雷达或其他电子助航设备）；船-岸、船-船通信联系方式。

（3）培训手册

培训手册可由各分册组成，应以通俗易懂的术语，可能时还应附以图例表达有关撤离、火灾和破损控制的设备和系统，以及最佳逃生方法的说明和资料。

这类资料的任何部分都可用视听制品的方式提供，以代替本手册。若适用，培训手册的内容可以包含在船舶操纵手册之中。

（4）保养和服务手册

船舶保养和服务手册应至少包括船舶结构与机器、设备和系统的详细说明与示意图，与保养有关的所有充注液体和结构材料的规格和数量，以参数、振动和充注液体的消耗数值表示的主机的操作限制，结构或主机部件损耗限制，有关装卸主、辅机械、传动装置、推进装置、垫升装置和柔性结构部件程序的详细说明，船舶起吊或进坞程序，关于船舶的浮态和确定重心纵向位置（LCG）的程序，船舶拆卸、运输和装配的说明，检修计划表。

（5）乘客信息

①启航前所有船上乘客人数应予清点。

②所有有关应急情况下需要特别照顾或协助人员的详细情况，应在启航前记录并向船长报告。

③船上人员的姓名和性别，以成年人、儿童和婴儿分类记录以便搜救时使用，在每一停靠港之间航行周期为 2 h 或少于 2 h 的客船可免除本项内容。

上述信息应在岸上备份以便搜救时能被及时调用。

（二）我国高速客船营运公司的额外要求

1. 公司资质要求

《中华人民共和国高速客船安全管理规则》要求，经营高速客船的船公司应依法取得相应的经营资质。公司在高速客船开始营运前，也应编制上述各种手册，并且手册的内容应由主管机关确定。除此以外，公司还应编制“安全营运承诺书”，内容包括船舶名称，船舶所有人、经营人或者管理人，营运水域或者航线等信息，并承诺依法合规安全营运，如图 4-1-1 所示。

安全营运承诺书

本公司作为“×××”轮(船舶识别号:CN＊＊＊＊＊＊＊＊＊＊＊,船籍港:＊＊＊,船舶类别:A类客船/B类客船)实施安全与防污染管理的责任人,特作出承诺如下:

本公司自觉遵守《中华人民共和国海上交通安全法》《中华人民共和国内河交通安全管理条例》《中华人民共和国高速客船安全管理规则》等法律、法规及规章规定,切实履行法定义务,依法承担安全主体责任,建立适合高速客船特点的安全管理制度,确保船舶适航、船员适任,遵守通航管理规定,严格安全操作程序,防止污染水域环境。在任何情况下,以保障乘客的合法权益和生命财产安全作为首要任务,保证不超过以下所确定的营运限制开航,确保有效落实高速客船安全主体责任。

营运水域或航线:____________________

港口靠泊安全条件:____________________

基地港:__________ 至避难处所的最大距离:____________________

人数:(1)最大核准载客人数:__________ (2)要求配备的船员数:__________

最坏设想条件:____________________

是否夜航:□是 □否 主要夜航安全措施:____________________

其他营运限制:____________________

承诺单位(盖章):

法定代表人(签字):

年 月 日

图 4-1-1 公司安全营运承诺书样本

我国高速客船实施备案制度,船公司应将拟投入营运的高速客船在取得船舶国籍登记证书7日内,向主要营运地的海事管理机构备案,并附送上述手册和承诺书。高速客船备案事项发生变化的,应当向原办理备案的海事管理机构办理备案变更。高速客船终止经营的,应当在终止经营之日30日前告知主要营运地的海事管理机构。

经营高速客船的船公司应当建立适合高速客船营运特点的安全管理制度,包括为防止船员疲劳的船员休息制度。

2. 船舶配员与船员管理

高速客船应向办理船舶登记手续的海事管理机构申领最低安全配员证书,并据此配备足够数量的、胜任的船员。

公司在船员招聘或配员过程中,应注意在高速客船任职的船员应符合下列要求:

(1)经主管机关认可的基本安全培训并取得培训合格证,其中船长、驾驶员、轮机长、轮机员以及被指定为负有安全操作和旅客安全职责的普通船员还必须通过主管机关认可的特殊培训并取得特殊培训合格证。

(2)船长、驾驶员、轮机长、轮机员按规定持有相应的职务适任证书。

(3)取得高速客船船员职务适任证书者,在正式任职前见习航行时间不少于10 h和20个单航次。

(4)男性船长、驾驶员的年龄不超过60周岁,女性船长、驾驶员的年龄不超过55周岁。

在非高速客船上任职的船员申请高速客船船长、大副、轮机长职务适任证书时的年龄不超过45周岁。

(5)船长、驾驶员的健康状况,尤其是视力、听力和口语表达能力应符合相应的要求。

二、高速船的安全作业与管理

（一）开航前的准备工作

船长应组织船员做好开航前的准备和自查工作，在实际工作中，各公司可根据每条船舶的实际情况，编制相应的自查清单，以便于船上操作。

1. 驾驶台

（1）检查并准备船舶和船员的证书、航海图书资料及其他必要的文件。

（2）听本航区气象预报并做好记录，确认船舶是否满足港口所在地有关管理机构关于恶劣天气限制开航的要求。

（3）检查船员是否全体到位，是否满足最低配员要求。

（4）检查是否已办妥船舶进出港口手续。

（5）检查驾驶台助航设施设备、通信设备、监控系统等是否状态良好。

（6）检查号灯、号型、声响信号等是否功能良好。

2. 甲板设备、救生和消防设备

（1）检查船体及甲板结构状况是否良好，各种设施设备是否良好。

（2）检查风雨密、水密装置的状态是否良好。

（3）检查救生和消防等应急设备的数量和状态是否符合要求。

（4）核对乘客登船情况及其数量是否符合乘客定额要求。

（5）向旅客讲解或广播安全须知等信息。

（6）检查和控制货物的载运状态。

（7）关闭甲板开口等。

3. 机舱

（1）轮机长组织检查主机、辅机及供电系统是否正常，以及燃油、淡水存量是否足够。

（2）检查操作装置的工作状态是否良好。

（3）检查推进器或喷射筒附近是否有障碍物等。

（二）船舶值班要求

STCW 公约和《中华人民共和国海船船员值班规则》对船舶值班提出了具体要求，高速船船员应严格遵守。

1. 值班一般要求

（1）航运公司和船长应当为船舶配备足够的适任船员，以保持安全值班。

（2）船长应当安排合格的船员值班，明确值班船员职责。值班的安排应当符合保证船舶、货物安全及保护海洋环境的要求，并保证值班船员得到充分休息，防止疲劳值班。

①在船长统一指挥下，值班的驾驶员对船舶安全负责。

②轮机长应当经船长同意，合理安排轮机值班，保证机舱运行安全。

③船长应当根据保安等级的要求，安排并保持适当和有效的保安值班。

④值班的高级船员认为接班的高级船员明显不能有效履行值班职责时，不得交班，并立即向船长或者轮机长报告。

（3）值班的高级船员在交班前正在进行重要操作的，应当在确认操作完成后再交班，船长或者轮机长另有指令的除外。

(4)接班的高级船员应当在确认本班人员完全能有效地履行各自职责后,方可接班。

(5)不得安排船员在值班期间承担影响值班的工作。

(6)值班船员应当将值班期间发生的重要事件按照要求做好记录。

2. 值班安排

(1)确定驾驶台值班人员组成时,应当考虑下列因素,保证安全航行需要:

①保证驾驶台 24 h 值守;

②天气及能见度情况、白天及夜间的驾驶要求差异;

③临近航行危险时需要值班驾驶员额外执行的航行职责;

④电子海图显示与信息系统(ECDIS)、雷达或者电子定位仪等助航仪器及任何其他影响船舶安全航行的设备的使用和工作状态;

⑤船上是否装有自动操舵装置;

⑥是否需要履行无线电职责;

⑦驾驶台上的无人机舱控制装置、警报和指示器及其使用程序和局限性;

⑧特殊的操作环境对航行值班的特别要求。

3. 值班交接

(1)接班驾驶员在接班前,应当对本船的推算船位或者实际船位进行核实,确认计划航线、航向和航速以及无人机舱控制装置的工作状况,并应当考虑值班期间可能遇到的任何航行危险。

(2)接班驾驶员在视力未完全调节到适应环境条件以前,不应当接班。

(3)交、接班驾驶员应当清楚地交接下列情况:

①船长对船舶航行有关的常规命令和其他特别指示;

②船位、航向、航速和吃水;

③当时的和预报的潮汐、海流、气象、能见度等因素及其对航向和航速的影响;

④在驾驶台控制主机时的主机操作程序和方法;

⑤航行环境。

4. 休息时数和防疲劳措施

为保证船员充足的休息时间和防止疲劳,国际公约和国内法规对于船员的休息时间做了具体的要求。航运公司及船长应当采取有效措施防止船员疲劳操作。

(1)除紧急或者超常工作情况外,负责值班的船员以及被指定承担安全、防污染和保安职责的船员休息时间应当满足以下要求:

①任何 24 h 内不少于 10 h;

②任何 7 天内不少于 77 h;

③任何 24 h 内的休息时间可以分为不超过 2 个时间段,其中一个时间段至少要有 6 h,连续休息时间段之间的间隔不应当超过 14 h。

船长按照②③项中规定安排休息时间时可以有例外,但是任何 7 天内的休息时间不得少于 70 h。

对②项规定的每周休息时间的例外,不应当超过连续两周。在船上连续两次例外时间的间隔不应当少于该例外持续时间的 2 倍。

对③项规定的例外，可以分成为不超过 3 个时间段，其中一个时间段至少要有 6 个小时，另外两个时间段不应当少于 1 个小时。连续休息时间间隔不得超过 14 个小时。例外在任何 7 天时间内不得超过两个 24 h 时间段。

（2）紧急集合演习、消防和救生演习，以及国内法律、法规、国际公约规定的其他演习，应当以对休息时间的干扰最小且不导致船员疲劳的形式进行。

船员处于待命情况下，因被派去工作而中断了正常休息时间的，应当给予补休。

（3）因船舶、船上人员或者货物出现紧急安全需要，或者为了帮助海上遇险的其他船舶或者人员，船长可以暂停执行休息时间制度，直至情况恢复正常。

情况恢复正常后，船长应当根据实际情况尽快安排船员获得充足的补休时间。

（4）船舶应当将船上工作安排表张贴在易见之处。

船舶应当对船员每天休息时间进行记录，并制作由船长或者船长授权的人员和船员本人签注的休息时间记录表发放给船员本人。

（5）船长在安排船员值班时，应当充分考虑女性船员的生理特点和国家的有关规定。

（6）船员不得酗酒。值班人员在值班前 4 h 内禁止饮酒，且值班期间血液酒精浓度（BAC）不高于 0.05%或呼吸中酒精浓度不高于 0.25 mg/L。

（7）船员不得服用可能导致不能安全值班的药物。

（8）航运公司应当制定相应的措施防止船员酗酒和滥用药物。船员履行值班职责或者有关安全、防污染和保安值班职责的能力受到药物或酒精的影响时，不得安排其值班。

（三）特殊时期或航段的安全航行注意事项

1. 防洪安全措施

（1）船长必须亲自领导防洪工作，建立和健全以船长为主的船舶防洪领导小组。

（2）每年洪讯来临前，应按职务分工，对系泊设备、操舵设备、通信设备、助航水密装置排水设备、海损紧急设备、卷缆车桅杆绳索、行李箱、绑扎工具等物料做进一步复查，发现问题要及时解决。

（3）落实船员职务规则，认真执行岗位现行责任制，遵守纪律，坚决杜绝离岗、脱岗、在岗不到位的现象。

（4）严格执行通信规则及甚高频无线电话开机守听的有关规定，如有洪汛来临，船台间、船台与岸台间主动互通信息，及早做好防洪工作。

（5）洪水期间要服从当地港口防洪指挥机构及有关部门的安排。

（6）洪水期间应严格遵守快速客轮经狭窄水道、航段、渡口、险段、船舶密集点的有关规定，加强瞭望，采用安全航速，主动避让，防止浪损堤岸和浪沉船只。

（7）高洪水位时，应充分利用坐标、物标和水面状态等方法判明岸形；辨明各种水流对船舶操作的影响，控制好船位和车速，尽量避开水面各种漂浮物，防止搁浅、触碰以免船舶受损。

（8）航行中注意航道中障碍物、航标及架空管线的变异状况，落实安全措施，保证船舶航行安全。

2. 强风、枯水、雾季、浅窄航段安全航行措施

（1）船长及驾驶员应熟悉各海区、航段航线的水深、潮流、障碍物、助航标志、通航密度、来往船舶的特点等，结合本船性能和特点细心研究，制定安全航行措施。

(2)船长应督促无线电操作员按时收听天气预报,并做好记录。根据风浪大小,结合本船抗风能力、稳性等的具体情况,选择正确的航行方法,采取相应防范措施,并记入《航海日志》。

(3)高速船一般不宜抗风航行,如万不得已抗风航行,必须是在排水状态下,应随时用车、舵配合,避免船体遭受横风吹袭。

(4)船长确认本船会发生危险时,可避重就轻,选择有利的地点搁浅。如水翼船不适宜搁浅避风,因此只能利用其功率大、速度快的特点,提前迅速驶往就近港口的趸船或浮筒系泊防风。采取系泊或浮筒避风时,应加强值班,随时动车抗风。

(5)船舶在抗御雷雨大风时,全体工作人员必须穿着救生衣,并注意人身安全。

(6)船舶在枯水期航经浅水海域河段时,应预先测算好当地水位,使用测深仪探测实际水深,或与其他船舶联系,了解浅段水深分布,采用安全航速通过,在没有把握时,必须择地候潮或绕道航行。

(7)在能见度不良时,值班驾驶员应立即报告船长、轮机长,并谨慎驾驶,加强瞭望,采取安全航速航行,正确地施放雾号。船长应立即到驾驶台亲自指挥、操纵,值班驾驶员应将船位、航向、周围环境和已采取的措施告知船长。通过大桥水域时,更应小心驾驶,必要时应及早选择安全地点停泊。

(8)驾驶员在船长指挥下工作,负责运用雷达对海面作全面、有规则的扫描,交替使用远、近距离量程观察。如发现新目标应立即报告船长并保持对目标不断跟踪、连续观察。当判明有紧急局面或有碰撞危险时,船长在使用雷达避让时,绝不能盲目转向,应采取有效措施直到危险局面过去。

(9)轮机长、值班轮机员要保持船舶动力装置、电气设备等处于良好状态,严密监视主辅机运行情况,并做好记录。

(10)在能见度不良时,利用各种助航设备都不能保证船舶航行安全的情况下,绝不允许冒险航行,应立即抛锚避雾,并应加强值班,认真瞭望,按章施放雾号。

(四)高速客船的附加要求

《中华人民共和国高速客船安全管理规则》对高速客船的操作与管理提出更为严格的规定,船长和驾驶员应严格遵守。

1. 适任和值班

(1)船员适任条件

①船长、驾驶员应全面熟悉拟任职船舶技术性能和操纵性能。

②船长、驾驶员应熟悉航道、抵离港口和泊位设施情况,以及当地海事管理机构对高速客船的要求。

③船长、驾驶员应掌握恶劣天气下和特殊航段船舶操纵的有关知识和技能。

④所有船员应熟悉应急计划,具备能够及时处理遇到紧急情况和自救的能力。

(2)船员值班

①高速客船驾驶人员连续驾驶值班时间不应超过 2 h,两次驾驶值班之间应有足够的休息时间;高速客船连续航行超过 2 h,应由 2 个驾驶人员互相替代驾驶船舶。

②船舶停泊时应留有足以保证船舶安全的船员值班,确保满足应对可能发生的紧急情况的需要。

2. 航行安全

高速客船在航行时要遵守安全航速等规定，包括：

(1)高速客船航行时应使用安全航速，以防止发生碰撞和浪损。高速客船进出港口及航经特殊航段时，应遵守当地海事管理机构有关航速的规定。高速客船在航时，须显示黄色闪光灯，如图 4-1-2 所示。

(a)正视图(船首)

(b)侧视图

(c)尾视图

图 4-1-2　高速客船号灯

(2)高速客船在航时，值班船员必须在各自岗位上严格按职责要求做好安全航行工作。驾驶台负责瞭望的人员必须保持正规的瞭望。无关人员禁止进入驾驶台。

(3)高速客船在港口及内河通航水域航行时，应主动让清所有非高速船舶。高速客船在海上航行及高速客船与其他高速船舶之间避让时，应按避碰规则的规定采取措施。高速客船在特殊航段航行时，应遵守海事管理机构公布的特别航行规定。

(4)海事管理机构认为必要时可为高速客船推荐或指定航路。高速客船必须遵守海事管理机构有关航路的规定。

(5)遇有恶劣天气或能见度不良时，海事管理机构可建议高速客船停航。

(6)高速客船应按规定的乘客定额载客，禁止超载。高速客船禁止在未经批准的站点上、下旅客。

3. 安全保障

除航行以外，高速客船还应遵守以下规定：

(1)高速客船靠泊码头的要求：

①满足船舶安全靠泊的基本要求；

②高速客船靠泊时不易对他船造成浪损；

③避开港口通航密集区和狭窄航段；

④上、下旅客设施符合安全条件；

⑤夜间有足够的照明；

⑥冬季有采取防冻防滑的安全保护措施。

海事管理机构应当定期公布符合上述条件的码头，督促高速客船在符合条件的码头靠泊，并落实各项安全管理措施。

(2)高速客船对旅客携带物品应有尺度和数量限制，旅客的行李物品不得堵塞通道。严禁高速客船载运或旅客携带危险物品。

(3)高速客船应每周进行一次应急消防演习和应急撤离演习，并做好演习记录；每次开航前，应向旅客讲解有关安全须知。

(4)高速客船应建立开航前安全自查制度,制定开航前安全自查表并进行对照检查,海事管理机构可对开航前安全自查表进行监督抽查。

(5)高速客船应当按规定办理进出港口手续。国内航行的高速客船应当按规定办理进出港报告手续。国际航行的高速客船可申请不超过 7 天的定期进出口岸许可证。

(6)高速客船不得夜航。但航行特殊水域的高速客船确需夜航的,应当向当地海事管理机构申请船舶进出港口许可,经批准后方可夜航。

(7)高速客船及人员遇险,应采取措施积极自救,同时立即向就近水上搜救中心报告。

第二节 高速客船的旅客管理

高速客船在旅客运输过程中,安全始终是第一位的,因此,全体船员应重视旅客的安全登离船程序和航行过程中的旅客照管工作。

一、旅客安全登离船程序

旅客可以通过舷边登船口或水密门登离高速客船,目前,国内还有部分高速客滚船,旅客在登离船时需要注意人车分离,不能交叉作业。

1. 旅客登离船的基本要求

(1)为确保船舶准时开航,一切登离船和装卸作业应在开航前全部结束。

(2)旅客登船和离船的通道处,船舶不得同时进行起落吊杆等作业,以确保旅客人身及行李、物品安全。

(3)船上应指定人员与港口方面保持联系,协调旅客登离船的安排,准确掌握旅客数量,并注意严禁超员。

(4)加强旅客登离船过程中的管理,维持旅客秩序,以防造成拥挤、踩踏等事件。

(5)未到开航时间,原则上不要提前撤掉登乘梯和安全网,严防旅客跨越舷墙登船。

(6)旅客离船前,客运工作人员应在获得驾驶台指令后,方可开启舷门等登船口,组织旅客有序离船。

2. 旅客登离船的准备工作

船员和客运工作人员应提前做好旅客安全登离船的准备工作,至少应包括以下几个方面:

(1)检查登乘客梯和(或)码头设施、客梯安全网的系固情况。

(2)检查船内情况,确保客运设施处于正常状态,走廊、通道等保持畅通。

(3)与港口方面保持联系,提前掌握旅客数量等基本情况。

(4)安排船员和客运工作人员就位,尤其是船内道口、交叉口等处所指派专人照料指挥,维持旅客秩序,防止堵塞。

(5)保持船内通信畅通。

3. 旅客安全登离船的程序

(1)船员在登船口查验旅客票证,组织旅客有序登船,并提醒旅客注意安全。

(2)高速客滚船上,如果旅客必须经过车辆舱登离船时,应确保跳板两侧应设有符合要求的扶手绳及安全网;不能与装卸车辆交叉进行,一般应遵循上船时先装车后上客、下船时先下客后卸车的原则,舱内应保持足够的通风,确保舱内空气达到要求的标准。

(3)客船的客舱、走廊设计比较复杂,旅客容易迷路,每一层都应安排工作人员指引,并确保逃生路线上畅通无阻。

(4)在实施实名制管理的船舶及客运码头,应安排专人核对旅客信息,并在船舶开航后及时分类统计旅客梳理,并与港口方面交换信息。

(5)广播安全乘船须知,对旅客进行安全信息告知,内容至少包括船舶的基本情况,救生设备的位置和使用,应急出口、疏散路线及集合地点,应急的基本要求等。

4. 对旅客行李的检查

通常,船舶允许旅客免费携带或托运一定重量的行李,但应注意为了船舶和人员安全,除了港口方面的检查外,高速客船船员也应注意检查旅客的行李物品,按照法规要求禁止旅客携带或托运某些特殊的物品。

(1)旅客不准携带上船的物品

①违禁品或易燃、易爆、有毒、有腐蚀性、有放射性以及有可能危及船上人身和财产安全的其他危险品;

②各种有臭味、恶腥味的物品;

③灵柩、尸体、尸骨。

(2)旅客不能办理托运的物品

①违禁品或易燃、易爆、有毒、有腐蚀性、有放射性以及有可能危及船上人身和财产安全的其他危险品;

②污秽品、易于损坏和污染其他行李和船舶设备的物品;

③货币、金银、珠宝、有价证券或其他贵重物品;

④活动物、植物;

⑤灵柩、尸体、尸骨。

受各种因素影响,不同地区、不同时期,禁止旅客携带或托运的物品的要求可能有所变化,船舶需关注当地最新规定,提前告知旅客并进行严格检查。

5. 对残疾人员及需要援助人员的特殊照顾

在船舶与码头之间必须为残疾人员及需要援助人员提供安全的进出方式,登船设施和区域应满足的要求如下:

(1)照明良好。

(2)封闭廊桥或有安全网。

(3)入口处配有具有自亮灯浮和可浮救生索的救生圈。

(4)斜坡的角度不应超过15°。

(5)轮椅斜坡最大坡度是1∶20。

(6)残疾人员入口处应用国际符号标注。

(7)通道不应有楼梯或阶梯。

公司应组织对船员进行相关的培训和指导，使其熟悉工作流程，并能与残疾人员和需要援助的人员进行有效沟通。船员可以了解需要特殊照顾旅客的需求，提供具体服务，如对视觉障碍的旅客应进行口头交流，对听力障碍旅客给予清楚明显的视觉指示和安全信息等，应记录残疾人员和紧急情况下需要特殊援助的旅客的详情，并在开航前报告船长。

二、航行过程中的旅客服务与管理

高速客船在航行过程中，船员应为旅客提供周到的服务，帮助旅客解决航行过程中出现的各种问题，并对其不安全行为进行制止，以保持航行过程中和谐的关系。通常，各公司都根据实际，制定了旅客服务质量方面的相关规定和要求。

在安全管理方面，船员应加强客舱巡查，确保应急通道没有行李、杂物等障碍物，并及时制止旅客的各种不安全行为。

(1)在高速客船航行过程中，提醒旅客不得走出舱门外活动，不得在船上打闹、嬉戏，不得将身体任何部位伸出船舷栏杆处，不得有妨碍公共安全秩序行为。

(2)提醒旅客详细阅读紧急疏散示意图和救生衣穿着方法等信息。

(3)提醒旅客不得进入标有“旅客止步”“限制区域”等标识的处所区域，不得乱动船上水密窗盖，救生消防设备及其他操作设施。

(4)提醒旅客爱护公共卫生和水域环境，严禁向水中抛投垃圾。

第三节 高速船的货物作业与管理

目前，高速船载货多为滚装货物，以适应其高速、高效的运转模式，因此，本节主要介绍滚装货物的作业与管理。

一、车辆与货物的积载

1. 积载的基本原则和注意事项

船舶驾驶和管理人员必须掌握船舶的安全技术参数，根据车辆甲板车道的整体情况和载重要求，遵循提供人行和消防通道、防止车辆翻倾移位兼顾的原则，进行合理的积载。

(1)装运前，船舶驾驶和管理人员应获得车辆和货物的必要资料，以确保车辆和货物适合于本船运输，本船适合于装运该车辆和货物；在预定航次期间的所有预计情况下，车辆和货物能在船上安全积载、系固和运输。

(2)滚装货物单元应尽可能地装载于系固设备充分合理可靠的区域，系固装置不足的区域尽可能避免装载，如需装载，应加强系固。

(3)滚装货物单元应沿船长方向积载，若必须横向积载，应加强系固；应保持车辆横向排满，从空间上限制车辆的翻倾和移位。

(4)各种车辆混装时,同一类型的车辆尽可能横向在同一排,避免大车和小车在同一排排列;货车的车箱与车箱之间,横向上尽可能对齐;重型车辆、重大件和高大件货物应尽量装载于首尾线附近区域。

(5)尽量不要进行堆码装载,如需进行则必须按《货物系固手册》的要求,对其尺度堆码质量、高度及甲板局部强度及对船舶稳性的影响等进行严格监督核查。

(6)货物积载应尽量留出一定的空间,以利于组织绑扎和巡视和检查;消火栓、灭火器箱等消防器材附近应留出足够的工作空间。

2. 常用积载方法

滚装船通常有逆时针积载法、顺时针积载法、车头朝门积载法等积载方法,可以作为高速客滚船的有效借鉴。

(1)逆时针积载法

如图 4-3-1 所示,考虑国内一般驾驶座在车的左侧,装载时除 1 区外,适宜采用按②~⑥次序逆时针积载方法,对于图示的每一个积载区域来说,这种方式在卸货时能提供宽敞的空间打开车门,使驾驶员很容易进入第一辆要卸载的车辆。第 1 积载区可视情况最后倒车装载。

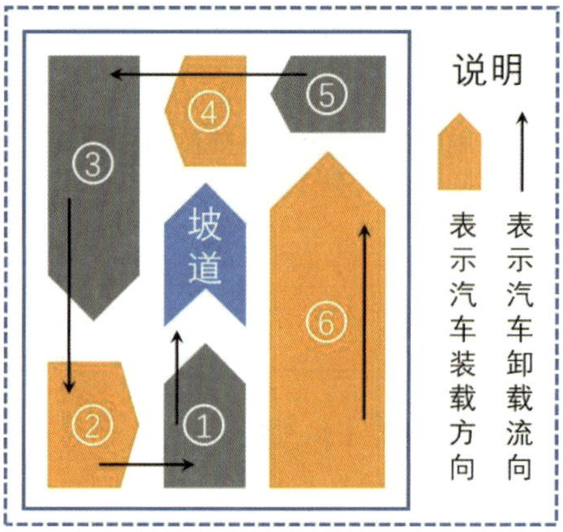

图 4-3-1　逆时针积载法示意图

如果车辆的驾驶座在右侧,装载时应按顺时针方向进行,顺时针与逆时针装载法原理相同,但方向相反。

(2)车头朝门积载法

如图 4-3-2 所示,卸货顺序为①~④。车头朝门的积载法适用于舱内较狭窄或弯道较急的地方,在此类舱室内不适用逆时针积载的方法,需特殊积载,如有必要还应倒车装载。

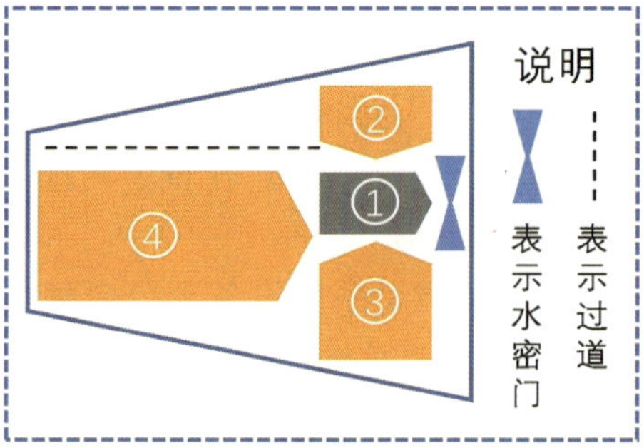

图 4-3-2　车头朝门积载法示意图

3. 装运危险货物的特殊防护要求

《国际高速船安全规则》中从消防安全的角度对拟装载危险货物的船舶和货物处所分别从供水、着火源、探测系统、通风等角度提出了具体的要求。

在实际生产中,高速客船严禁载运危险货物,也严禁旅客携带危险物品。高速货船如果要载运危险货物,则应格按照 IMO《国际海运危险货物规则》(IMDG 规则)和我国《水路危险货物运输规则》及其他法规和标准的要求制订积载和隔离计划,并获得主管机关的认可。

二、车辆与货物的系固

(一)货物系固手册

按照 SOLAS 公约要求,高速船应配备主管机关认可的《货物系固手册》(Cargo Securing Manual,CSM),并据此进行装载、积载和系固。

IMO《货物系固手册的编制指南》(MSC. 1/Circ. 1353)及各国主管机关或船级社制定的编制指南,对于 CSM 的格式和基本内容的要求大同小异,主要包括:

(1)总则,包括手册编制的依据、定义、注意事项及其他。

(2)货物积载和系固的原则。

(3)船舶系固设备及其布置,包括固定式、便携式系固设备,以及设备的检查与维护管理。

(4)各种货物(标准化、半标准化、非标准化货物)的积载与系固操作指南,包括操作与安全须知,对作用在货物单元上的力的估算,装载各种货物单元、车辆和货物堆垛时便携式系固设备的应用等。

(5)货物安全通道的布置。

(6)附件,包括系固设备的更新、检查、维护保养记录,以及 CSS 规则各项附则的相关知识。

(二)货物系固设备

货物系固设备分为固定式系固设备和便携式系固设备两种。

1. 固定式系固设备

固定式系固设备是指焊接在甲板、舱盖与支柱上的货物系固点及其支撑结构。

(1)底座与地令

车辆甲板上常用的主要是系固底座,如图 4-3-3 所示,一般是采用埋入式安装于甲板,也有突出于甲板安装的,其结构表面略高于甲板。

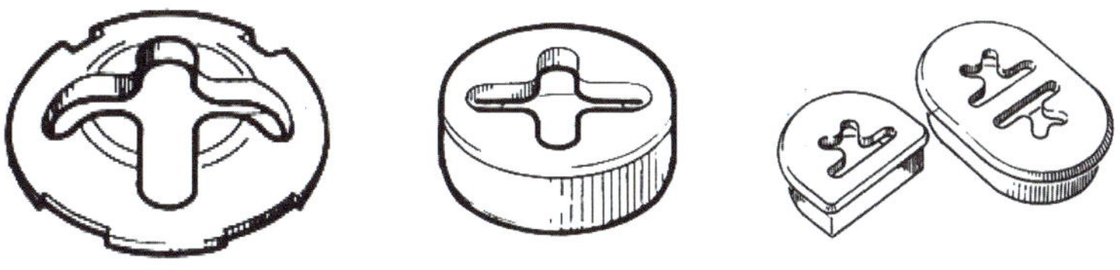

图 4-3-3　系固底座

部分滚装客船甲板上还安装有可折地令(也称"D"形环),其形状如图 4-3-4 所示。

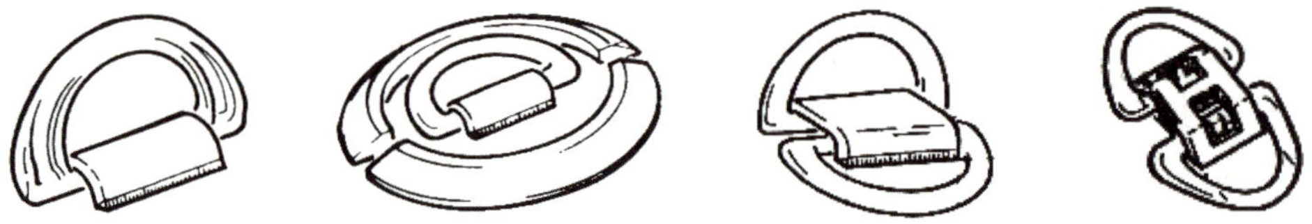

图 4-3-4　可折地令

(2)眼板

眼板多安装在舱壁、强肋骨、支柱等位置,其形状如图 4-3-5 所示。

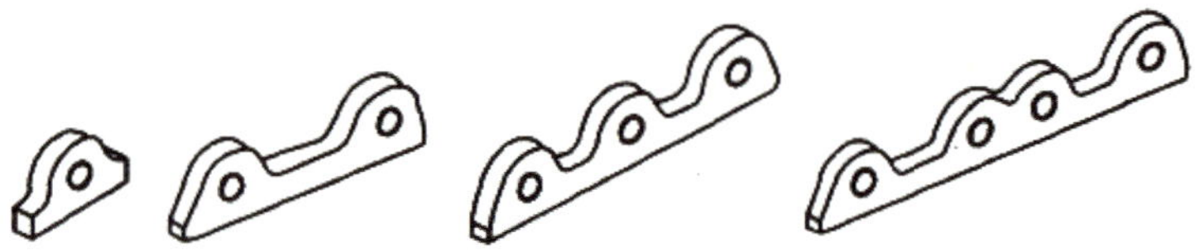

图 4-3-5　眼板

2. 便携式系固设备和索具

(1)系固链条和链条收紧器

使用链条收紧器(也称紧链器)配合,可系紧货物,如图 4-3-6 所示。

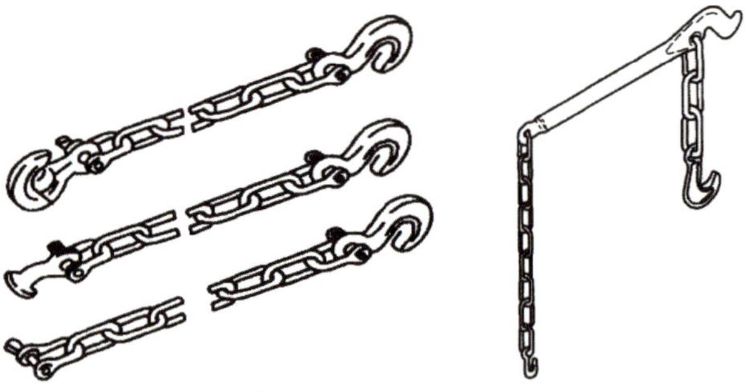

(a)系固链条　　(b)链条收紧器

图 4-3-6　系固链条和链条收紧器

(2)绑扎带

绑扎带是系固车辆和滚装拖车等的专用设备,绑扎环可配备使用,绑扎没有系固点的车辆,以减少对保险杠损坏的风险,其基本形式如图 4-3-7 所示。

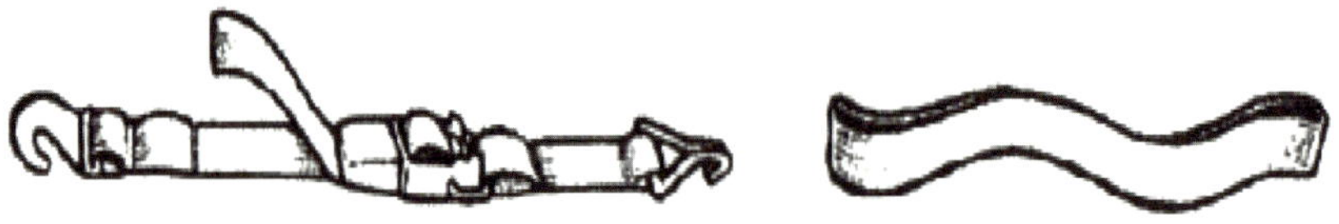

图 4-3-7　绑扎带和绑扎环

(3)系固钢丝和快速释放紧索器

如图 4-3-8 所示,系固钢丝的两段可以用眼环连接象脚和货钩等,快速释放紧索器用于收紧和快速释放系固钢丝,有时也可以使用花篮螺丝。

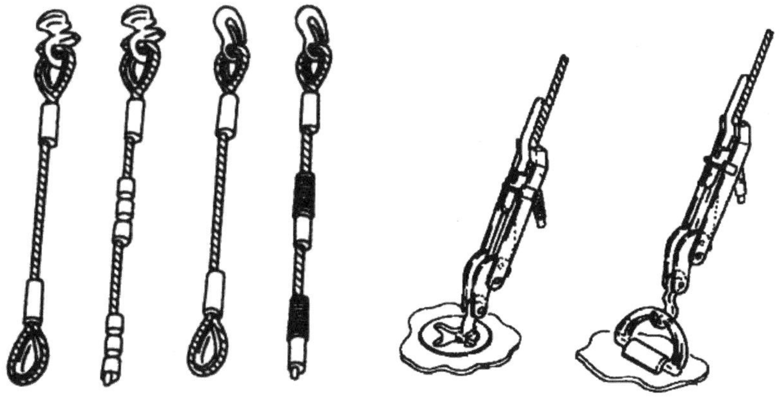

(a)系固钢丝　　(b)快速释放紧索器

图 4-3-8　系固钢丝和快速释放紧索器

(4)象脚

插入底座并通过其与其他便携式系固设备相连接,如图 4-3-9 所示。

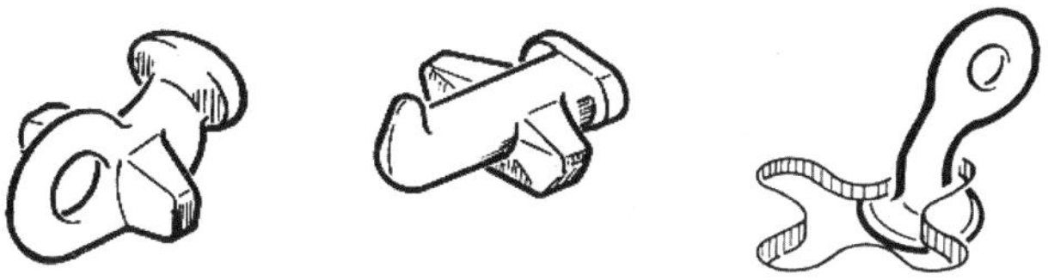

图 4-3-9　象脚

(5)拖车支架和千斤顶

其用于支撑、固定拖车,如图 4-3-10 所示。

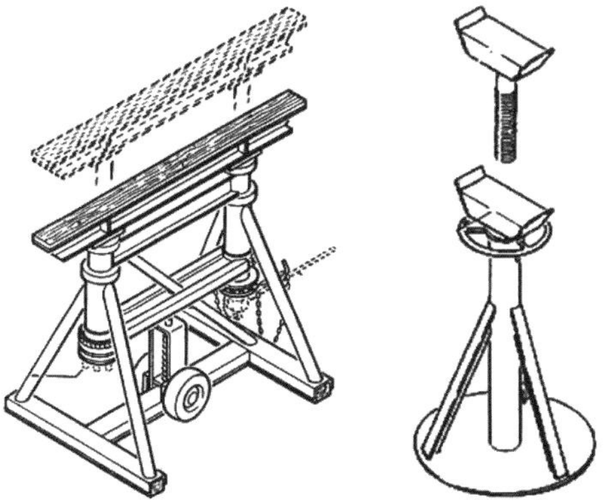

(a)拖车支架　　(b)拖车千斤顶

图 4-3-10　拖车支架和千斤顶

此外,绑扎系固作业时,还会用到固定车轮的轮楔和防滑的软板或橡胶等器材。根据滚装车辆和货物情况、船舶固定系固设备以及其他现场情况的要求,便携式系固设备可以配套使用。

(三)车辆与货物系固安排

IMO《货物积载和系固安全操作规则》(CSS 规则)要求船方应能对装在集装箱、车辆和其他货物运输装置中的货物,针对其货物特性、运输要求、特殊系固要求、是否具有合适的系固点、是否已经积载绑扎牢固等情况进行检查,确保货物适运。

1. 船舶甲板上的系固点

如图 4-3-11 所示，具体要求如下：

(1)纵向系固点之间的距离一般不超过 2.5 m，但是船首和船尾部分系固点之间的距离可能有需要比船中部系固点之间的距离要小些；

(2)系固点横向距离应不小于 2.8 m，但不大于 3 m，但是船首和船尾部分系固点之间的距离可能有需要比船中部系固点之间的距离要小些；

(3)每个系固点长期不变形的最小强度应为 120 kN，如果设计的系固点服务于一根以上的绑绳(Y)，则相应强度不小于 Y×120 kN。

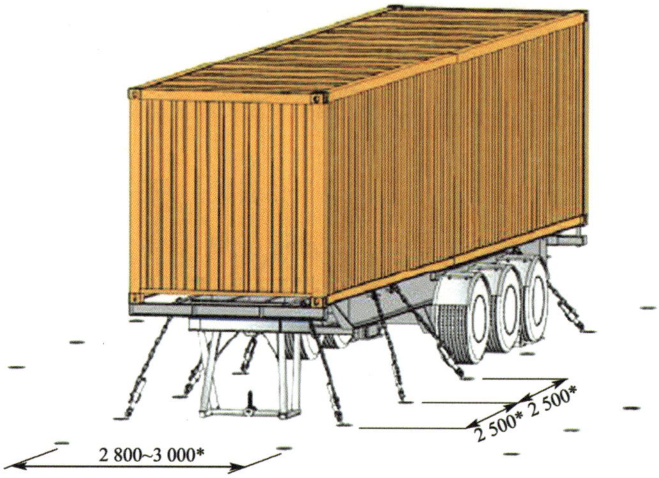

图 4-3-11 车辆甲板上的系固点

2. 公路车辆上的系固点

根据 IMO《在滚装船上运输公路车辆的系固装置指南》规定，公路车辆每一侧应具有相同数量的且不少于 2 个但不多于 6 个用颜色清晰标识的系固点，其内孔径不得小于 80 mm，系固点应能够将力从绑扎索转移到车辆的底盘上。车辆系固点的最小数量和最小强度应满足表 4-3-1 的要求。

表 4-3-1 车辆系固点的最小数量和最小强度要求

车辆总毛重(*GVM*)	车辆系固点每侧最小数量	长期不变形的最小强度
3.5 t ≤*GVM* ≤20 t	2	$\frac{GVM \times 10 \times 1.2}{N}$
20 t< *GVM* ≤30 t	3	
30 t< *GVM* ≤40 t	4	

注：*N* 为车辆每侧系固点的总数目。

对于拖挂车而言，表 4-3-1 分别适用于机动车和每一挂车，但不适用于半挂车的牵引车，半挂车的牵引车应当在其前部设置 2 个系固点(可代替表中 2 个系固点)，其强度应能足以防止车辆前部的横向移动。如果利用牵引装置系固除半挂车的牵引以外的车辆，牵引装置不能代替或取代表 4-3-1 中的系固点要求。

3. 绑绳的使用

(1)车辆上任何一个系固点穿孔应该仅用一根绑绳绑孔;

(2)绑绳仅应该捆扎在用于该目的的系固点上;

(3)系固点上绑绳的捆扎使绑绳同垂直面和水平面的角度最好介于30°~60°;

(4)根据船舶的特点与预期计划航次的天气状况,船长应决定每个航次所用系固点与绑绳的数量。

(四)车辆与货物绑扎系固作业

1. 一般要求

(1)从事绑扎作业人员应熟悉船舶《货物系固手册》,了解该船固定和活动系固设备及其强度的清单、系固作业操作方法、要求、注意事项等具体指导,以及推荐的车辆与货物系固方案、系固有效性评估计算表格等。

(2)作业前应确保车辆装载处所干燥、清洁、无油脂;应检查滚装货物上是否有合适而明显的系固点标识或可用于系固的足够强度的其他等效装置;应检查车上的货物已被适当地系固于车上,车辆上活动部件已经系牢。

(3)为防止车辆移动,尽量将车辆顺着船首、尾方向装载,如果不可避免地只能横向装载,则应提供足够强度的额外系固。

(4)车辆在装载位置应确保完全制动,车轮应用楔子塞牢止动;对于摩擦力较小的车轮或货物,应铺垫软板、橡胶垫等增加其摩擦力的材料。

(5)可能时,作为货物组成部分装运的滚装货物,应紧靠船舷积载或装在备有足够强度的系固点的位置上,或在整个货物处所中塞紧装载。

(6)为防止没有合适系固点的滚装货物的任何横向移动,在可行时,这些货物应紧靠船舷并相互紧靠装载,或由其他合适的成组货物如已满载集装箱等挡住。

(7)系固作业时,系索应采用其强度和拉伸特性至少等同于钢链或钢丝绳的索具;系索只能系固于车轮的专用系固点上,每个孔只能使用1根系索。

2. 绑扎作业要领

(1)为了防止车辆左右移位和前后移位,在条件允许的情况下应该在车辆的前后方采用正八字的绑扎系固,或者采用V字、X字绑扎,如图4-3-12所示;车辆两侧也应该采用正字或倒八字的绑扎方法进行绑扎,并保持对称性。绑绳数量应根据其破断负荷和汽车总重量来确定。

(2)绑扎时应让绑绳在水平和垂直的方向上保持30°~60°的角度,45°为最佳,如图4-3-13所示。对于重心较低的货物,绑扎的要点应是防止其在甲板上发生滑动,最佳的绳索绑扎角度是与水平面成25°角;对于重心较高的货物,绑扎的要点除了考虑防止其滑动外,还应重点考虑有效的防止翻倒,防止翻倒的最佳绑扎角度一般为45°~60°。

(3)轮毂上绑扎应使用绑扎环,避免损坏轮箍,让绑扎带贴在轮子上,并应保持绑扎带的拉力方向指向轮子的中心。

(4)绑扎拖车时,根据情况使用拖车支架、千斤顶等进行作业,如图4-3-14所示。

图 4-3-12　车辆绑扎的方式

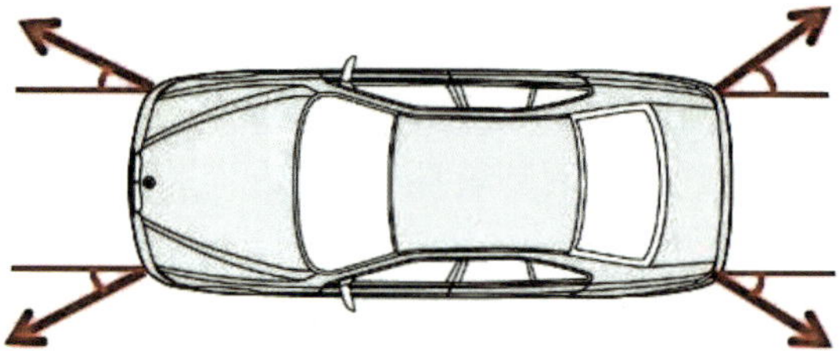

图 4-3-13　绑扎的最佳角度

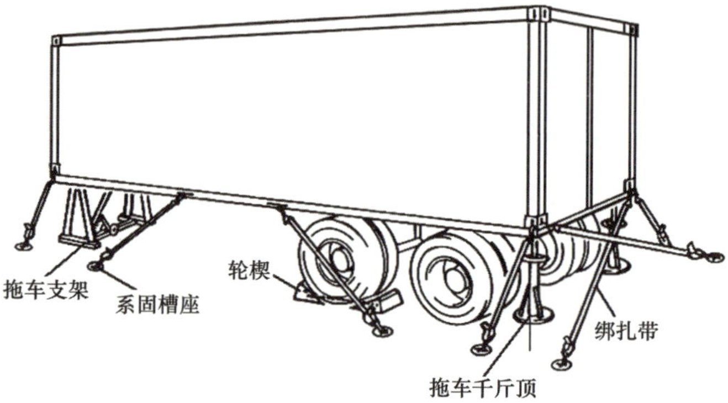

图 4-3-14　拖车绑扎

第四节
高速船的应急管理

船舶在海上航行,可能遇到的紧急情况有很多种,船员和工作人员需了解各种紧急情况下的应急计划,熟练掌握应急行动,提升应急水平。

一、高速船应变部署及演习

(一)应急计划和应变部署

船舶为各种紧急情况而预先制订的行动方案称为应急计划(或程序),一般将同时包含弃船和消防的应急计划称为应变部署表。

1. 应急计划与应变部署表

应变部署表的基本内容包括:

(1)船舶及船公司名称、船长署名及公布日期;

(2)紧急报警信号的细节;

(3)职务与编号、姓名、艇号、筏号的对照一览表;

(4)航行中驾驶台、机舱固定人员及其任务;

(5)消防应变、弃船求生、施放救生艇筏的详细分工内容和执行人编号;

(6)每项应变具体指挥人员的接替人;

(7)主要救生、消防设备的位置等。

应变部署表应在开航前编制完毕,经船长签字后公布实施,其副本张贴在驾驶台、机舱、餐厅、主要通道等处。如遇船员变动或情况改变,应及时修订应变部署表。

船舶其他应急计划由公司根据情况安排编制。其中,"船上油污应急计划"(Shipboard Oil Pollution Emergency Plan, SOPEP)需经主管机关核准;属于ISM规则要求的安全管理体系(SMS)中的应急计划,需经主管机关的审核。应急计划在船上的公布与存放,应遵照公约、船旗国规定及公司要求中的最高标准执行。

2. 应急须知

船舶应为船上每个人员配备1份在紧急情况下必须遵循的明确的应急须知(Emergency Instructions)。

(1)应急须知的语言要求

应急须知应最大可能地使用符号和线路图,减少冗长文字,能将主要的须知内容传达给不识字的旅客,并应使用船旗国要求的一种或数种语言以及英语写成。

(2)应急须知使用的标志

①应能明显辨认出集合地点,显著地标出通往集合地点的线路;

②每个集合地点由"集合地点"符号标明,不同集合地点应该用字母或数字加以区分;

③如集合地点不是登乘地点,还应把二者加以区分,并标出集合地点前往登乘地点的指示标志;

④紧急情况下可用来逃生的门窗、舷窗应有明显的有关"紧急出口"的标志;

⑤旅客所处的每层甲板应有编号来识别,也可用名称识别,有关标志应标在所有的梯道和公共房间并能被明显看到。

(3)应急须知的方式

应急须知应和应变部署表应在全船的各个显著部位,向旅客通告他们的集合地点、应变时必须采取的必要行动和救生衣的穿着方法等,有的还标记上当前位置的疏散路线、注意事项等。

3. 应急警报信号

船舶常用应急警报信号如表 4-4-1 所示，一般由驾驶台使用通用应急报警系统(General Alarm System)发出，也可辅以有线广播。通用应急报警系统应在所有起居处所和船员通常工作处所都能听到其报警，在高速客船上，所有开敞甲板都应能听到其报警。

表 4-4-1　船舶常用应急警报信号

应变种类	信号说明	信号图示	辅助示位信号
消防	乱钟或短声连放 1 min	·	前部：一长声— 中部：两长：— — 后部：三长声— — — 机舱：四长声— — — — 上甲板：五长声— — — — —
弃船(救生)	七短声一长声，重复连放 1 min	· · · · · · · —	
堵漏(进水)	两长声一短声，连放 1 min	— — ·	
溢油	一短声两长声一短声，连放 1 min	· — — ·	
人员落水	三长声，连放 1 min	— — —	右舷：一短声 · 左舷：两短声 · ·
解除警报	一长声或口头宣布	—	

(二)应急培训

为确保船上所有人员了解并能在紧急情况下实施应急计划及程序，船上应按照要求进行应急培训，确保船员能够熟悉应急职责、熟练使用应急设备，并按照正确的程序步骤实施应急行动。

1. 应急培训

船员上船后，应尽快在不迟于 2 个星期内，对其进行有关使用包括救生艇筏属具在内的船上救生设备和使用船上灭火设备的船上培训。但是，如果船员是定期安排轮派上船，那么这种培训应在不迟于船员第一次上船后 2 个星期内进行。

船上应急培训应讲授船舶灭火设备和救生设备的用法以及海上救生的课程，授课间隔期与演习间隔期相同。每次授课可以包括船舶救生设备和灭火设备的各个不同部分，但在任何 2 个月的授课期内应包括该船的全部救生和灭火设备。每位船员均应听课，课程应包括但不必局限于：

(1)船舶气胀式救生筏的操作与使用；

(2)低温保护问题，体温过低的急救护理和其他合适的急救程序；

(3)在恶劣气候和恶劣海况中使用船舶救生设备所必需的专门课程；和

(4)灭火设备的操作与使用；

(5)对于围蔽处所的相关风险和安全进入围蔽处所的程序。

对于装有吊架降落式救生筏的客船,应按不超过4个月的间隔期举行一次此项设备用法的培训。可行时,培训应包括一个救生筏的充气与下降,该救生筏可以是培训专用救生筏,而不是船舶救生设备的组成部分,并应明显地标出专用救生筏标志。

2. 训练手册

每一船员餐厅和娱乐室,或每一船员舱室内均应配备1本符合SOLAS公约要求的训练手册(Training Manuals)。训练手册以船上的工作语言撰写,内容包括关于船上所配备的救生设备和最佳救生方法、灭火设备和灭火行动的须知和资料,应用易懂的措词写成,如有可能应配以图解说明。

目前,中国籍船舶上配备的SOALS训练手册一般为海事主管机关编制的通用手册。然而,船舶配备的救生设备型式与SOLAS训练手册所描述的设备型式往往不尽相同。因此,三副必须按照本船实际配备的设备,认真核对SOLAS训练手册的相对内容,如有不相符,应在训练手册上删除或修改。

(三)应急演习

1. 应急演习的频次

(1)熟悉安全装置与集合演习

每位被指派为具有应急职责的船员,应在开航前熟悉这些职责。

对预定船上旅客超过24 h航行的船舶,应在开航前或开航后立即实施集合旅客演习,并向旅客介绍救生衣的使用方法以及在紧急情况下应采取的行动。

每当新的旅客上船时,即应在船舶开航前或开航后向旅客做一次旅客安全简要介绍,内容应包括SOLAS公约所要求的应变须知,并应以旅客易懂的一种或几种语言进行宣讲;宣讲应使用船上的公共广播系统或其他等效的方式,至少应使航行中尚未听到的旅客易于听到。介绍可包括在集合旅客演习中。此外,可使用资料卡或标贴,或船上图像显示屏显示的视频节目作为简要介绍的补充,但其不可替代宣讲。

(2)弃船演习和消防演习

高速货船每月应举行一次弃船演习和消防演习。客船每周应举行一次弃船演习和消防演习,全体船员不必都参与每次演习,但每个船员均必须每月参加一次弃船和消防演习,应竭力鼓励旅客参与这些演习。

如有25%以上的船员未参加船上的上个月弃船和消防演习,应在船舶离港后24 h内举行该两项演习。当船舶在经过重大改装后首次投入营运时,或有新船员时,应在开航前举行这些演习。主管机关对无法这样做的各类船舶,可以接受至少是等效的其他安排。

(3)其他演习

具有围蔽处所进入或救助职责的船员,应参加船上每2个月举行一次的围蔽处所进入和救助演习。

堵漏(抗沉)演习每3个月举行一次。

油污应急反应演习应定期进行演练,也可以与船上其他演习合并进行。

船舶保安演习应至少每3个月举行一次,此外,如一次有25%的船员变更而且这些人员在最近的3个月内未参加该船的演习,则必须在发生变更的一个星期内进行这些演习。

2. 弃船和消防演习的内容

(1)弃船演习内容

①使用报警系统,然后通过公共广播或其他通信系统宣布进行演习,召集旅客和船员至集合地点,确保他们知道弃船命令;

②向集合点汇报,准备执行应变部署表所述的任务;

③查看旅客和船员穿着是否合适;

④查看是否正确地穿好救生衣;

⑤完成降落准备工作后,至少降下一艘救生艇;

⑥起动并操作救生艇发动机;

⑦操作降落救生筏所用的吊筏架;

⑧模拟搜救几位被困于客舱中的旅客;

⑨介绍无线电救生设备的使用。

不同救生艇在相继的演习中应轮流降放,每艘救生艇应在弃船演习中每 3 个月至少有一次乘载指定的船员降落下水,并在水上进行操纵。在每次弃船演习时,应测试用于集合和弃船的应急照明系统。

如果船上配有海上撤离系统,弃船演习应包括对该系统布放所要求的程序,演练至即将实际布放这一系统的程度,并使用船上培训教具按正规规程予以强化——配有海上撤离系统的每艘船舶应设有用于该系统的船上培训教具。此外,该系统的每一成员还应尽实际可能,通过在船上或岸上参加类似系统在水中的全面布放而进行进一步的培训,参加的间隔期应不超过 2 年,但无论如何不得超过 3 年。鉴于公约要求每一海上撤离系统应以主管机关同意的间隔期从船上轮流布放,但每个系统每 6 年至少布放一次,因此,上述培训可同该系统的布放结合起来进行。

(2)消防演习内容

①向集合站报到,并准备执行应变部署表所述的任务;

②起动一个消防泵,要求至少射出两股水柱,以表明该系统处于正常的工作状态;

③检查消防员装备和其他个人救助设备;

④检查有关的通信设备;

⑤检查演习区域内的水密门、防火门和挡火闸以及通风系统主要进出口的工作情况;

⑥检查供随后弃船用的必要装置。

高速客船消防演习还应充分考虑通知旅客及旅客向集合站和登乘甲板的移动。

3. 应急演习的组织实施

(1)演习应按实际紧急情况进行,确保每位船员熟悉服务船舶的应变职责、应变要求、旅客紧急疏散程序以及船舶消防、救生等设备设施。

(2)船长及各部门长、各级指挥人员,应熟悉相应的应变指挥业务,具备实际指挥能力,胜任有效组织船员和指导船员进行应变演习的工作。

(3)每次演习的具体方案可由不同的高级船员制定,并进行协调和讲评;必要时,可向更高职位的人员寻求建议。

(4)实施演习时,可以让“副手”代替关键人物,在战略位置安排观察员,观察演习的实施情况。

(5)演习中使用过的设备设施应立即恢复到完好的操作状况,演习中发现的任何故障和缺陷,应尽快予以消除。

各次应急演习应详实地记入《航海日志》,内容包括演习日期、位置、演习内容细节、放出和降下救生艇所用时间、艇筏及其属具技术状况、消防设备及消防用品、堵漏设备及堵漏工具的情况。

二、应急反应程序

高速船在水面航行时一旦发生应急事故,应当按照制订的应急计划和应变部署采取措施,以保护人命安全第一,尽力抢救船舶和财产。此处主要介绍几种发生频率较高的紧急情况下的应急反应程序和行动。

1. 船舶碰撞应急

船舶发生碰撞事故是海上事故发生率很高的海事类型。在航行中,两船发生碰撞,其后果是非常严重的。因此在发生碰撞后,应迅速、果断地采取应急行动。

(1)船舶发生碰撞或邻近碰撞,应立即发出警报,并通知船长和机舱,召集船员采取应急行动措施。

(2)当一船撞入他船船体时,船长应视情况采取慢车顶推等措施减少破洞进水,可互用缆绳系住,保持顶住对方破洞之势,待对方采取防水措施后,确信脱离险境方可离去。当被撞船处于危险状态时,在不严重危及本船的安全情况下,应尽力抢救对方人员的安全。当本船船体被他船撞入时,应尽可能地停住本船,减少进水量并使破洞位置处以下风侧。船长应派人查明破损部位的损坏情况,有无进水,油污染情况及程度。

(3)碰撞发生后,船长派人到达现场检查船体破损程度及邻近舱室损害情况,测量各污水沟、压载舱、淡水舱液位、油舱液位,及时向船长报告监测结果,以使船长确定自救方案和判断是否需要外援救助。

(4)若船体破损进水,现场指挥应立即采取堵漏应急行动程序,组织排水和堵漏,进水严重应设法抢滩。若船体碰撞后发生火灾,应立即采取失火应急行动程序。若船体碰撞后发生油污染事故,应按船上油污应急计划行动。若碰撞后发生人员伤亡事件则应立即组织抢救。

(5)船体碰撞位置在机舱,对主机、辅机、舵机等机电设备的损害立即做出评估和抢修,并报告船长。将全部排水泵及备用发电机准备好,随时准备排水和送电。

(6)船长是碰撞应急中的总指挥,除了协调本船各部门并正确指挥采取各种措施,取得与对方船的协作行动外,应充分估算体船的危险程度,在情况紧急情况下,船长有权请求第三方的援助,或考虑选择附近合适的浅滩脱险,或碰撞损害严重,确实无力抢救时,应宣布弃船求生。

(7)碰撞后船长应立即通知船舶公司,值班驾驶员应做好详细记录并谨慎如实地填写《航海日志》。

(8)当船舶发生碰撞后,碰撞双方应互换有关船名、呼号、船籍港、船舶登记编号和出发港、目的港等情况。船长应向对方船长送一份"碰撞责任通知书"要求对方船长签字,加盖船章。若对方船长要求签署同类文件时则应批注"仅限收讫"类字样。

2. 船体破损进水应急

船舶进水主要是搁浅、触礁、碰撞、船舶老旧、水密失效、大风浪袭击、造船缺陷、严重横倾、武器攻击等原因引起的。如果进水速度大于排水速度就会危及船舶安全。船舶一旦进水,即应按下列程序和方法采取应急行动。

(1)发现船舶漏损进水,应立即发出警报(警铃或汽笛二长一短声,连放 1 min)召集船员,报告船长和通知机舱等。全体船员听到警报信号后(除固定值班人员外),应按应变部署表/船舶进水应急计划的分工携带规定堵漏器材,迅速赶到现场,做好堵漏准备。对进水的应变通常分成排水、隔离、堵漏、救护四队。

(2)现场指挥应率领堵漏队和隔离队的队长,迅速查明漏损部位、损害情况和进水量大小,立即报告船长确定施救方案,指挥各队人员进行抢救。

(3)一旦发现船舶进水部位应立即通知机舱排水,隔离队关闭进水舱室四周的水密门和隔舱阀使进水舱室与其他舱室隔离,必要时应加固邻近的舱壁。堵漏队担任堵漏和抢修任务,实施行之有效的堵漏措施。船长应根据漏情发展及时调整部署。

(4)轮机部门应率领排水队使用所有的水泵全力排水,并根据情况注入、排出和调驳压载水,保持船体平衡。

(5)木匠定时量水,并派专人不断观察和记录前后吃水和干舷高度的变化,估算进水量和排水量之差,判断险情的发展和大量进水对船舶稳性及浮力的影响。

(6)若进水严重和情况紧急,船长应当请求第三方的援助,并尽可能选择地点抢滩。若船长确认堵漏无效,船舶面临沉没时,应宜布弃船。船长应指示值班驾驶员做好详细的记录,向公司和有关当局报告。

3. 全船失电应急

(1)船舶在航行中发生失电,轮机部门人员应迅速进入机舱,并停止主机运行,同时报告驾驶台。

(2)轮机部门按照分工命令查找损坏原因和部位,并将情况报告船长和驾驶台。

(3)如失电是由机械故障引起的,则应迅速起动备用机组或应急发电机组恢复供电,并首先给导航设备和舵机供电,然后起动主机。

(4)如失电是由非机械故障引起的,则应迅速转换应急电瓶电路,尽快恢复应急通道和机舱照明,然后进行抢修。

(5)在应急处理过程中,机舱应始终保持有人值班,以便随时与驾驶台保持联系。

(6)船长在接到失电报告后,根据情况确定是否关闭通导等重要设备的电源,以免引起损坏,并按照应急步骤采取措施。如船舶在危险水域时,应尽量离开主航道抛锚,悬挂规定信号并使用声号及手提对讲机等警告来往船只注意。

(7)在抢修过程中,轮机长应向船长报告事故原因和抢修进程,以便船长报告公司,及时取得公司的指示和技术支持。

(8)在抢修的同时,船长应布置加强值班,以免发生危险。

(9)如船舶在海上情况紧急或自修无法消除故障,船长应及时与公司联系,请求拖航到安全停泊位置或港口修理。

4. 主机失灵应急

(1)船舶在航行时发生主机失灵的险情时,轮机部迅速进入机舱,保持机舱电力供应正常。

(2)应尽快查明损坏部位和原因,同时立即将险情报告船长和驾驶台。

(3)机舱在查明险情原因后,应立即组织人员进行抢修,并及时向船长报告。

(4)在应急处理过程中,机舱应始终保持有人值班,以便随时处理驾驶台的任何指令。

(5)船长在接到机舱险情报告后,应立即采取应急措施,备妥双锚,避免事态进一步扩大,但应尽量离开航道抛锚,悬挂规定信号并使用声号及对讲机等警告来往船舶注意。

(6)船长应定时向公司报告险情的原因、抢修过程海况等,以便及时收到公司的指示和技术支持。

(7)在抢修的同时,船长应布置船员加强值班,注意过往船舶防止走锚,碰撞或搁浅。

(8)若船舶在海上情况紧急或自修无法消除故障,船长应及时与公司联系,请求拖航到安全停泊位置或港口修理。

5. 人员受伤应急

如果在港内发生人员受伤事故,应立即联系岸上医疗机构,紧急把受伤病人送岸就医。

如果人员受伤事故发生在海上,应按照以下程序处理:

(1)事故现场人员或发现人员应立即关停导致人员伤害的机器、设备等危险源。触电事故应立即关闭电源或用绝缘的物体把电线等从受伤人员身上挑开。

(2)检查伤病情况,根据不同情况采取相应的船上急救措施。

(3)伤病者有骨折、出血时,应尽快给予止血、绑扎或固定。

(4)伤病者呼吸、心跳停止,立即进行人工呼吸、心脏复苏术。

(5)如果伤病者口腔中有假牙、呕吐物、油、血等应予以清除。如果伤病者喉部仅有涎沫堵塞,可不必清除,避免为此而浪费抢救时间。

(6)如病因确诊,而条件又允许,可给予必要的药物急救。

(7)若是传染病人或疑似传染病人,应实施隔离措施。

(8)对现场抢救过程做记录,设法保存照片、视频或其他客观证据。

(9)船长根据伤病/中毒人员情况和公司的指示,决定医疗抢救援助方式。

6. 火灾应急

(1)船员发现火情时,应立即大声呼喊,召集附近船员并说明失火位置,使用附近的灭火器材进行扑救,同时迅速向驾驶台和船长报告火情。如火势较大,应立即按响就近的警铃报警。

(2)驾驶台接到火情报告后,应立即发出火灾应变信号。

(3)火灾应变信号发出后,除固定值班人员外,全体船员应按应变部署表的职责分工,在 2 min 内携带指定的灭火器材到达现场,听候指挥;机舱在 5 min 内开泵打出消防水。

(4)机舱失火时,轮机长为现场指挥,其他场所失火时,大副为现场指挥。现场指挥组织查明火情后,使用适当的灭火工具进行现场灭火。若使用固定灭火系统灭火,按固定灭火系统的说明进行。

(5)保持与公司联系,并向当地海事机构报告,随时汇报现场情况。在可能的情况下,船长应主动将拟采取的行动向公司汇报,并按公司要求采取相应的应急行动。

(6)如需外援,船长应尽可能先向公司报告、请示。情况紧急时可直接向港口代理、救助机构及附近船舶申请救助,签署标准的救助合同,同时向公司报告。

(7)当火灾事故十分严重,导致船舶险情无法控制并将出现船舶和人员生命严重威胁的情况下,船长应适时发布弃船命令,同时将海难船位报告公司和就近港口的海事主管机关。

船舶应急情况不仅限于以上几种,一旦发生紧急情况,船长作为总指挥,应当担当起救助人命和抢救财产的使命,采取科学的应对措施,把损失降低到最小,大部分高速船都载有乘客,在处理应急情况的时候,要安排专人安抚、引导乘客,避免恐慌情绪蔓延,造成踩踏等事故。弃船命令发出后,船长应安排专人引导乘客正确穿着救生衣,按照应急逃生通道在救生站集合,优先保证乘客的安全。

三、应急情况下的乘客管理

(一)建立和保持有效的沟通

紧急情况下,船员、旅客等不同群体之间的信息传递、彼此交流至关重要,建立和保持有效的沟通,是实现应急旅客安全管控的最基本、也是最重要的一个因素。高速客船船员应加强培训和练习,充分运用语言交流和其他辅助性沟通方式,提高紧急情况下的沟通能力。当然,前提是船员首先自己要沉着冷静,不能慌张,并能应付旅客在紧急情况下出现的各种不正常反应,保证传达信息的成功和达到预期的效果。

1. 保持有效的语言交流

语言是通信与交流的重要工具,通过语言,船员可以口头、广播等方式向旅客传递信息、指令和应急声明,也可以获取旅客的相关信息,及时、准确地采取相应的应急行动。船员与旅客之间进行交流,所使用的应是适合于特定航线所载旅客的主要国籍的语言。船舶在实际工作中,应注意培训服务人员或其他人员能使用合适的语言进行交流,并将这些人员合理地安排在集合地点等关键位置处。

特殊情况下,船上人员确实因语言语种问题无法与旅客沟通时,应大声询问旅客中是否有可以进行翻译的,如有,则应在简短询问其个人情况、观察其身体和心理反应后,发动他们提供翻译和信息传递援助。

船员对于旅客的提问,应及时答复。在紧急情况下,旅客可能不断地问询,船员对此应充分理解,保持耐心、及时告知他们掌握的最新信息,不能置之不理,因为越是紧急的情况,旅客越是渴望得到真实准确的信息,而船员是最能够提供这些信息的人。而且船员必须意识到,如果对这些旅客不加理睬,他们道听途说来的信息,再加上自己在悲观绝望情况下的信息误判,可能引发更为严重的后果。

当然,并不能因此就完全禁止旅客之间相互传递消息,毕竟不可能所有旅客都能从船员处获得一手信息,因此船员应充分重视和掌握旅客之间的信息传递与交流,对于谣言、或其他不利于逃生的言论应及时予以制止、更正。

船员应根据交流沟通,及时掌握旅客的需求,必要时指派其他人员提供额外的协助。

2. 其他辅助性沟通方式

除语言交流外,船员还可以安全符合和标志、演示、手势等方式引起旅客对指示的位置、集合点、救生设备或逃生路线等的注意。进行演示或使用手势时,船员最好站在突出醒目的位置,如桌椅或高台上,可以用木棒、荧光棒或手电筒等指示发光的应急信号和其他指示。

(二)旅客撤离程序

当船舶发生严重危险情况,在自救无效,外援又无法及时到达的时候,船长宣布弃船命令,组织旅客快速撤离到集合和登乘地点,是逃生的重要环节。

1. 下达清晰、镇定人心的命令

紧急情况发生后,为有效地实施应变部署行动,维持旅客秩序,尽快疏散逃生,船员应能向旅客下达清晰、镇定人心的命令,主要方式包括通过公共广播发布应急声明和现场口头传达信息和指令。

广播应急声明时,要情绪镇定,语调平稳,速度适当,吐字清晰有力;内容要求语言简练,并有安慰指示性语句,防止旅客惊慌发生混乱。

船员应在自己所负责的客舱或场所范围内稳定旅客情绪,认真听清广播通知的内容,根据广播通知的要求,组织旅客撤离,并向旅客传达他们没有听清或没有理解的信息。讲话时语速不宜过快,用语简洁,语气果断,声音响亮,使现场人员都能听到,能体现出自己的信心和威信,从而使旅客获得信心。注意使用镇定人心的指令,如“旅客请安静”“请按照我们的指示行事”“旅客们不要惊慌”“我船的救生设施很齐全”等;国际航线的客船,船员和工作人员可以直接使用 SMCP“B4 旅客照管(Passenger Care)”的相关指令,如有可能,则应使用旅客的母语传达相关信息和指令。

在慌乱的环境中,旅客可能总是询问更多的信息,对此应给予充分的理解,应告诉旅客自己了解的情况,但不要提供过多信息,尤其是猜测性信息,更不可伪造信息或传播谣言。

2. 组织旅客迅速撤离

(1)关闭所有规定路线以外的出口,对行进路线发出清晰而镇静的命令,确保旅客能清楚分辨逃生路径的指示。

(2)按照撤离顺序,各自引导负责区域的旅客沿逃生路线迅速撤离,并保持旅客人流向前移动。

(3)弃船时禁止旅客携带包裹,必要时不准携带任何随身物品。

(4)如被问及的问题较简单,可直接回答;如不便回答,应向其说明到达集合地点会详细解释,确保人流不滞留、行动不延迟。

(5)如遇家庭成员失散,要让他们保持镇静,并通过船员间通信设施确定其他成员位置,并对其安慰,说明会尽力使其团聚。对单独的儿童行动应指派人员直接进行控制管理。

(6)如果有人跌倒,应设法暂时阻止人流,迅速扶起摔倒的人员,以免造成踩踏伤亡事故,导致逃生通道堵塞。

(7)对残疾人员及需要特别协助人员,有亲人陪伴的,应让其亲人护送撤离;无亲人护送的,尽量动员周围旅客协助,必要时安排或联系船员协助撤离。应尽可能使他们保持镇静。可以使用轻便的撤离用椅或应急担架协助撤离。

(8)在楼梯口、通道拐角等处,应安排船员指引旅客,并维持旅客的秩序,确保有序地撤离,以免人员在逃生通道中滞留。

3. 到达集合地点后的人群管理

当组织旅客撤离到达集合地点后，现场的船员应加强对旅客秩序的管理，为后续的组织旅客离船工作做好准备。

（1）根据分工，将自己引导的旅客安排在集合地点的指定位置，注意先到者应安排到集合地点中央或里侧位置，以免拥堵入口处。

（2）维持旅客秩序，告诉先到者保持镇静和耐心，等待全体人员到齐，并且向旅客说明，船公司会妥善解决有关的善后问题，使其放心。

（3）应考虑到失散的家庭需要了解失散成员的情况，因此应利用船上通信装置进行寻找，必要时派专人到其他集合地点寻找或护送使其会合；对于举止失常的旅客，应安排人员进行安慰，应避免使用过激的恐吓语言，切勿表现出敌对情绪。

（4）应及时根据上船时准确的旅客人数进行快速清点撤离人数，加强对船内的搜索，以确保所有人员均已到达集合地点。

（5）检查旅客的着装和救生衣的穿着情况，对需要特殊照顾的旅客，应协助其穿好救生衣。如发现个别旅客未穿着或携带救生衣，则使用集合地点所配置的额外救生衣，并确保其穿着正确。

4. 组织旅客登乘艇筏离开难船

一旦旅客集合完毕，船长应立刻组织船员安排登乘救生设备离船。通常，登上救生艇筏的顺序是：先旅客、后船员、最后是船长，妇女儿童优先、伤病员优先。登乘救生艇筏的方法主要有从登乘甲板直接登乘救生设备或者借助相关工具登乘，大型高速客船还可以使用海上撤离系统。

登乘艇筏过程中，应核对实际撤离人数，建议按以下程序进行：

（1）指导旅客以单列纵队的形式登乘艇筏；

（2）清点每一救生艇筏上的人数；

（3）向驾驶台报告已登艇筏的旅客人数。

总指挥应安排人员及时汇总撤离和登乘艇筏的人数，重点注意旅客可能没有到达指定的集合地点，应彻底对居住舱室和公共场所进行搜索，确保旅客没有疏漏。

第五章
高速船的航行与操作

高速船船长和驾驶员应能熟练地使用驾驶台监控系统和各类导助航仪器，掌握船舶操纵特性，准确地识别航行风险，安全熟练地驾驶船舶。

第一节
驾驶台监控系统与助航仪器

一、驾驶台监控系统

现代高速船驾驶台集成化、智能化水平高，如图 5-1-1 所示，船长和驾驶员在驾驶台即可通过各种仪表和系统监控机舱和全船的情况。

图 5-1-1　高速船驾驶台

高速船根据船型的不同，驾驶台对机舱的监控系统的设计也有所差别，但所监控的数据基本上差不多，都是围绕各类及其运转过程中的温度、压力等数据。图 5-1-2 是某高速船驾驶台仪表盘上监视系统仪表显示仪，其仪表有转速表、油压表、温度表、电压表、点火开关等，其功能如下：

(1)温度表：显示冷却水温度。

(2)滑油压力表：显示发动机滑油压力。

(3)电压表：发动机运行时显示系统充电电压，发动机停止时显示电池电压。

(4)转速表：显示发动机每分钟的转速。

(5)计时器：显示发动机总的运行时间。

(6)报警测试开关：检查报警系统是否正常。

(7)报警喇叭：显示发动机运行中系统参数异常或故障报警灯亮时喇叭同时鸣叫报警。

(8)报警显示：显示发动机运行中系统参数异常或故障时灯光报警。

(9)起动钥匙：起动发动机用。

(10)仪表灯开关：开关仪表灯用。

(11)齿轮箱滑油压力表：显示齿轮箱滑油压力。

(12)进气压力表：显示增压压力。

(13)舵选择开关：控制相应的舵装置。

(14)舵角显示仪：舵角度的显示装置。

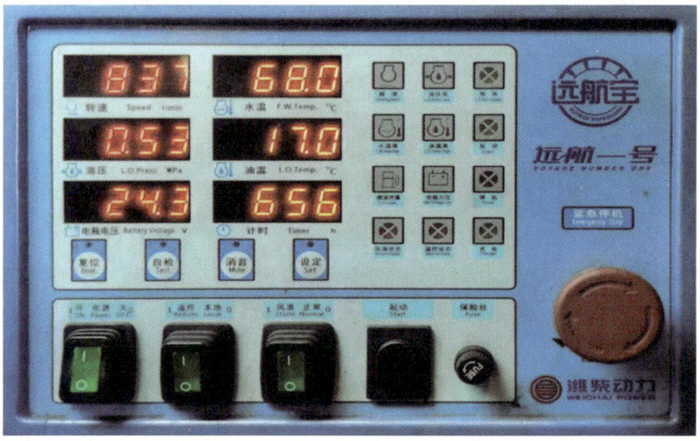

图 5-1-2　监控系统仪表显示仪示例

二、助航仪器

(一)罗经

1. 概述

船用罗经通常包括磁罗经和陀螺罗经(电罗经)。

磁罗经的工作原理是利用磁针受地磁作用稳定指北的特性制成，如图 5-1-3(a)所示。优点是无论在什么情况下都可以使用，是一个自主系统，对外界的依赖小。缺点是钢制船舶会让磁罗经产生自差，在磁差和自差的双重影响之下就会使磁罗经产生一定的误差，指向精度没陀螺罗经高、受磁干扰。

陀螺罗经的工作原理是利用陀螺仪的两个基本特性即定轴性和进动性，结合地球自转矢量和重力矢量，借助控制设备和阻尼设备来完成指向工作，如图 5-1-3(b)。与磁罗经相比，陀螺罗经的优点是指向比磁罗经更精准；不受磁干扰，指向误差小；多个复示器；不限安装位置；有利于船舶的自动化。缺点是可靠性差，因为陀螺罗经工作的前提是必须要有电，而且内部控制系统很复杂，一旦断电或控制系统出了问题，陀螺罗经就成了摆设。

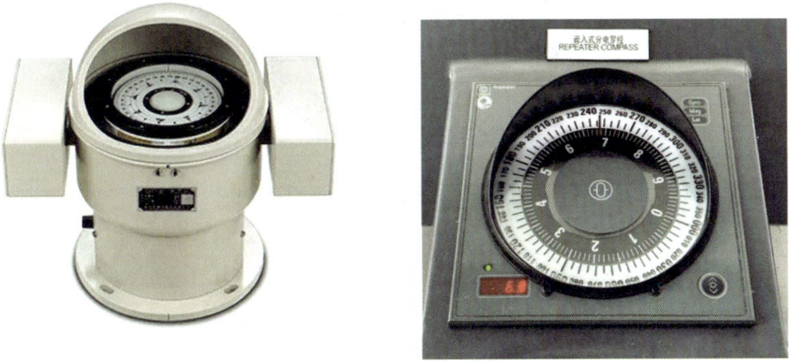

(a)磁罗经　　(b)陀螺罗经

图 5-1-3　船用罗经

2. 使用注意事项

高速船因航速变化快、航行时间较短，因此通常只配备磁罗经，在使用时应注意：

(1)经常保持清洁，罗经盆轴、常平环、减震系统等活动摩擦部分应经常加油保持润滑。

(2)防止受高温退磁，标准罗经应避免太阳曝晒，不用时除盖上罗经罩外，还应加盖帆布罩。

(3)防止震动退磁，不能敲击磁罗经及附近，避免磁罗经受震动。

(4)保持罗经指向准确，罗经校正后，不许移动磁棒、软铁球(片)及佛氏铁等校正器罗经柜门应锁紧。不许带铁器进驾驶室，以免影响罗经的准确性。

(5)防自差变化，船舶受震动和搁浅、碰撞或装卸铁磁货物后，应重新观测剩余自差。

(6)定期检查罗经的灵敏度、半周期、是否有气泡，地脚螺栓是否松动等，冬季还应防冻，保持罗经技术状态良好。

(7)新装或新船罗经必须在消除自差后才能使用。在自差有较大变化和自差绝对值大于 5°时应重新消除自差，自差消除后不得移动自差消除器的位置。

(8)不要在罗经附近随便堆放铁器，操作人员不得随身携带钢铁制品，以免影响罗经指向准确性。

(9)平时在航行转向时，应注意观察罗经的工作情况。如果发现船首已转动，如罗经指示的航向在经过较长时间后才开始变化，则说明罗经发生故障，应认真检查，予以排除。

(二)VHF 无线电话

1. 概述

船用 VHF 无线电话设备是指能在甚高频段(156~174 MHz)进行电话通信和数字选择性呼叫的无线电通信设备，如图 5-1-4 所示。其主要由天线、收发信机、送受话器和数字选择性呼叫终端设备等组成,能够使用话音和数字选择性呼叫进行遇险、紧急安全的呼叫和通信、船舶操纵所要求的呼叫和通信以及公众呼叫和通信。

图 5-1-4　VHF 无线电话

2. 使用注意事项

(1)开机前,必须接好天线、接通受话器和直流电源。

(2)使用中应做好防水、防潮、防振和防尘工作。

(3)保持机器的清洁,随时检查主机到各部分电缆的接头接触是否良好。

(4)避免受阳光直接照射,每周至少通电保养一次。

(5)更换保险不能超过规定值。

(6)船靠码头后不需使用时,可以关机,如需再用也可随时开机通话。

(7)VHF 通话要简明扼要,仅限于船舶安全、生产等业务,防止泄露国家机密。

(8)使用船用甚高频无线电话,必须根据有关无线电话管理文件有关规定办理。

(三)雷达设备

1. 概述

雷达是一种自备(自主)式导航设备,不受发射信号台等条件的影响,自 20 世纪中叶开始用于船舶导航,是现代船舶上必不可少的重要导航设备之一,除了用于定位外,还可以用于避碰、狭水道及进出港导航和其他仪器提供海面物标信息,如图 5-1-5 所示。

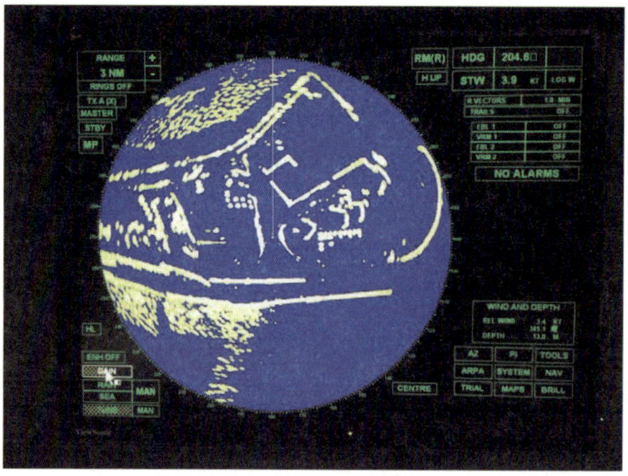

图 5-1-5　雷达显示

2. 雷达目标图像识别

(1)常见物标的回波特征

一般情况下,竖立的、光滑的物标对电磁波的反射能力较强,雷达能较好地反映物标的回波图像;反之,物标反射电磁波的能力就弱。

①浮标。浮标高度低、体积小,形状一般又为球形、圆柱形、圆锥形及杆形等不良反射体,因此是不良的雷达物标,其探测距离大约从0.5~6 n mile不等。加装了角反射器的浮标,雷达探测它的能力将大大增加。现在,在一些重要的浮标上加装了雷达应答器(Racon),则雷达对它的探测距离和识别力大大提高了。

②船舶。其回波强度取决于船舶的视角、形状、大小及暴露于雷达波束照射范围的结构、面积及材质。一般正横方向的回波强度大于船首尾方向的,大船的回波强度大于小船的,空载时的回波强度大于满载时的,钢铁结构的回波强度大于木质的或玻璃钢的。

③岸线和岛屿。只有当海岸较陡或距离较近的岸线回波才显示与海图基本一致的形状,否则,其形状和位置都会有出入,特别是低而乎坦的海岸或是表面平滑、坡度斜缓的泥滩、沙滩等,往往是先发现内陆的山岭而后发现岸线,这种岸线不宜用作定位或导航。悬崖、陡岸在视角合适时回波前沿明亮、清晰、形状基本与海图一致,是很好的定位物标。沿岸防坡堤、码头、人造陆地等均是很好的定位物标。海中岛屿一般较陡,如距离合适可用作定位依据。

④水上飞机和水翼船等高速物标。因其速度快,在天线转动一圈的时间内位置变化很大,在雷达屏上的图像往往呈点线状断续回波,较难判断物标动向。

(2)波浪干扰的图像特征

①图像显示不稳定;

②回波光点以本船为中心分布,呈现鳞片状,随距离的增加而减弱;

③船舶受风一侧干扰较重。

出现波浪干扰时,可调整“海浪干扰抑制”旋钮,或适当降低“增益”可减少干扰,但波浪太大时,近距离的小物标难以显示。

(3)雨雪干扰的图像特征

雨雪干扰呈现棉絮状杂波,根据雨雪强度呈现点状、片状或团状,边缘较为模糊,有时不断移动和变化。

出现雨雪干扰时,可调整“雨雪干扰抑制”旋钮,或适当降低“增益”可减少干扰,还可以转动“调谐”按钮提高效果。

3. 雷达的操作使用

(1)起动雷达之前,首先应检查天线随边是否有人在上面工作,是否有妨碍天线旋转的障碍物。

(2)开机前应检查雷达面板上的增益(GAIN)、雨雪抑制(A/C RAIN)、海浪抑制(A/C SEA)旋钮,逆时针旋转转到最小。

(3)接通适合雷达需要的稳定电源,按下面板上的电源键(POWER),待雷达预热三分钟,待荧光屏上显示ST-BY,表示预热完成,处于正常工作状态。

(4)然后按下面板上的发身键TX。

(5)雷达在工作状态时,应顺时针慢慢地旋动增益(GAIN)键,使荧光屏上显示出细微麻点为止。

(6)调节调谐旋钮,使荧光屏上出现远距离物标,使物体回波清晰明亮而稳定。

(7)其他键应根据当时要求做适当调整。

(8)雷达使用完毕,关机可按上述相反顺序进行。

(四)卫星导航仪

1. 概述

常用的船用卫星导航仪主要有 GPS 和北斗系统,如图 5-1-6 所示,两者在航海上所使用的主要功能大致相同。

(1)显示船位(经纬度)。

(2)显示导航数据:航向、航速、航迹速、航迹向,至航路点恒向线或大圆的航向和距离,航行所需时间、偏航,任何两航路点之间的距离和方位等。

(3)航行设计:存储航线设计和航路点编号及其经纬度。

(4)报警:偏航、走锚、船舶到达转向点所设定的范围、接收机故障等。

(5)卫星信息:卫星号、方位、仰角、卫星工作状态、被跟踪卫星信噪比等。

(a)GPS 卫星导仪　　　　(b)北斗卫星导仪

图 5-1-6　船用卫星导仪

2. GPS 使用注意事项

(1)GPS 接收机,根据卫星电文,及时更新历书。若提供的历书的时间间隔很久,或定位误差明显偏大,则应根据操作步骤清除历书及内存。

(2)不同的 HDOP 值,有不同的定位精度,通常 HDOP 值设定在 10 左右。

(3)时间输入误差不应超过 1 h。

(4)当有多颗卫星定位或 HDOP. PDOP 值超限时,可人工或自动选择卫星。

(5)选择合适的运动状态。

(6)利用卫星状态显示可强制起动或停止某颗卫星。

(五)自动识别系统(AIS)

1. 概述

AIS 是安装在船舶上的一自动识别与跟踪系统,借由与邻近船舶、AIS 岸台,以及卫星等设备交换电子资料,并且供船舶交通管制(VTS)辨识及定位,如图 5-1-7 所示。由 AIS 所发出的信息包括独特的识别码、船名、位置、航向、船速,并显示在 AIS 的屏幕或电子海图上,可协助当值驾驶员以及海事部门追踪及监视船舶动向。

图 5-1-7 AIS

2. 使用注意事项

(1)正确输入相关的信息。正确输入相关的信息可使他船和 VTS 系统容易识别和监控,也能有效发挥 AIS 设备的作用。AIS 设备需要输入船舶的静态和动态数据。静态数据主要包括本船船名、呼号、海上移动识别码(简称 MMSI)、、IMO 编号、AIS 天线的位置、船舶种类等,这些相对固定的数据在安装 AIS 设备时输入;动态数据主要有航行状态、吃水、本航次目的港、预计抵达时间、设置报警的 DCPA/TCPA 值等。

(2)按船舶证书上注明的船名输入,拼写要正确,以便其他船舶或 VTS 的正确辨认和呼叫。

(3)在 AIS 设备的显示中,矢量的尖端表示该船的艏向线。

(4)正确输入船舶种类和航行状态是非常重要的,有利于对方避让。正确输入航行状态同样告知来船正确信息。

(5)AIS 位置信息可能出现误差。

(6)经常通过附近船舶询问本船 AIS 设备是否正常工作,能收能发才能确认 AIS 设备正常。

(7)使用 AIS 的同时,要经常配合雷达、VHF、陆标以及其他可能的手段保证航行安全。

(六)测深仪

1. 概述

船用回声测深仪是一种测量水深的船用导航仪器,如图 5-1-8 所示,通过在船底设置收/发换能器,以间歇形式向下发射超声波,并接收反射回来的声波,而测得水深参数。

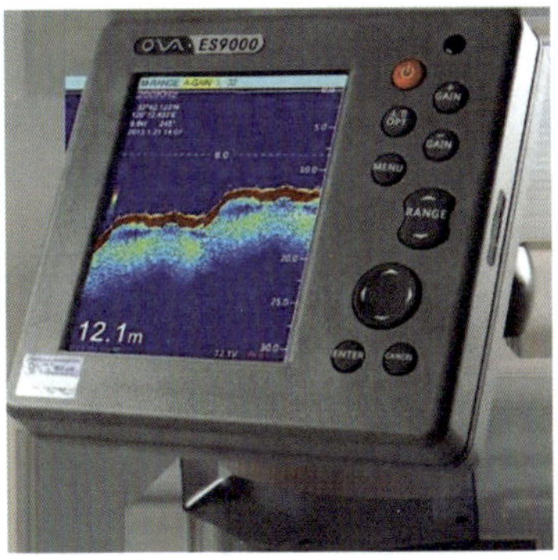

图 5-1-8 船用回声测深仪

2. 测深仪的操作使用

(1)接通电源,开启测深仪。

(2)调整增益(GAIN),显示出0位闪点。

(3)根据需要选择量程(RANGE)。

(4)调节增益(GAIN)键,直到深度闪点出现为止,可视窗同时可准确读出所测深度。

(5)设置报警深度,应顺时针旋转(Shallow alarm)开关,使显示器出现红色闪点,其深度是根据开关旋钮大小而定。

(6)关机按上述反方向进行。

第二节 高速船的操作

一、靠泊操作

1. 靠泊环境

船舶经过一段时间的航行,在确认各种仪器、设备正常后,方可准备进靠码头。要分析所靠码头的周围环境,包括风、流、浪、码头空档余位,附近船舶的位置及动态。

最佳的方式是顶风,顶流靠泊,但因诸多条件限制,很难满足这样的条件的,作为船舶操纵者就要充分分析流向、流速、浪高、浪向、风向、风力,对船舶操纵的影响,做到心中有数,防患未然。

码头泊位长度应满足1.2倍船舶总长以上。附近的船舶不应影响本船的操作,尽量避免近距离内两船互相运动中操船。

2. 车、舵的使用

靠码头时主机转速低,就螺旋桨船而言,因螺旋桨排出流作用在较小面积的舵面上所产生的转舵力(侧压力)较小,仅依赖转舵力要完成较大的改向是极困难的,所以,当船舶淌航到一定距离后,要较大角度改向时,要果断地采用左/右主机倒/进车的扭力,达到改向的目的。

对用喷水推进装置推进的船舶,低速时应采用独立方式,内八字戽操纵。当手轮处于0位时,戽关闭,不产生推力,根本没有舵效。

要改变航向,同样是利用左/右戽顺/倒车完成,当然也有用外八字或其他形式,但效果比内八字差。

用喷水推进装置推进的船,均可以有平行移动的功能,这一功能很受操纵人员的欢迎。平移的操纵方法具体为:外档戽操到外档满舵倒车,内档戽顺车(视当时的船头偏转及惯性的大小而决定舵角及转速),这样船平行移开外档。反之,则移向内档。

3. 靠泊角度的控制选择

高速船进靠角度要视当时的风、流、浪及泊位前后档位情况而定,尽量掌握在45°以内进靠,越小越好。

对有流的泊位，若进靠角度大，顺流容易造成船垂直指向码头，顶流容易造成船头扎拢，均可能造成被动局面。

在条件所限无法控制在 45° 以内进靠，而需大角度进靠时，要控制好余速(惯性)，宁慢勿快，在无风流影响的码头，最好是在船头接近码头时，惯性接近为零；在有风流影响的码头，一定要把船位控制在上风、上流，充分估计停车淌航时风压、流压对船舶的飘移作用。

4. 余速淌航的控制

高速船由于重量轻，停车惯性较小，螺旋桨推进的船离泊时还有一定的惯性，喷射船戽处于 0°时惯性很小，气垫船非垫起状态下离波，惯性更小，所以熟悉所服务船舶的惯性，掌握船舶的舵效、回旋图、惯性换向的时间间隙，对操纵船舶是非常重要的。

5. 带缆先后次序

一般情况下，当船接近码头时先带前倒缆，继而头缆，应视交角大小、离码头远近而调整。使前缆、头缆均吃力再拢尾。拢尾时，后倒缆、尾缆要迅速带上，待船平衡靠在合适位置时，各缆均应收紧挽牢。

如果吹开风较大，应考虑加带横缆。如果长时间靠泊，还应考虑增加包头、包尾缆，同时根据水位的升降注意各缆的受力，避免出现断缆的事故。

6. 前后位置的调整

为考虑旅客上、下船的安全，高速船有专用的舷口给旅客上下，同时码头也设有专用桥口给旅客上下，这就要求舷口对准桥口。常规操作是船长在驾驶台舷外，驾驶员在船尾用对讲机共同协助指挥(有闭路电视的船，船长也可以从闭路电视屏观察)，对准泊位。

短距离的位置调整，可用缆绳来进行，长距离的位置调整(或者舷口处于下游、下风的调整)，可用机械完成，视当时情况灵活运用。

二、离泊操作

高速船在离泊前应综合分析前后位置、外档及风、流情况后，结合本船的特性，决定离泊方案。除急顶流前方没有碍航物采用开头离泊法外，一般情况下均采用开尾离泊法，对于可平移的船，则可采用先平移后开头(尾)法离泊更为方便、安全。如果有必要利用缆及码头协助离泊时，一定要告诉船头(尾)放好碰垫，以免碰撞码头，驾驶台要与船头(尾)保持联系。

1. 离泊前的准备

高速客船应建立开航前安全自查制度。制定开航前安全自查表并对照检查，海事管事机构可对开航前安全自查表进行监督抽查。开航前自查由相关人员分工进行，统一汇总。船舶操纵者要着手做好下列工作：

(1)舵系统的起动

①活舵(戽)试验

打开电源，选择相应开关，进行舵(戽)等操纵系统的试验，先进行独立试验：把舵(戽)从正舵向左/右一侧满舵，然后从一满舵操到另一舷满能，反复进行 2~3 次，再进行联动试验，方法同独立试验，认为正常后，进行应急系统试验，方法同常规操纵系统试验，但动作要求慢些。

对喷射船，最好等主机起动后试验，较符合使用状况。

②动车试验

螺旋桨推动的船，如齿轮箱没加开关，进行活车试验要非常小心，且只准息速瞬间进行，以免造成前冲/后倒，造成断缆，酿成事故。喷射推动的船，因齿轮箱另有离/合开关在齿轮箱处于离的位置时，试验开/增长卑不会产生推力，所以试验时必须把齿轮箱开关处于离的位置。

（2）助航仪器起动

①雷达起动

打开系统电源，开启预热准备，检查确认雷达天线附近无人及障碍物，雷达可以发射时按下发射开关，开关选择适当的距离档和波段及抗干扰，调增益/海浪抑制/雨雪抑制/调谐/亮度等旋钮，使荧光屏图像丰满、清晰，另选一个距离档，用同样的方法调至荧屏图像丰满、清晰。随着科技的发展和安全的要求，很多高速船装有可供标绘的雷达，操作者应选择适当的运动显示模式，输入航向及航速。如果天线另装有开/关，还应记住开/关位置。

②测深仪起动

打开系统电源，选择适当的水深档，使测深仪清楚显示当地测深仪探头所处的准确水深，如果有必要同时起动记录。

③闭路电视起动

打开系统电源，开启显示屏及探头开关，使之预热，调整黑白对比旋钮，使画面图清晰、不刺眼，使所有探头工作一次，认为正常即可使用。根据需要，选择相应的镜头探视。

④其他准备工作

高速船规定安装高速闪光灯，开航前应先进行试验，如果能见度不良及夜航，还应开启航行灯，高频电话、值班机、单边带等均应处于工作状态。

（3）前后位置、舷外情况、外档情况的观察

离码头时前，要对本船的前后位置进行观察，分析可供操纵利用的空间，同时也应对外档舷外情况进行观察，比如有否突出舷外的物体，外档是否有船或碍航物。

（4）风、流的分析

风向、风力、流向、流速对离码头有一定影响，所以离码头前要仔细分析风向、风力、流向、流速对本船离泊的影响。

2. 解缆先后次序

当决定采取开头（尾）法离泊时，可用广播或对讲机告诉船头（尾）做好解缆准备。除强的吹拢风，侧压流要用缆协助离泊外，一般情况下解缆次序如下：

当采用开头法时，先解头缆、前倒缆，继而解尾绳，最后解后倒缆。

当采用开尾法时，先解尾缆、后倒缆，继而解头缆、前倒缆。

当采用平移法时，可以把系缆全部解去。

3. 车、舵的使用

离码头是否安全、快捷，除了充分分析，估计风、流的作用，掌握前后档位及外档情况而做出的正确的方案后，车、舵的配合也起到极重要的作用。在码头前沿，不论是螺旋桨推进船，还是喷射推进的船，用车的转速均不应过高。一般采用比怠速稍高一些的转速左/右短时间的进（或退）车，产生扭矩使船偏转，使船（艉）离开码头。不要长时间太高转

速,以免船产生较大的惯性(或扭矩),万一失控而酿成事故。

对螺旋桨推进的船,在低速没产生较大的惯性时的转船力矩主要来自螺旋桨的推力,舵的侧压力极微。

对喷射推进的船,因舵(戽)的左/右及闭/开/倒是决定船的停/前/退及流速的方向产生的扭矩使船偏转。所以要正确地选择戽的位置及状态,以达到开头/开尾/平移的目的。

4. 开头(尾)角度,船尾(首)离码头距离

主机功率不大的中、小型船离码头时,为保护车、舵,通常采用先将船尾摆出一个角度,然后绞锚或拖首或倒车退离码头的方法叫尾离法,俗称开尾。与尾离法相对应的是使用尾倒缆的首离法,俗称开头。

无论是首离或尾离,摆出角度的大小决定于当时外力影响的大小和摆出后的操船需要。当外力影响有利摆出时,尽管摆出角仅有 15°左右,那么该摆出角度虽小也因其足够而不谓之小;顶流离首,顺流离尾均如此。相反,当外力不利摆出时,尽管已摆出 30°左右,在进行后的操纵中因外力影响却又摆回到难以进行这种操纵的位置上,那么该摆出角度也因其不足而不可谓之大;顶流拢风时离尾就是如此。

当船首或船尾摆出之后,按预定操纵方案径直出港,或是再掉头移泊,还是离泊中在泊位边完成掉头,这些摆出后的操纵要求对于决定摆出角度的大小具有重要意义。

首离或尾离时,在决定摆出角度的大小时必须注意所用倒缆的强度及受力情况。承受顿力、强度不足或因摆出角度过大使倒缆张力突然增加等情况均应予以避免。

当泊位前后余量较小、港池水域相对较窄时,无论是在泊位内、船首或船尾摆出中,乃至处于港池或航道中的船舶,均应注意自身的前后活动余地,并利用正横附近的物标灵敏地判断本船的前冲后缩,及时地通过车舵机或使用拖船予以控制。

使用倒缆离首或离尾时,必须确保其强度。里档锚不应与码头护木齐平,突出部位或触岸部位应垫好碰垫。等水面清爽时即可实施离泊操纵。缆绳与之摩擦的部位及时衬垫,尽量减少磨损。

5. 港内使用速度

港内一般把主机控制在可维持舵效的最低转速,这样可以减少港内建筑物及船舶的浪损,同时也利于避让。较长时间使用怠速推进对主机是不利的,所以用什么转速可维持舵效,各船有所不同。一般情况下,主机转速在 1 000 转/分是完全可以维持舵效的。

三、航行作业注意事项

1. 保持正规瞭望

瞭望是确保航行安全的首要因素。碰撞事故统计结果表明,无人瞭望或未能保持正规瞭望,是导致碰撞事故的重要原因或主要原因。保持正规瞭望是决定安全航速、判断碰撞危险、及早采取避让行动的先决条件。

对高速船而言,对漂浮的水面障碍物瞭望比普通船要求更高。因为这些漂浮的障碍物不易被发现,但对高速船所造成的危害却可能是致命的,碰撞倾覆、损坏推进装置都是常有可能发生的事。因而在瞭望时,需保持高度的警惕。沉没的小船、掉落水中的集装箱、圆木等,这些情况的预先获取极为重要,对安全航行警告的获得也极为重要。

我国法规中要求,高速客船驾驶人员连续驾驶值班时间不应超过 2 h,两次驾驶值班之间应有足够的休息时间；高速客船连续航行超过 2 h，应由 2 个驾驶人员互相替代驾驶船舶，其目的正是使驾驶员保持足够的精力进行正规的瞭望。

2. 使用安全航速

由于高速船舶具有良好操纵性能，部分船舶仅改变喷水前后方向使船舶在极短时间和距离内把船舶停住，而无须一般船舶改变主机操作时间，而且能比一般船舶具有更佳的停船能力。因而并不排除高速船舶在适当情况下也可使用高速行驶。况且，目前高速船舶均在一个较固定的水域范围和固定航线上行驶，对周围环境和当时情况较为熟悉和了解，对如何掌握安全航速有更大的把握性。因此，所谓安全航速并不一定就是要慢速。但航行过程中，保持必要的戒备和正规的瞭望是基本前提。

3. 采取适当而有效的避让行动

无论是《1972 年国际海上避碰规则》，还是《中华人民共和国内河避碰规则》《中华人民共和国高速客船安全管理规则》等国内法规，从避让责任的界定方面来看，高速船航行时都应宽裕地让清其他船舶。

在具体实施避让措施时，应充分考虑船速快所带来的惯性、回转性能等特殊情况，采取更为主动和有效的行动消除存在的碰撞危险。若当时环境许可，船舶对正横以前的来船，除被追越船外，可在两船距离 6 n mile 之前就采取避让行动，并避免向左转向；对正横后或附近的来船，则应在两船距离 3 n mile 之前采取避让行动，并避免对着其转向。

四、应急操作

1. 应急操作的时机

高速船在航行过程中发生紧急情况，如：

(1)船体破损；

(2)发生火灾等事故；

(3)机械故障或其他情况。

2. 应急操作程序

(1)应及时通知船长，并做出应急操作的决策。

(2)具体操作为按下“应急操纵”控制开关，即可通过操纵手柄进行操纵；或者使用“应急停车”开关，实现主机迅速倒车。

(3)报告公司技术部门，并处理好现场。

第三节 航行与风险控制

一、推荐航线上的航标、转向点、航向、距离及报告制度

高速船，特别是高速客船，通常为定线班轮，航线上的各种数据较为固定，船长和值班驾驶员应在开航前充分了解航线信息。

(1)熟练掌握本航次的航行计划及各航段的航标、转向点、航向、陆标方位距离,如涉及分道通航制,则应予以标绘和关注,并根据海事部门要求按时进行报告。

(2)高速客船除紧急情况外,只准在“高速客船安全操作安全证书”载明的营运航区、航线从事营运,并在海事主管机关报备的指定专用码头进行靠泊。

(3)高速客船营运时,应遵照“高速客船安全操作安全证书”附件所推荐或指定的航路航行。遇到恶劣天气或其他特殊情况,船长认为有必要偏离所规定的航线时,则应把偏离航线的时间、原因记录于航海日志。

(4)高速船舶在航行过程中,如出现机器故障及任何其他问题,不能进行航行操纵,对船舶安全构成威胁,船长必须立即报告公司及当地的海事部门。

二、航行风险的识别与控制

ISM 规则实施以来,风险识别与控制在船舶管理领域的应用日益完善。高速船的航速快,将引发与普通船舶航行所不同的风险,因此应予以充分的识别,并针对性地采取控制措施。

通常来说,影响航行安全的风险因素包括通航环境因素、船舶因素、人的因素和管理因素等方面。一般情况下,对于船舶日常营运而言,后三者的变化相对较小,而通航环境则往往各有不同,因此,船长和驾驶员应在航前进行辨识,有的放矢地采取控制措施。

(一)狭水道航行的风险识别与控制

1. 狭水道航行的风险识别

(1)航道狭窄、弯曲,机动余地少,高速行驶的船舶引起的船行波大,易造成浪损。

(2)水深变化大,险滩、暗礁等碍航物多。

(3)易受风流及潮流影响,一般流速较大,流向复杂多变。

(4)通航密度大,船舶会遇局面复杂,会船距离小,高速行驶的船造成的威胁更大。

2. 狭水道航行的风险控制

高速船通常定线航行,船长和驾驶员应加强对航经区域的狭水道进行各种分析,做到有备无患。

(1)充分研究航海图书资料,熟练掌握狭水道的自然条件、水文信息、助航标志等信息。

(2)及时接收气象信息,分析天气可能变化,及早采取措施。

(3)航行时应使用安全航速,并充分考虑操作避让局限性和船舶密度,日出前 30 min 和日落后 30 min 或与其相当的时间范围内,船舶限速航行,通常不超过 15 kn。

(4)船长在驾驶台指挥,并保持有其他驾驶员辅助,以各种有效手段做好瞭望。

(5)进出港口及航行特殊航段时,应遵守主管机关有关航速的规定,临近泊位、突堤式码头、浮船坞等设施之前,应减速以消除所产生的波浪对其他船舶和设施的影响,防止浪损,必要时停车淌航。

(6)与他船会遇时,应主动让清其他非高速船舶。

（二）恶劣天气航行的风险识别与控制

1. 恶劣天气航行的风险识别

船舶航行过程中，遇到突发性恶劣天气，如雷雨、大风、强对流天气等，对海况、船体等影响较大，对驾驶员也会产生一定的心理影响。

（1）风浪过大，船舶出现剧烈的摇荡运动、降速、航向不稳等，并可能由此造成操纵方面的其他困难。

（2）雷雨、大风时候可能造成船舶上浪、积水等情况，影响船舶稳性。

（3）导致能见度情况受到限制，影响瞭望。

（4）对个别驾驶员造成心理恐慌，影响其判断能力。

2. 恶劣天气航行的风险控制

每次开航前，船长均需注意所获得的气象资料，确保在不超过“高速客船船舶操作安全证书”所确定的天气限制下开航。因所获得的气象资料有雷雨、大风天气或基于任何其他安全的理由，船长应决定取消或延迟航班。如风浪较大，但低于本船抗风等级时，出航前应对船上可移动物件的绑扎情况进行全面检查和加固。同时开航前还应检查和测试各关键性机器和设备，确保其正常运转，关闭所有水密装置并进行密封检查。

一旦在航行中遇到突发性恶劣天气，船长在驾驶台指挥，驾驶员加强瞭望，沉着研判形势，采取控制措施。

（1）顶浪航行时，应注意纵摇激烈、打空车、船首部与波浪撞击严重等现象，容易出现危险，应适当减速或改向，以确保安全。当遇到大风无法驶向避风锚地时，应顶风滞航，车速以仅能保持舵效为限，待大风过后再续航。当甲板上浪时，应关闭所有水密门窗及舷窗保护盖。

（2）顺浪航行时，保持船速大于波浪速度，保持舵效，避免发生偏转打横造成危险。如船速无法提高，应适当地改向，使航向与波浪成一定角度航行，以减少尾部淹水，千万注意控制别让船舶横向受风浪。

（3）大风浪中如遇横摇厉害，应适当调整航向与波浪的交角，减少摇摆度，避免船身摇摆周期与波浪间隙近乎一致时产生谐摇，谨防船被打横，一旦发现即使用大角度操舵也不能保持航向时，应当及时加快车速，以增加舵效，此后应减小航向与波浪的交角，直至完全顶风滞航。

（4）大风浪中航行，如需避让的，应充分考虑本船及他船在大风浪中操纵性能降低的特点，做到早让、宽让，并核对避让效果，切实让清他船。应充分考虑到突发舵效失灵的可能情况，做好其他应急措施的准备工作。

（5）在大风浪中密切注意甲板通道行人和工作人员的操作安全，经常巡视检查物件和属具等稳固情况，发现松弛、移动应立即整理加固避免险情扩大，工作时注意风浪情况，必要时可适当改向、减速或顺航，以策安全。

（6）大风浪中调头或转向风险很大，应充分考虑船舶稳性及大角度横摇的后果，谨慎操作，并结合本船旋回要素，精确选择舵角、车速和下令时间，慎用车舵，尽快调转。

（7）船舶颠簸激烈时，应联系轮机员应注意适当调节主机转速，以减少推进器空转。

（8）由于大风浪影响可能引起航标、浮筒的灭失，对各航标尤其灯浮要多加核对，谨慎驾驶，如有疑虑应立即采取相应的安全措施。

(9)高速客船船长应安排客运员应切实做好旅客服务工作,稳定旅客情绪。

(三)能见度不良时航行的风险识别与控制

1. 能见度不良时航行的风险识别

能见度不良时,驾驶员视线受到限制,无法在足够的距离上发现周围来船,并迅速判断他船动态以及所采取的避让行动,只能依赖于 AIS、甚高频 VHF、雷达观测和标绘,船舶避让困难,也无法及时发现附近物标和航标,对环境无法全面了解。

2. 能见度不良时航行的风险控制

一般情况下,高速船能见度不良时,应严格遵守当地的禁限航规定和公司的规章制度,延迟开航或不开航。

一旦在航行过程中突然遇到能见度不良的情况,船长在驾驶台指挥,驾驶员加强瞭望,沉着研判形势,采取控制措施。

(1)开启雷达、鸣放雾号、守听 VHF 并播报本船动态、采取安全航速行驶。

(2)通知机舱备车,机器处于良好状态。

(3)驾驶人员应加强瞭望,使用视觉、听觉、雷达、AIS 等一切手段时刻保持有效瞭望,判断能见度是否正在恶化,是否正在进入雾区。

(4)充分运用雷达、AIS 等设备进行系统观察,及早发现他船并采取避让措施。

(5)如对航行无把握时,报告公司,就近抛锚,并按要求鸣放雾号,显示号灯号型。

三、紧急情况下的通信

船舶遇险后,紧急通信的内容和程序详见本书第二章第三节,在此不做赘述。同时,船舶发生碰撞、搁浅、火灾等事故或险情时,应立即向海事部门及公司报告。

1. 紧急情况下的报告程序

高速船一般在离岸不远的距离航行,发生紧急情况时,用移动电话或 VHF 向公司值班室报告。报告的内容包括事故或险情发生的时间、地点、船舶位置、海况以及船舶与人员损伤程度、已采取的自救行动、救助要求等情况。

如属交通事故,船长应按规定向当地海事部门递交水上交通事故报告书,如事故造成或者可能造成海洋环境污染,还应按照《中华人民共和国海上船舶污染事故调查处理规定》中所列的《船舶污染事故报告书》的格式和内容,在规定的时间内进行报告。

2. 搜救中心的名称及频道

搜救中心的名称和工作频道以及联系方式可以通过《无线电信号表》来查找。我国专用水上遇险求救电话是 12395。

第三篇

高速船轮机管理知识

第六章
高速船动力装置

动力装置如同高速船的“心脏”，是高速船安全航行的基础，轮机长和轮机员应做好日常的维护管理，使其处于良好的运行状态。

第一节
高速船推进装置

一、高速柴油机介绍

（一）简介

柴油机是用柴油作燃料的内燃机，柴油机属于压缩点火式发动机，它又常以主要发明者狄塞尔的名字命名，称为狄塞尔引擎。高速船常用柴油机的外形如图 6-1-1 所示。

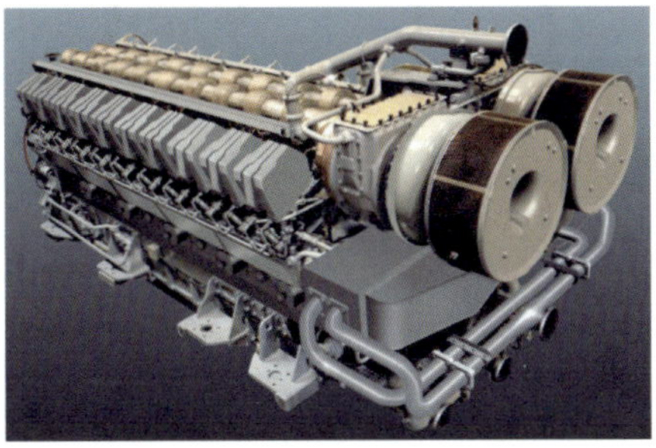

图 6-1-1　高速船用柴油机

柴油机在工作时，吸入柴油机气缸内的空气，因活塞的运动而受到较高程度的压缩，达到 500~700 ℃的高温。然后将燃油以雾状喷入高温空气中，与高温空气混合形成可燃混合气，自动着火燃烧。燃烧中释放的能量作用在活塞顶面上，推动活塞并通过连杆和曲轴转换为旋转的机械能。

(二)历史

1858 年法国出生的德裔工程师狄塞尔,在 1897 年研制成功可供实用的四冲程柴油机。由于它明显地提高了热效率而引起人们的重视。起初,柴油机用空气喷射燃料,附属装置庞大笨重,只用于固定作业。20 世纪初,柴油机开始用于船舶,1905 年制成第一台船用二冲程柴油机。

1922 年,德国的博施发明机械喷射装置,还渐替代了空气喷射。20 世纪 20 年代后期出现了高速柴油机,并开始用于汽车。到 50 年代,一些结构、性能更加完善的新型系列化、通用化的柴油机发展起来,从此柴油机进入了专业化大量生产阶段。特别是在采用了废气涡轮增压技术以后,柴油机已成为现代动力机械中最重要的部分。

(三)柴油机的工作原理

柴油机是一种以柴油为燃料的热力发动机(简称热机),它是内燃机类型中的一种。其燃料的燃烧和热能的放出以及热能转变为机械能都在发动机内部进行,柴油机具有热效率高、功率范围广、机械损失小、机动性能好等优点。

柴油机是靠压缩而发火的,因此,称之为压燃式内燃机。柴油机从大气中将空气吸入气缸,依靠活塞上行压缩,使之达到足够高的温度和压力。再将燃油以雾状喷入气缸。并在高温高压的空气自燃。燃油燃烧放出大量的热能,使燃气的压力、温度急剧升高,在气缸内进行膨胀,推动活塞并通过曲柄连杆机构对外做功。燃气膨胀做功后变成废气,排出气缸。由此可见,柴油机一个完整的工作循环是由进气、压缩、喷油燃烧、膨胀做功和排气五个热力过程组成的。图 6-1-2 所示为四冲程柴油机工质燃烧过程。

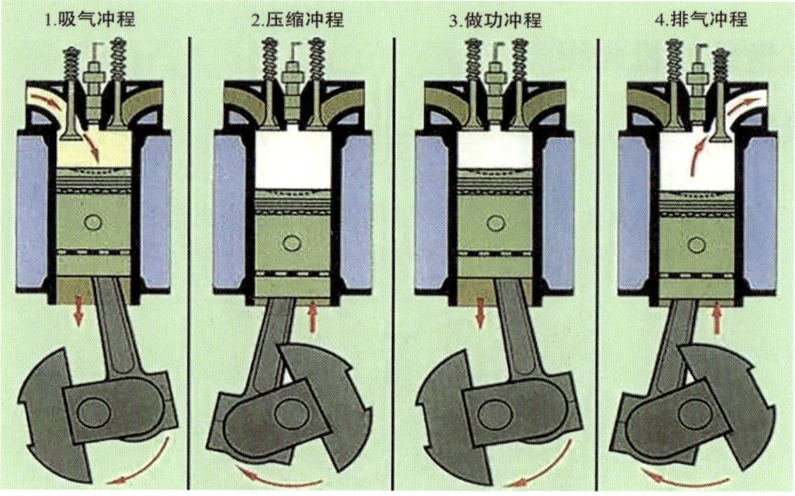

图 6-1-2 四冲程柴油机工质燃烧过程

(四)柴油机的基本结构

高速船由于体型较小、航速要求较高,故大多数采用四冲程柴油机作为主机。下面以四冲程柴油机为例介绍一下柴油机的基本结构。

四冲程柴油机在结构上主要分为:机架、两大结构和五大系统。机架包含了气缸盖、气缸体、活塞、曲轴箱、油底壳和基座,它们构成了柴油机的主体,如图 6-1-3 所示。两大结构是指配气机构和曲柄连杆机构,完成了工质的输送和能量的转换。五大系统是指进排气系统、燃料供给系统、润滑系统、冷却系统、起动系统等,五大系统相互配合、协作,从而保证了柴油机的正常工作。

活塞组件结构如图 6-1-4 所示,活塞在气缸内受工质燃烧压力(作用)做周期性的往复运动,活塞通过连杆把直线往复运动转化为曲轴的圆周运动,从而驱动负载。

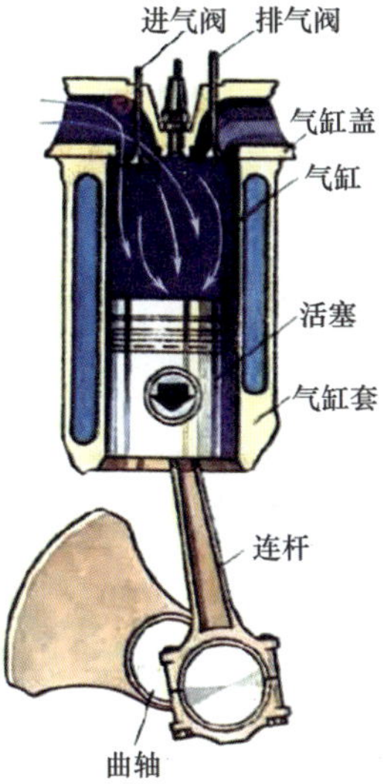

图 6-1-3 柴油机的结构图

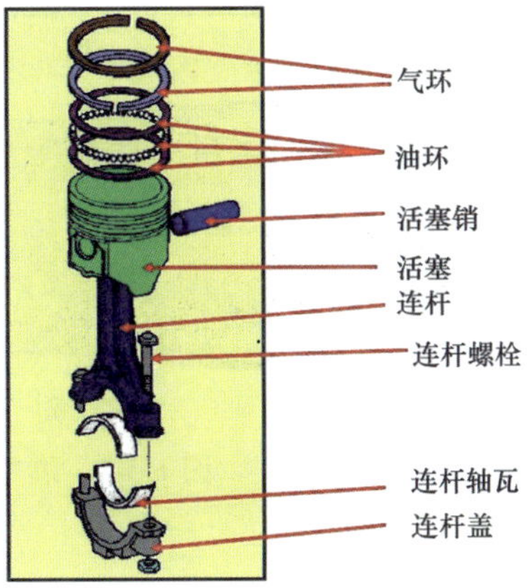

图 6-1-4 活塞组件结构

(五)柴油机的种类

根据不同的分类方式,柴油机可以分为以下几类:

(1)按工作循环可分为四冲程和二冲程柴油机。

(2)按冷却方式可分为水冷和风冷柴油机。

(3)按进气方式可分为增压和非增压(自然吸气)柴油机。

(4)按转速可分为高速(大于 1 000 转/分)、中速(350~1 000 转/分)和低速(小于 350 转/分)柴油机。

(5)按燃烧室可分为直接喷射式、涡流式和预燃式柴油机。

(6)按气体压力作用方式可分为单作用式、双作用式和对置活塞式柴油机等。

(7)按气缸数目可分为单缸和多缸柴油机。

(8)按气缸布置可分为直列柴油机、V 形柴油机。

(六)高速船常用柴油机品牌

高速柴油机由于转速高、尺寸小、单位重量功率大及其经济性好,在高速客船上广泛用于主机和发电机。

通常高速船上常用柴油机品牌种类有 MTU、VOLVO、卡特、康明斯等系列。

二、燃气轮机动力装置

以燃气轮机作动力的船舶动力装置称为燃气轮机动力装置。

（一）燃气轮机工作原理

燃气轮机是以连续流动的燃气作为工质，带动叶轮高速旋转，将燃料的能量转变为有用功的内燃机动力机械装置，是一种旋转叶轮式热力发动机，其工作原理如图 6-1-5 所示。

燃气轮机的工作过程是压气机连续地从大气中吸入空气并将其压缩，压缩后的空气进入燃烧室，与喷入的燃料混合后燃烧成为高温燃气，随即流入燃气透平中膨胀做功，推动透平叶轮带动压气机叶轮旋转，加热后的高温燃气的做功能力显著提高，因而燃气透平在带动压气机的同时输出机械功。燃气初温以及压气机的压缩比是影响燃气轮机效率的两个主要因素，提高燃气初温或提高压缩比可以使燃气轮机效率显著提高。

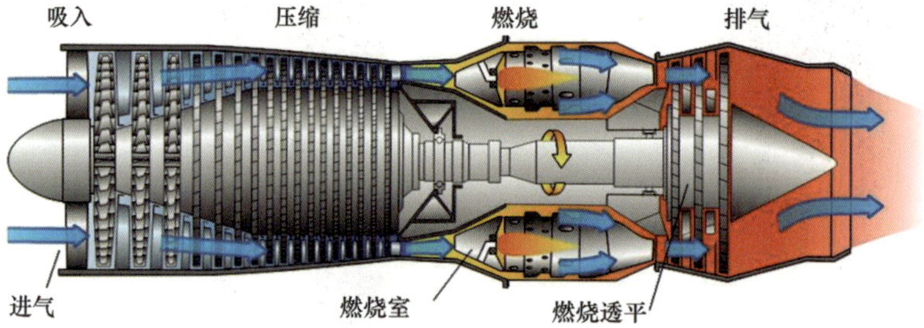

图 6-1-5　燃气轮机工作原理图

（二）燃气轮机的特点

1. 燃气轮机的优点

在所有船舶动力装置中，燃气轮机具有单位重最轻、体积小、起动迅速、振动磨损小、使用可靠、维护方便等优点。

2. 燃气轮机的缺点

燃气轮机同时具有耗油率高、经济性较差、压缩机容易产生失速和振动、需庞大的进排气管、布置困难等缺点，而且它不能直接倒车，需要另设倒车设备，使装置复杂化。

但随着高速船发展需要，发动机排放也越来越严格，燃气轮机也越来越受欢迎。增大了功率、提高了效率、克服了油耗高的缺陷，是高速船的理想选择，故燃气轮机在高速船中有着广阔的应用前景。

三、推进系统的组成和原理

（一）喷水式推进装置的主要结构和工作原理

喷水推进装置作为一种新型船用推进系统，喷水推进的推力是通过推进水泵喷出水流的反作用力来获得的，并通过操纵舵及倒舵设备分配和改变喷流的方向来实现船舶的操纵。在滑行艇、穿浪艇、水翼艇、气垫船等中、高速船舶上得到了应用。尽管它的成熟产品问世才 30 多年，但它在高速船领域已很大程度地取代了传统推进器螺旋桨（定螺距或变距桨）。

在喷水推进系统中 KAMEWA 是最典型的产品。对于高速船舶，喷水推进系统与传统螺旋桨相比，有很多优越性。如与主柴油机的匹配特性、船舶的高速节油性、船舶操纵的灵活性以及在有漂浮物的浅水水域中的适应性等。以下针对喷水推进系统复杂的设备及操纵系统进行介绍。

1. 喷水推进系统的主要组成

KAMEWA 喷水推进系统主要包括：进水管、带有喷管的喷水泵、操舵和倒车机构、电液遥控系统，如图 6-1-6 所示。

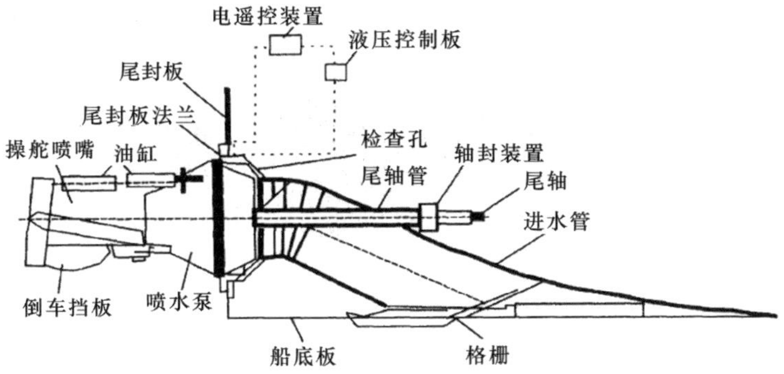

图 6-1-6　喷水推进系统主要结构

(1)进水管

进水管是最主要的部件之一，通常由船厂整体建造后装入船体，它的形状必须设计得在任何工况下都有较高的效率。吸入管的吸入端位于船底，端口处安装有格栅以免漂浮杂物进入泵内，另一端通过法兰联接到船尾横材上。尾横材上的法兰并不作为水流的通道，只是作为推进系统的动力部件(泵装置)的安装空间。

(2)喷水泵

喷水推进系统选用何种类型的泵主要取决于船舶的速度及船体的形式。一般通过风洞试验选取抗汽蚀性能好、效率高的泵，在现行的船舶中大多采用混流泵。泵的作用是对流过本身的水流增加压头，形成泵前后的压力差，该压力差将对推力轴承造成一种推力，从而通过尾横材将推力传给船体，使船前进。

泵的叶轮由螺丝固定在短轴上，短轴安装在导叶轮的轮壳内，注满油。短轴端部设有平面式轴封以防止水进入油腔内。

泵的类型及规格取决于系统的布置及喷水器的尺寸。

KAMEWA 公司对于各种类型泵都通过风洞试验进行研究，并选出了在一般气压条件下效率较高的泵。

(3)操舵及倒车装置

操舵的功能是由操舵喷管使射流偏转而完成的。而倒推力则是由位于操舵喷管上的倒车戽获得。通过操舵喷管，射流可向左舷或右舷偏转达 30°。支承着喷管转动的是两个自润滑式轴承，而转动的驱动力则来自喷管顶部的两个液压缸。

倒车动作是由转动位于喷管底部的倒车戽来完成。倒车戽逐渐上升并挡住射流，最后使射流完全改变方向而得到十足的倒车推力。

2. 喷水式推进装置的工作原理

喷水式推进装置可控制船舶的正车推力及倒车推力在零至最大值之间的变化。由于倒车戽是逐渐地挡住喷管喷出的射流，因此，即使喷水器功率很大而在重叠时产生的振动也很小，这是因为总是只有部分射流需要被改变方向，而其余部分则未受影响。倒车也是由自润滑轴承支承，并由位于喷管顶部的液压缸来推动。如果喷水器只是单纯作为推力器使用,则操舵机构及倒车机构可省去。

操舵与倒车是靠改变水流的喷射方向来实现的。操舵与倒车装置主要由带有倒车戽的操舵管带软管的液压缸以及反馈控制部分所组成,如图 6-1-7 所示。

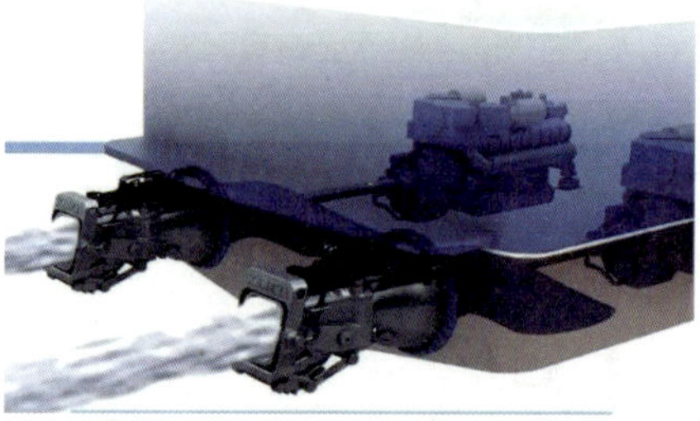

图 6-1-7　喷水推进系统倒车戽工作原理

操舵喷管可以在液压缸的作用下左右偏转 30°。操舵液压缸用高压软管与液压系统连接。倒车戽是折叠状的,它安装在操舵喷管底部的凹处。该装置包括上部及下部各一块板,由联动机构联结,可像钳口一样开合,操纵倒车戽的两个臂在喷管的锤子侧面旋转带动倒车戽,而这两个臂则用水平横杆与喷管顶部的液压缸连接。

当处于正车位置时,倒车戽的上部板与操舵喷管的底部是齐平的。倒车时,喷射水流会转至前下方,产生倒车推力。当倒车戽在正中位置时,不管泵的转速多少对船舶的推力均为零。

转舵与倒车的控制以及装置内的转舵与倒车的控制以及装置内的润滑主要靠液压系统来完成。液压系统由两部分组成,一部分用于调定操舵喷管和倒车戽的位置,另一部分用于润滑泵装置内的轴承并保存轴承套内的油压。液压系统的主要工作组部件有油泵、控制阀、减压阀、滤器以及安全保护装置等。油泵有两套,一套用于提供压力油液,另一套主要用于润滑,两套可以互为备用。

喷水推进系统可在驾驶台遥控,控制方式一般为电液式。由驾驶台发送的指令信号首先被传送到中央处理装置,电液阀从中央处理装置接受控制指令。操舵反馈传感器也与电子中央装置相连。操舵指令与反馈信号同时送入电子中央装置,他们之间偏差变为电信号送入电液换向阀,从而驱动操舵及倒车油缸。操舵位置与倒车戽位置可以在一个独立的显示器上显示出来,遥控系统中还包括一套备用控制装置,以备在普通遥控系统发生故障时使用。此外,系统中还装有声、光报警装置,能及时地反映出系统故障与缺陷。

刚好位于动力水域上的喷水器的推进效率是最佳的。然而,为了确保喷水泵在起动时有效地吸水,叶轮轴在零时不应高于水域水面。

(二)船舶风动推进装置

19 世纪以前,风帆一直是船舶主要的推进器。风帆推进器虽然可以利用无代价的风力,但其所能得到的推力依赖于风向和风力,以致船的速度和操纵性能都受到限制。故自蒸汽机作为船舶主机以后,帆就被其他型式的推进器所代替,仅在游艇、教练船和小渔船上仍有采用。

近年来为节省能源,国内外又在研究风力的利用,提出了风帆助推方案,并已在一些船上实施,称为风帆助航节能船。翼型风帆主要由回转机构、桅杆和帆翼等几部分组成,如图 6-1-8 所示。

图 6-1-8　船上的翼型风帆

（三）螺旋桨推进装置的主要结构和工作原理

螺旋桨是一种将主机发出的功率转换为推动船舶前进的能量转换装置，俗称车叶，是由若干个桨叶组成，桨叶固定在桨毂上，各相邻叶片之间相隔的角度相等。螺旋桨推动船舶前进的原因是螺旋桨转动后，桨叶把水向后推开，因而桨叶受到来自水的反作用力，通过桨轴和推力轴承把推力传递给船体。

螺旋桨构造简单，造价低廉，使用方便，效率较高，已经成为目前使用最为广泛的船舶推力器，应用在民用和军用舰艇上。目前制造的螺旋桨形式多样，主要包括定距桨、可调距桨、大侧斜桨、串列桨和对转桨等，如图 6-1-9 所示。

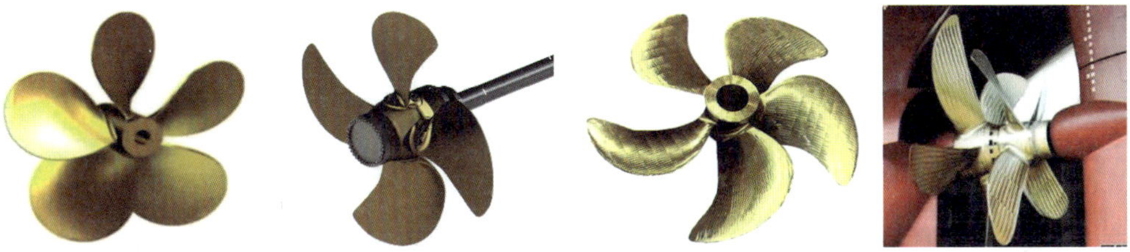

（a）定距桨（普通）　（b）可调距桨　（c）大侧斜桨　（d）对转桨

图 6-1-9　螺旋桨外形图

螺旋桨一般装于船的尾部或首尾部，通常由桨叶、桨毂和毂帽组成。桨毂是用来与尾轴连接。毂帽是为了减少尾涡的能量损失，并能起到整流的作用。桨叶一般固定在桨毂上，桨叶数一般为三叶或四叶，但有时为了避免振动而采用五叶或五叶以上。两叶螺旋桨仅用于机帆船和小艇上。

第二节　舵系统

一、舵系统的组成

（一）舵的作用及组成

舵的作用是控制船舶航向。舵系统的具体组成包括：

(1)舵装置:舵叶、舵杆、舵承。
(2)操舵装置:舵机及转舵机构,位于舵机房(舵机间)。
(3)操舵控制系统。
船机控制系统原理如图 6-2-1 所示。

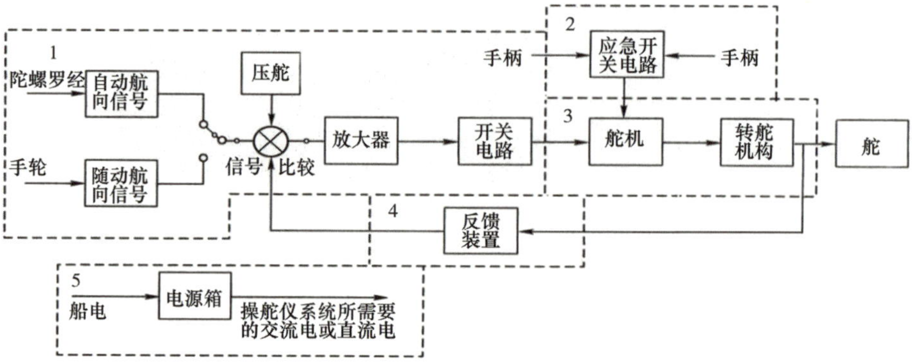

图 6-2-1 舵机控制系统原理图

(二)舵的分类

1. 按舵的支承情况

分为以下几种舵,如图 6-2-2 所示。
(1)多支承舵:船体尾柱连有三个以上的舵钮。
(2)半悬式舵:下支承的位置在舵的半高处。
(3)悬式舵:挂在舵杆上的。
(4)双支承舵:除了上支承还有一个安在舵根的下支承。

(a)多支撑普通舵　(b)半悬式半平衡舵　(c)悬式平衡舵　(d)双支撑平衡舵

图 6-2-2 根据舵的支承情况分类

2. 按舵杆轴线位置分类

分为以下几种舵,具体如图 6-2-3 所示。
(1)普通舵:舵叶位于舵杆轴线之后。
(2)半平衡舵:一般就是半悬式舵。
(3)平衡舵:舵杆轴线位于舵叶前缘后一定的距离。一般在舵叶前缘后的 1/3 处。

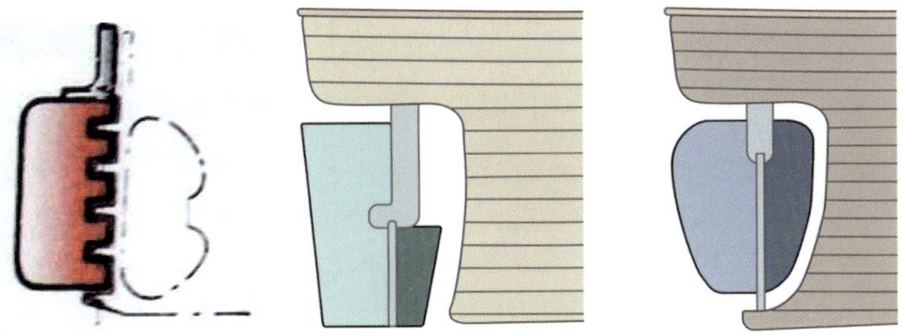

(a)普通舵　　(b)半平衡舵　　(c)平衡舵

图 6-2-3　常见舵

(三)操舵装置的设置

操舵装置用于提供转舵动力。

1. 主操舵装置

正常航行时控制船舶所需的机械、转舵机构、动力设备及其附属设备。和向舵杆施加转矩的部件。

2. 辅助操舵装置

主操舵装置失效时控制船舶。

3. 设置要求

除可共用舵柄或舵扇外,辅助操舵装置不应属于主操舵装置中的任何部分。具体配置方位为:

(1)一套主操舵装置和一套辅助操舵装置。

(2)主操舵装置设置两套相同的动力设备,并设两套操舵控制系统:

①一套随动控制;

②一套手柄控制。

二、操舵装置的基本要求

一般船舶应满足主、辅操舵装置不能同时失效。

1. 主操舵装置和舵杆

(1)足够强度,最大营运航速,舵能从一舷 35°转至另一舷 35°,且自一舷 35°至另一舷 30°的时间不超过 28 s;

(2)最大退速时不致损坏。

(3)舵杆直径大于 120 mm 时,应为动力操作。

2. 辅助操舵装置

(1)足够强度,最大营运进速的一半或 7 kn 时,舵能从一舷 15°转至另一舷 15°,且所需时间不超过秒 60 s;

(2)舵杆直径大于 230 mm 时,应为动力操作。

三、操舵装置控制系统

操舵装置控制系统是用以将舵令由驾驶室发送给操舵装置动力设备的一套设备。其由发送器、接收器、液压控制泵及其有关的电动机、电动机控制器、管系和电缆组成。现代船舶操舵装置的控制系统主要有液压控制和电力控制两种。

1. 液压操舵控制系统

其基本组成和工作原理如图 6-2-4 所示。实际上是通过充满液体的连通器将驾驶台的操舵动作传达到舵机上。

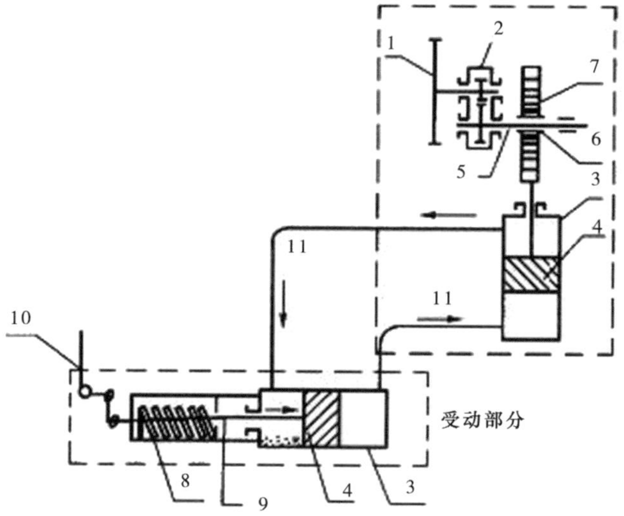

1—舵轮;2—传动齿轮;3—液缸;4—活塞;5—轴;6—小齿轮;7—齿条;8—弹簧;9—活塞杆;10—曲拐杠杆;11—液压管路

图 6-2-4　液压控制系统

2. 电力控制系统

电力控制系统有两套独立的操舵系统线路布置,分别是随动操舵控制系统和手柄操舵控制系统。

(1)随动操舵控制系统

其工作原理如图 6-2-5 所示,是装有舵角反馈发送器,能进行追随控制的操舵系统。

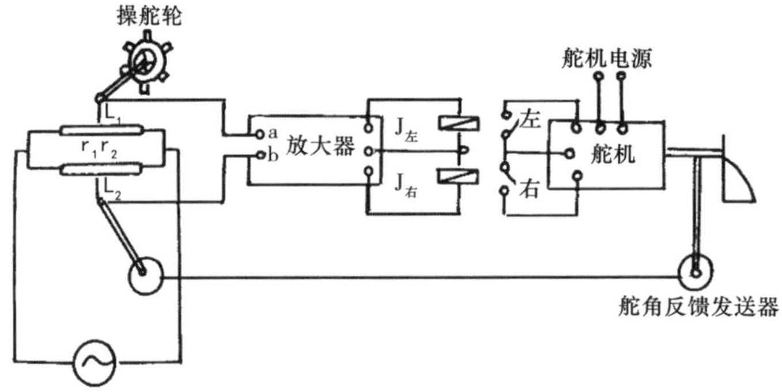

图 6-2-5　随动控制系统

(2)手柄操舵控制系统

直接控制继电器使舵机转动的系统,没有舵角反馈装置,手柄相当于继电器开关。在自动和随动操舵装置发生故障时使用。

四、应急操舵基本要求

1. 驾驶台应急操舵

如果控制系统失效,则由驾驶员迅速在驾驶室启用另一套控制系统或应急用手柄控制的操舵装置控制系统。

如果动力系统失效，则备用交流机组自动投入工作；交流机组失效时，直流机组自动投入工作；也可以由驾驶员启动辅助操舵装置来保证船舶的可控性。

2. 舵机室应急操舵

当操舵装置控制系统失效，驾驶室不能进行操舵控制时，应迅速转换为在舵机室进行操舵控制，这时借助驾驶室与舵机室之间的通信设备指挥操舵。

五、检查保养与试验

1. 日常检查与保养

(1)平时：舵机间、卸货后。

(2)开航前：检查及对舵。

(3)航行中：每航行班次最少都要进行自动与随动操舵的转换。

(4)停靠后。

2. 定期检查与保养

(1)每三个月对舵设备进行一次全面的检查和保养。

(2)每六个月检查备用舵装置的活络部分。

3. 试验

试验内容包括：

(1)设备的可靠性。

(2)主操舵装置的强度。

(3)舵角极位限制器的准确性。

(4)转舵周期。

(5)舵角指示器的误差极限。

(6)主、辅操舵装置的布置及转换要求。

(7)舵制动装置工作可靠性的检查。

第三节 减速齿轮箱

一、齿轮箱类型

1. 行星齿轮箱

行星齿轮箱的叫法很多，既可叫行星减速箱，又可叫齿轮箱、变速箱。行星齿轮箱的结构是多个行星齿轮围绕一个太阳轮传动的机构，也是一种能将电机转速降低的同时又能将电机扭力成比例增大的机构。

行星轮减速其实就是齿轮减速的原理，行星齿轮箱有一个轴线位置固定的齿轮，叫中心轮或太阳轮，在太阳轮边上有轴线变动的齿轮，既做自转又做公转的齿轮叫行星轮，行星轮有支持构件叫行星架，行星轮通过行星架将动力传到轴上，再传给其他齿轮，行星齿轮箱是由一组或若干个齿轮组成一个轮系，但是只有一个原动件，这种周转轮系称为行星轮系。

行星齿轮箱与同类普通齿轮传动相比，行星齿轮箱具有传递平稳、承载力大，所占空间小，但是具有大的传动比、寿命很长、体积小巧、外观美观的特点。

2. 直尺式齿轮箱

直尺式齿轮箱能够输出很大的力矩，体积比较大。行星式齿轮箱的变比值比较大，它运行最平稳，体积最小。

3. 复合式齿轮箱

复合式齿轮箱是在行星式齿轮箱的基础上研发的新产品，目前在船舶上应用较少。

二、齿轮箱基本结构和工作原理

（一）齿轮箱基本结构（以杭齿 120C 型齿轮箱为例介绍）

齿轮箱主要由输入轴、中间轴、输出轴、箱体、冷却器、液压控制系统（换向阀）等部件组成。

1. 输入轴

输入轴的动力由输入轴套通过花键带动，带离合器外壳的转动齿轮固定在轴上，而带离合器座的主动齿轮是滑套在轴上，前后各一只单列圆锥滚子轴承支撑在箱体上。由粉末合金材质制成的承推环限制了主动齿轮的轴向位移。主动齿轮的轴向间隙可用增减承推环垫片调整，并保持 0. 10～0. 40 mm 的总间隙。若承推环磨损后其厚度小于 2. 5 mm 时，则应换新。

离合器中钢质摩擦片通过花键与主动齿轮连接，粉末合金的外摩擦片通过花键与传动齿轮联接。当活塞在压力油推动下前移，压紧内外摩擦片，此时离合器接排。当转动换向阀，切断压力油时，活塞靠弹簧力返回，离合器脱开。

输入轴后端有两路进油孔，工作油经封油衬套经输入轴导入传动齿轮前腔的油缸内，润滑油经输入轴后端直接导入输入轴后端油孔去润滑和冷却摩擦片承推环和主动齿轮轴套。

2. 传动轴

传动轴与输入轴基本相同，区别是前端无输入轴套，后端增设了油泵连接套驱动油泵，其动力是从传动齿轮传入。

3. 输出轴

从动齿轮固定在输出轴上，输出轴与输出联轴节以锥面带键联接，并有三只 M16 螺栓紧固。输出轴前后单列圆锥轴承固定在箱体上，联轴节键连接。

4. 箱体

主箱体、前后箱体盖、冷却器安装在箱体上方，液压控制系统、油泵安装在后盖上面。

5. 冷却器

冷却方式采用体外循环，机油自油泵至液压控制系统，工作压力油经溢流阀至冷却器冷却后形成润滑油。冷却器承受的压力低、寿命长。

6. 换向阀

换向阀通过外界手柄旋转控制。柱塞式阀向顺车或倒车方向每旋转 45°都能使离合器工作,工作油压使活塞移动压紧摩擦片使离合器接排,另一路油进入延时控制油道,经节流阀缓慢进入延时活塞的右端油腔,从而推动活塞左移压缩弹簧,使工作油压上升至额定值,由于延时递升的作用,使离合器接排平稳、柔和。当换向阀转至停车位时,工作油切断,延时活塞在弹簧力作用下快速右移,右端油腔的油液顶开钢球经延时控制油道进入换向阀回油油道排出。离合器接排时间一般调节在 5 s 左右。

(二)齿轮箱工作原理

120C 齿轮箱为三轴五齿轮传动,一级减速,由倒、顺车两套离合器并联在装置内,输入采用的齿形弹性联轴器,具有减震作用。当主机工作后带动齿轮箱输入轴经中间轴带动油泵工作,油液经过滤器进入工作压力阀和换向阀。再由换向阀分别导通顺、倒车油缸。进入压力阀的经溢油阀形成润滑油。润滑油由后箱盖进入输入轴及传动轴的润滑油孔内,去润滑该冷却摩擦片、推动环、主动齿轮和轴套活塞等。当换向阀在停车位置时工作压力阀使系统压力油保持 0.3~0.5 MPa,至工作压力阀控制端。使工作压力升至 1.3~1.6 MPa。由于这一延时机构作用离合器,导致其结合平稳、柔和,调节节流螺钉能有效控制接排时间,油压式离合器使工作油压控制离合器的从动摩擦片与主动摩擦片粘合或分离完成动作,若工作油压低于 1.32 MPa 会使摩擦片打滑,造成磨损加剧而导致过热甚至咬死。工作压力过高会使油压压迫活塞或油缸移动时严重冲击摩擦片,易损坏油道垫片及密封装置。若柴油机转动时,离合器换向装置的一些运动件总是与一些机件相互摩擦,润滑油压力过低会产生干磨,磨耗增加,最终导致过热、咬死。

该系列船用齿轮箱主要适用于定距桨轻载工况船舶主推进传动。主要有 HQC 系列、HCV 系列和 HCA 系列,齿轮箱离合器型式为液压操纵湿式多片摩擦离合器,操纵可选用气动、电动或手动操纵方式,液压特点工作油压力递升功能(时间可调),动力齿轮采用优质合金钢经渗碳、淬硬和磨齿制成。HCQ 系列轻型高速船用齿轮通常减速比为 1~3(特殊为 3.5~4),最大传递能力 1.03 kW/(r·min),产品特点为输入输出垂直异中心、质量轻、小减速比、配置要求高,部分采用铝合金材质箱体,主要配套为高速负载工况的船舶,与船用主机配套组成船用动力机组,适应高速行驶的游艇快艇、高速客船等。

第四节 船舶提升(防浪)装置

高速船的特点就是具有较高的航速,但随之而来,就会带来船体阻力增大、船体振动等问题。本节主要分析高速船如何解决高速下的船舶阻力问题。

一、快艇的船首、尾提升(防浪)装置

快艇是小型高速船的总称,主要用途为执勤、水上救援、娱乐和体育等。快艇也根据

其用途称为巡逻艇、救生艇、游艇及赛艇等。快艇的动力以舷外挂机为主,也有艇内装机舷外驱动的。

快艇对航速要求很高,船体采用线型设计,其中又以折角型为主,也有为消除飞溅影响而产生的 W 形,以及在折角线性基础上增设“隧道”的槽道型,如图 6-4-1 所示。但无论哪一种线型,其目的都是使船只在水面高速运动时,用于垂向水动压力作用而产生升力,船体与水面的接触面随速度的增加而减少,船艇进入滑行状态。

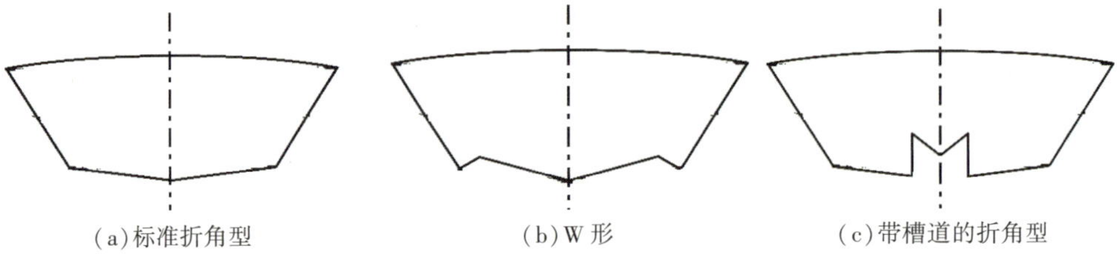

图 6-4-1 快艇的横剖面形式

1. 船尾升力板

快艇在高速航行过程中会出现船首明显翘起的现象,这时尾纵倾角会增大,从而增加船舶阻力。因此快艇一般会在尾部加装尾部升力板(又称纵倾调节板),从而抑制滑行状态的纵倾现象。

尾升力板有两种安装方法:一种是安装在距尾 0.015 L 处的底部;另一种是安装在尾封板的下缘,并向尾端伸出。后一种方法比较简单,调整尾升力板的角度也比较方便,国内多采用这种方法。

2. 船首防浪条

快艇在高速航行下,飞溅增加,会引起甲板上浪,导致阻力增加。为改善高速时的快速性,常在快艇的前段两舷水线以上设置防浪条,用以减少甲板上浪和飞溅。

二、水翼船提升原理

水翼船(如图 6-4-2 所示)的底部装有前后各一对水翼,船在高航速航行时,水翼产生的浮力将船体托出水面,因而能减小水对船的阻力,并能减小波浪对船的作用。

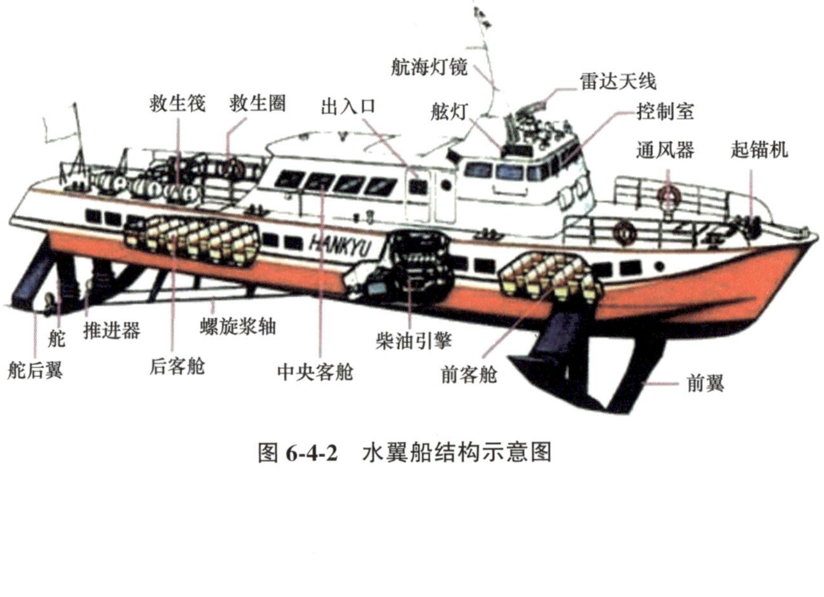

图 6-4-2 水翼船结构示意图

水翼船具有浮航和翼航两种航行状态，在速度很低时，水翼船处于浮航状态，达到一定速度后，转为翼航状态。水翼船具有速度快、航行平稳的优点。水翼船的制造工艺复杂，且控制系统。水翼船一般不适合在浅水航道航行。

水翼船的工作原理与飞机一样，水翼的断面也与机翼断面的形状一样。当船在推进装置的作用下快速航行时，浸在水中的水翼就因其断面的特殊形状而造成它的上、下表面所受水的压力不同，下表面的压力大于上表面的压力，从而形成升力，逐渐把船体抬起。这样就使船所受的水中阻力减小，使船速容易提高。当航速增加到一定值时，升力即大到可以将船体完全抬出水面，使船在水面上掠行，称为翼航。这样，当船高速行驶时，就可大大降低水动阻力，并可减少波浪对船体的冲击。当水翼船停泊或以低速航行时，水翼不产生升力，这时水翼船就同普通的排水型船一样，其船体靠浮力支持。

按照翼航时水翼与水面的相对位置来划分，水翼船可分为“浅浸式”和“深浸式”水翼船。

早期的水翼船在采用U形的水翼，称为“浅浸式”或“割划式”水翼，翼航时，U形水翼部分浸在水中，部分割破水面而露在空中，如图6-4-3所示。U形水翼结构较为简单，通常使用船尾在水中的螺旋桨及方向舵推进，航行在风浪中时，会出现较大的运动响应，甚至于船体受到冲击，因此此类水翼船多用于内河。

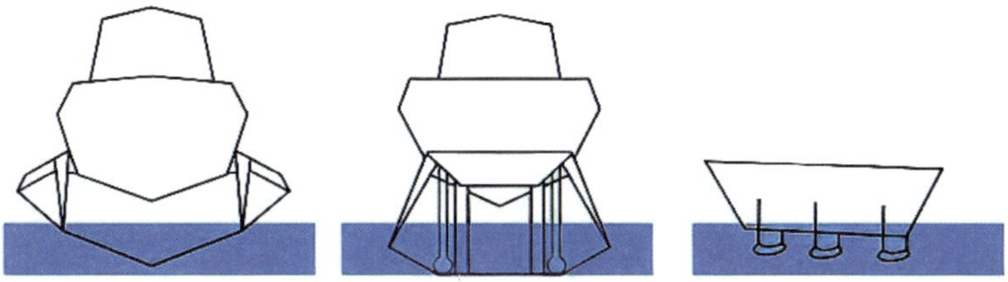

图6-4-3　U形水翼

较新的水翼船则是采用倒T形或L形的水翼，翼航时通常保持在水下，因此称为“深浸式”水翼，如图6-4-4所示。此类水翼受海浪影响较小，因此适于海上航行。但因深浸式水翼设计不具自我稳定的特性，必须要由自动控制系统就海面情况、船身姿态、速度、加速等参数不断改变水翼的攻角，以维持翼航的状态。

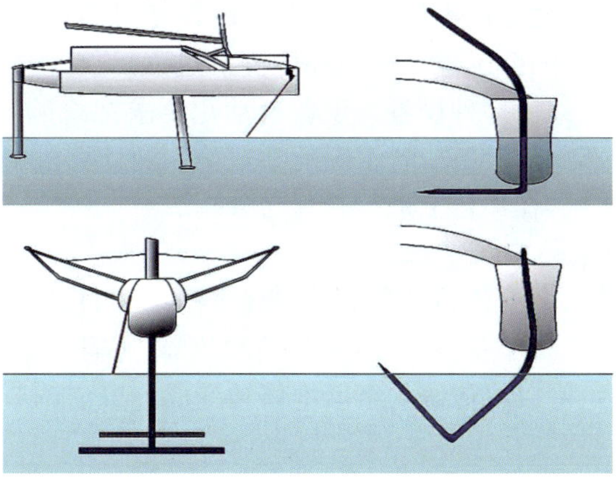

图6-4-4　T形与L形水翼

三、双体船抗浪原理

双体船，就是将两个单体船横向固联在一起所构成的船。现代高性能双体船主要包括长小水线面双体船、穿浪双体船、高速双体船与复合型双体船等四大类。典型的高速双体船的外形由 2 个瘦长的单体船(称为片体)组成，片体上部用甲板连接，片体内设置动力装置、电站等设备，甲板桥上部安置上层建筑，内设客舱、生活设施等。

高速双体船属于排水型船，它无论在静止或航行时，都是依靠阿基米德静浮力支持其漂浮。与“动力航行”类高性能船如滑行艇、水翼艇等相比，高速双体船技术不复杂，建造工艺亦较简单，和传统的船舶没有很大差别，而且使用安全可靠，维修保养方便，造价较低。

高速双体船由于把单一船体分成两个片体，使每个片体更瘦长，从而减小了兴波阻力，使其具有较高的航速，其航速已普遍达到 35~40 kn；由于双体船的宽度比单体船大得多，其稳定性明显优于单体船，且具有承受较大风浪的能力。

第五节 轮机自动化

20 世纪中期，船舶自动化在全球范围内实现了大规模的发展，随着各种科学技术的不断应用，船舶行业逐渐实现了自动化、智能化以及信息化发展。轮机自动化也逐步从控制设备及系统向维修、管理等领域自动化发展。

一、轮机自动化的基础知识

轮机自动化的主要应用于以下各方面：

(1)船舶设备运行控制自动化

船舶设备运行控制自动化过程不仅是对单一的设备进行检测和控制的过程，更是对多台设备组成的一个统一的系统进行控制和检测的过程。例如主推进控制系统，其中包含柴油机、配套的泵、轴、桨等多种设备。设备自动化要求把机舱设备以功能或者以工况参数进行分块，再将一部分的设备或者工况的参数输入到计算机中，最后运用局域网技术把这些参数传输到上位机，在平台上进行管理与分析。

(2)维护维修自动化

轮机自动化过程中一个重要的过程就是实现维修维护自动化，在日常工作中可以自行对船舶进行相应的维护和保养，从而预防船舶的故障，并且对船舶进行维护和保养，应用维修自动化技术之后，可以将传统的事后维修转变成为事前调节，在很大程度上减少了船舶风险。

(3)船舶管理自动化

轮机自动化管理是以信息化为核心，将故障检测功能、控制功能以及管理功能集为一体的一个过程，轮机管理自动化在船舶中也有十分广泛的应用。自动化管理模式可以使得船舶的管理工作更加便捷有效，同时可以使得船舶的其他系统积极发挥相应的作用，比如船舶推进系统、船舶电力控制系统、船舶船桥系统、船舶监控系统等，在自动化管理系统的协调下，都可以实现各个系统的有序运行。

二、主机遥控装置及其主要功能

主机遥控是指离开机旁在驾驶台或集控室对主机进行远距离操纵的一种方式，是轮机自动化的核心部分，是现代化船舶无人值班机舱必不可少的重要条件之一。主机遥控不仅能改善轮机人员的工作条件和船舶的操纵性能，而且还能提高船舶航行的安全性，以及主机工作的可靠性和经济性。通常高速船驾驶台遥控主机为全自动遥控系统。

主机遥控系统由遥控操纵台、遥控装置、测速装置、安全保护装置，以及包括遥控执行机构在内的主机操纵系统五大部分组成，如图 6-5-1 所示。

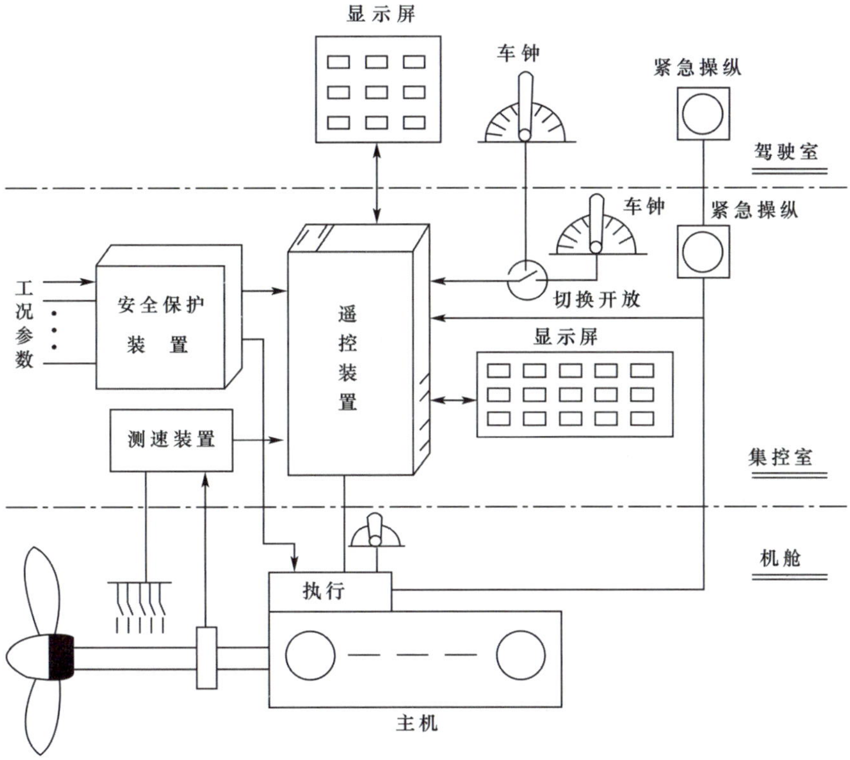

图 6-5-1 主机遥控系统的组成

主机遥控系统的主要功能包括四个方面，即逻辑程序控制、主机的转速与负荷控制、安全保护与应急操纵，以及模拟试验。

1. 逻辑程序控制

（1）换向逻辑控制

当有动车车令即车钟手柄从停车位置移至正车或倒车位置的某一位置，遥控系统首先进行换向逻辑判别，即判断车令位置与实际凸轮轴的位置是否一致。当车令位置与实际凸轮轴位置不符时，便自动控制主机换向，将主机的凸轮轴换到车令所要求的位置上。

(2)起动逻辑控制

换向逻辑控制完成后,遥控系统紧接着进入起动逻辑判断,也就是对起动条件进行鉴别。当满足起动主机所需的各项条件时,控制空气分配器投入工作,打开主起动阀,起动空气将进入主机进行起动,在主机转速达到发火切换转速时,自动完成油气转换(对油气并进的主机可提前供油),停止起动。这时若起动成功,自动转入主机加速程序。

(3)重复起动程序控制

若主机在起动过程中发生点火失败,遥控系统将自动进行第二次起动。若第二次起动又发生点火失败,则自动进行第三次起动。当出现第三次起动失败时,遥控系统将自动停止起动,同时发出起动失败报警。

(4)重起动逻辑控制

在应急起动、倒车起动或有重复起动的情况下,为了提高主机起动的成功率,遥控系统将自动增大起动供油量,或者自动地提高起动空气切断转速对主机进行重起动。

(5)慢转起动逻辑程序

当主机停车时间超过规定时间(一般是30~60 min内可调)以后,或在停车期间停过电,再起动主机时,遥控系统将自动控制主机先进入慢转起动,即让主机缓慢转动1~2转,随后再转入正常起动。若慢转起动失败,将发出报警信号并且封锁正常起动。

(6)主机运行中的换向与制动逻辑程序控制

当船舶全速航行遇到紧急情况时,若把车钟手柄拉到停车位置,遥控系统会发出停油动作,由于船舶的惯性很大,船舶的滑行距离很长,主机转速也会因为螺旋桨的水涡轮作用而保持相当长的时间,这对紧急避碰是极为不利的。为了解决这个问题,现在的主机遥控系统一般都设有主机运行中的换向与制动功能。

2. 主机的转速与负荷控制

(1)转速程序控制

当对主机进行加速操纵时,应对加速过程的快慢有所限制,转速(或负荷)范围不同对加速过程的限制程度就不同,因此加速过程控制有下列两种形式:①发送速率限制;②程序负荷(也称负荷程序)。其中发送速率指的是主机在中速区以下的加速控制,加速速率较快,而程序负荷指的是高速区的加速控制,特别强调慢加速。

(2)转速-负荷控制

主机的转速与负荷控制回路是一个综合控制回路。在正常航行工况下,控制回路主要是通过调速器对主机转速进行定值控制。控制回路的作用就是克服各种扰动,把主机转速控制在车钟手柄所设定的转速上。但是,当船舶在恶劣海况下航行时,螺旋桨可能会频繁露出水面转速升高,若此时仍采用转速定值控制,调速器为了维持主机运行在设定转速上,不得不频繁地大幅度调节主机供油量,这就有可能导致主机超热负荷。一旦调速器减油不及时,主机就会发生飞车而使主机超机械负荷。这时,主机转速控制系统常采用负荷控制方式或死区控制方式来保障主机的安全运行。

(3)转速限制

为了保证主机安全、可靠及有效地运行,车令设定的转速值必须符合主机自身特性的要求,因此,遥控系统将对进入主机调速器的设定转速进行临界转速避让、最小转速限制、最大转速限制以及轮机长手动设定最大转速的限制。

(4)负荷限制

主机转速控制系统在对主机转速进行转速自动控制时,主机的供油量是由调速器根据偏差转速大小来控制的。调速器为了把主机的转速快速调节到设定转速,有可能使主机因供油量太大而超负荷。为此,遥控系统应对主机的供油量进行限制。负荷限制主要包括起动油量的设置、转矩的限制、增压空气压力限制、螺旋桨特性限制以及最大油量的限制。

3. 安全保护及应急操纵

(1)安全保护

当主机重要参数越限时,安全保护装置能使主机自动减速或自动停车,并发出报警信号并显示安全系统动作的原因,以保护主机的安全。有些重要参数的安全保护值有两个:一个是自动减速值,另一个是自动停车值。当出现安全保护装置动作且故障排除后,这时需要对故障复位才能进行起动和加速。

(2)应急操纵

在应急情况下,为了保证船舶的安全需要对主机进行一些特殊的操纵,主要包括以下三个方面:

①机旁应急运行:在主机遥控系统失灵的情况下,为了保证主机仍然继续运行,只要将主机操纵部位从驾驶台或集控室直接切换到机旁,即可实现机旁手动应急操纵。

②应急运行:在运行中的全速换向操作一般在紧急避碰中使用,属于应急运行。它包括应急换向、应急起动及应急加速。应急换向指的是主机在应急换向转速下的换向。应急起动除了采用重起动外还将自动取消慢转起动与时间起动。应急加速主要指的是取消负荷程序进行快加速,同时还自动取消某些限制(如增压空气压力限制、转矩限制等)。

③手动应急停车:当车钟手柄扳回到停车位置,由于遥控系统出现了故障,不能使主机停油,这时应按下"应急停车"按钮,通过应急停车装置使主机立即断油停车,同时发出报警。若要重新起动主机,必需对应急停车信号进行复位,才可进行起动操作。

4. 模拟试验

各种主机遥控系统几乎都设置了相应的模拟试验装置。它主要用于显示遥控系统的运行工况,如电磁阀的状态、主机凸轮轴的位置以及起动过程等;测试和调整遥控系统的各种参数;检查遥控系统的各种功能是否正常,若有故障,可利用模拟试验来查找和判定故障部位。

三、机舱设备自动控制原理

1. 可编程逻辑控制(PLC)技术

随着自动化控制技术的发展,船舶自动化的程度越来越高,PLC 在船舶电站自动化、分油机自动控制、锅炉自动控制等方面都有了比较广泛的应用,而且 PLC 技术在船舶辅锅炉自动控制系统、船用电力推进控制系统、船舶电站控制系统、船舶冷却水控制系统中都得到了十分广泛的应用。

基于 PLC 的船用电力推进控制系统在保证实现控制系统原有功能的基础上,提高了系统的可靠性,并且系统中部分功能部件体积缩小、设备重量变轻、能耗降低、使控制系统向智能化、模块化发展;通过 PLC 控制系统自动检测、调节主要参数,通过对主要参数的控制，大大提高了焚烧炉的燃烧效率及燃烧质量；基于 PLC 的船舶电站控制系统解决了继电器系统和电子电路控制系统的线路复杂、可靠性差、维修工作量大等缺点。

(2)计算机控制技术

现代轮机自动化控制系统中都采用了计算机控制系统，由于计算机控制系统的优点，对轮机自动化功能的实现具有十分重要的意义。

基于现场总线的机舱自动化系统具有组态灵活性、数据传送的实时性、可靠性的特点；基于 PROFIBUS 现场总线的船舶主机监控系统，设计了连接上位机管理网络和高速现场总线系统网络的网关，该网关既可用于船舶监控系统，也可用于任何采用高速现场总线 ROFIBUS-DP 的过程自动化控制网络。此外，嵌入式计算机控制系统也是船舶自动化的发展趋势之一。

四、机舱报警系统

高速船应设有以视听方法在高速船控制站通报故障或不安全状态的报警系统，报警信号应一直保持至得到应答，而各个可视信号则应保留到故障消除为止。故障消除后，报警装置应自动恢复到正常工作状态。如果一个报警已被应答，而第一个故障消除之前又发生了第二个故障，则应再次发出视听报警。报警系统应设有试验装置。

1. 应急报警装置

应对下列情况设置应急报警装置，这类报警装置的报警信号对需要立即采取行动的不同状态的显示，应是各不相同的，而且应在操纵室内船员的整个视域之内：

(1)探火系统的激发；

(2)正常电力供应全部消失；

(3)主机超速；

(4)任何永久安装的镍-镉电池的热击穿。

2. 具有可视显示器的报警装置

与上述报警装置不同的具有可视显示器的报警装置应显示需要采取行动的条件以防止恶化到不安全状态。至少对下列情况应设置这类报警装置：

(1)除发动机超速外，超过了任何高速船、机器或系统参数的极限值；

(2)电动定向装置或纵倾控制装置的正常供电故障；

(3)任何自动舱底水泵运转；

(4)罗经系统故障；

(5)燃油柜内燃油低液位；

(6)燃油柜溢流；

(7)舷灯、桅顶灯或尾航行灯熄灭；

(8)高速船正常营运至关重要的液体容器内液体低液位；

(9)任何连接的电源故障；

(10)任何用于易燃蒸气积聚处所通风的通风机故障；

(11)柴油机燃油管路故障。

3. 其他要求

在所有可能实施控制功能的控制站，均应设有上述要求的所有报警装置。报警系统应满足对所需报警装置在结构上和使用上的适用要求。

对乘客处所、货物处所以及机器处所的火灾和浸水进行监控的设备应尽可能把所有紧急情况的监控和触发控制装置进行合并形成一个集中的子中心。该子中心可要求设置反馈装置以指示已起动的动作已全部完成。

第六节 动力装置的操作与维护保养

一、船舶主动力装置备车及起动操作

1. 主柴油机起动前的准备和检查(备车)

备车的目的是使船舶动力装置处于随时可起动和运转的状态。在开航前应提前备车,备车时间一般为 10~30 min,备车应依次按系统来进行。

(1)正确开关各系统的阀门。

(2)暖机:通过发电柴油机的冷却水加热主柴油机冷却水和利用加热器加热主柴油机润滑油,以提高柴油机温度。

(3)检查燃油日用柜油位,放残水,排除燃油系统中的空气。

(4)检查滑油循环柜(或油底壳)油位,用备用油泵压油至规定压力,以保证各运动部位充满润滑油,并对人工注油点注油。

(5)检查膨胀水箱的水位。

(6)排放空气瓶残水并保持空气瓶达到规定压力。

(7)向艉轴管压油直到出现回油为止。

(8)打开示功阀,盘车检查轴系有无卡阻和妨碍物。

(9)在征得值班驾驶员许可后进行冲车和试车。

(10)试车完毕一切正常后,接通遥控,向驾驶台回车钟,表示机舱已进入能随时开航的待命状态。

2. 主柴油机起动操作步骤

(1)机舱应按驾驶台的指令起动主机,主机起动必须由值班轮机员来操作。

(2)主机起动前应将油量操纵手柄置于最小油量位置,避免起动后立即进入高速运转状态。

(3)打开压缩空气起动阀,将操纵手柄推向起动位置以起动主机;如系电力起动,合上开关接通电源,按下起动电钮以起动主机,但必须注意每次起动延续时间不应超过 10 s,以防起动电动机过热烧损,起动成功后应立即切断电源。如果电力起动失败,应间隔 1 min 以上,再尝试重新起动。

(4)起动操作要熟练迅速,以免过多消耗起动空气或蓄电池电量,并防止飞车。起动完成后,即将手柄推向运转位置。

二、动力装置维护保养

不断加强对于轮机的管理和养护工作,才能够更好地保障船舶轮机各参数的正常,保证其始终处在一个运行的最佳状态,从而保证船舶的安全运行。所以对船舶轮机设备进行有效的管理和养护,有着极其重要的意义,只有及时检测出当中的故障,并对其进行有效的处理,才能够有效预防各种事故的发生,更好地保障经营者的营运效益。

船舶轮机管理工作的有效性,对于船舶的安全运行有着十分重要的影响,所以这就需要加强对于船舶轮机的管理和养护工作,时刻保障轮机的相关参数都处在正常标准值之内。可以说,一个船舶的核心部分就是轮机,所以在船舶机电设备日常管理和养护过程中,尤其要注重对于船舶轮机的管理和养护工作,确保每一个工作都严格按照相关计划开展,有效落实定期检查、定期维护等各项工作。只有这样才能降低各种安全事故的发生率,避免船舶轮机故障问题的出现,延长船舶机电设备的稳定运行寿命,同时有效预防各种船舶事故的发生,进而不断提升船舶的使用效率。

(一)常见故障分析与排除

柴油机发生故障时,要根据故障的现象和特点果断地采取措施,如降低转速包扎漏泄,空车运转直至停车等,并判明故障发生的原因,尽快采取正确措施加以排除,以恢复并保持柴油机原有的性能。因发生故障停机后,在未查明原因并排除前,不能重新起动柴油机,以免使故障扩大或发生新的故障。

柴油机的故障或可能发生的故障,主要根据下列情况来分析:

(1)注意柴油机在运转中参数的变化和运转情况,如转速、各种压力、温度、运转声音和排烟情况等。

(2)维护保养中检查出来的机件内部情况,如配合间隙不当,过热、锈蚀、裂纹等。

(3)通过滑油油样目测和化验来分析判断柴油机运转机件的工作状况。

当判明故障的原因时,发生该故障的原因可能不只一个,对于有多种可能的原因发生的故障,其排除的方法,应当采取先易后难、先简后繁、先外后内的程序进行。还要注意有时柴油机的故障,并不是柴油机本身机件的故障引起的,可能是由于柴油机以外装置的问题,如车叶碰损或缠绕异物等;遇到不能立即判明原因的故障时,应让柴油机做速空转或立即停车,然后逐步查找分析原因。

(二)柴油机运行参数异常的判断和处置方法

柴油机运行中,能通过监视仪表板显示的主要参数有:润滑油压力与温度;冷却水压力与温度;排气温度;柴油机转速;增压器的压力与温度等。这些参数异常的判断和处置方法如下:

1.润滑油压力低

(1)检查润滑油压力显示装置采用置换法检查,即分别更换好的润滑油压力表或传感器。若置换后润滑油压力显示正常,说明润滑油压力显示装置有故障。如果润滑油压力显示装置正常,润滑油压力降低,故障在润滑部分,应按以下方法进行判断。当润滑油温度过低时,油压力低,当温度升高后润滑油压力正常,说明是由于润滑油过稠和润滑油通道不畅所致。如润滑油集滤器原有杂质堵塞,虽然进油量受到一定影响,机油压力也有所降低，但仍在规定范围内。当润滑油黏度过大时，润滑油集滤器会进一步堵塞，从而使润滑油压力再度下降并低于规定值，则润滑油压力过低；有的柴油机润滑油压力显示装置的传感器设在润滑油路的末端，通过滤清器困难时，则润滑油压力降低。当低于规定值时，则润滑油压力过低。然后，应再进一步查清机油过稠的原因。查明后，应予以排除。

当润滑油温度过高时，油压力下降，说明润滑油黏度过小，或摩擦机件配合间隙较大或有泄漏处。应进而查明黏度变小的原因（如润滑油牌号选用不适当，润滑油质量低劣，黏度温度稳定性差，也有可能是柴油与润滑油混合而冲淡了润滑油之故），观察是否有漏油处，或发动机使用较久而压力润滑的配合机件（如曲轴与轴承、连杠轴径与轴承）间隙过大，应查明原因后，予以针对性处理。

（2）按发动机投入使用期判断

如果润滑油压力过低，故障发生在磨合期，多数怀疑是机件中的金属屑或铸造时的型砂等杂质堵塞滤清器，或管道弯瘪过油不畅，或者是装配不当有漏油之处（如轴承配合间隙过大、管道接头或接合平面处密封不良）等。应先易后难查明原因并予以排除。

（3）按润滑油压力降低的突发性和渐发性来诊断

如果润滑油压力突然降低，说明管道或密封垫破裂，应查明漏油处并予以排除。

如果润滑油压力是随着使用时间的延长，机油压力逐渐降低，应检查是否堵塞、磨损、润滑油变质等，找出原因并进行排除。

如果发动机在正常使用期润滑油压力逐渐降低，说明机油底机油短缺、油路堵塞、压力润滑部位的配合间隙增大、润滑油变质等，也可能是多个原因同时存在引起的润滑油压力降低。一般情况下，单一的原因虽然对润滑油压力有影响，但不至于会过低。诊断时先检查润滑油储存量和变质情况，如这两项均不符合要求，便是造成机油压力降低的原因之一，应拆下滤清器检查机械杂质的堵塞情况，若有明显堵塞，便是故障所在。也可再检查曲轴与关联件轴承的配合间隙，若磨损增大，则也可能导致润滑油压力降低。

（4）检查限压阀

拆下限压阀清洗后，装复并调整（增加弹簧弹力），若润滑油压力升高，便是润滑油压力过低的故障所在。

如果发动机使用已接近大修期（耗损期），机油压力过低，多数是由于润滑系的泄漏量增大，机油变质和滤清器或管路等有堵塞所引起，有时还伴有连杆等的敲击声，应进行大修。

2. 滑油温度过高

原因：滑油供量不足或中断；机件配合间隙太小；润滑油本身冷却效果不佳或油温调节阀失灵；柴油机长时间超负荷工作，活塞环漏气燃气下窜等。

处置方法：检查油量和管路，及时补足或修复；调整配合间隙；清洗滑油冷却器，修复油温调节阀；降低柴油机负荷；吊缸更换活塞环。

3. 冷却水温度高或低

原因：各缸温度都高的原因是机器超负荷工作；冷却水压力低、管道堵塞或有空气造成水量不足；冷却水阀自控失灵。个别缸温度高的原因是单缸超负荷或燃烧不良；活塞润滑不良，干摩擦；操作失误。各缸温度低的原因是机器负荷低，环境温度低。个别缸温度低的原因是单缸不发火或喷油量少。

处置方法：调整柴油机负荷；检查冷却水泵和管路；检查水阀自控阀；检查爆炸压力，

调整喷油量;检查仪表是否正常。

三、合理储备燃油

(1)高速船柴油机应不使用闪点低于 60 ℃的燃油。应急发电机可使用闪点不低于 43 ℃的燃油。如在系统设计、舱柜布置、通风、防爆等方面达到最低闪点不低于 43 ℃的燃油同等条件,可以在燃气轮机上使用闪点较低但不低于 35 ℃的燃油。

(2)轮机长应制订燃油管理计划,按照燃油的加装计划、航线情况,合理使用或调整各油舱的存油量,尽量避免大量不同品质的燃油掺混。

(3)燃油加装后应合理安排使用,不能在船保留时间太长,防止其老化和变质,影响使用效果。

(4)船舶机动航行、天气变化、航次变化等情况,使得燃油消耗增大,应适当调整燃油储备量和消耗量。

第七章
轮机操纵系统

为满足船舶在各种工况下的航线需要，将主机的起动、换向、调速等装置连接成一个统一整体，并可集中掌握的全部机构、设备和管路，称为轮机操纵系统。

第一节 轮机操纵系统的工作原理

一、起动、停车系统工作原理

（一）主机起动

转动驾驶台主机控制电源钥匙，接通电源。然后，起动主机，具体有三种方法：

（1）按 LOCAL OPERATION 机旁控制键，LOCAL OPERATION 灯灭，REMOTE OPERATION 遥控灯亮，再按下驾驶台轮机员座位前面板上的 START 起动按钮，立即能起动。

（2）用电脑显示屏上的鼠标首先找到某主机的 CONTROL，然后按确认按钮，再找到 START，按确认，主机即能起动。

（3）按下机舱机旁控制面板上的 LOCAL OPERATION 机旁操作按钮，LOCAL OPERATION 灯亮，再按 START 起动键，即可起动主机。

（二）主机停止

停止主机与起动主机一样有三种方法，不同的是按下 STOP 停止按钮，就能停止主机运转。

1. 合上或脱开主机离合器

共有三种方法：

（1）驾驶员座位旁控制面板上，按下 SELECT ENGINE 主机选择键，灯亮就表明主机合上离合器。脱开离合器时,再按一下 SELECT ENGINE,灯灭就表明离合器脱开。

(2)在机旁控制面板上合上离合器,按 LOCAL OPERATION 键,指示灯亮,再按 CLUTCH 键,灯亮就表示离合器合上。脱开时按 CLUTCH OUT 键,CLUTCH 灯灭,就表明离合器脱开。

(3)在驾驶台操纵杆显示屏上,按 MODE 键,再找 ENG 或 SELECT 键,再按确认键,即可合上能选的主机离合器。脱开离合器时,再按一次 ENTER 确认键,即可脱开主机离合器。

2. 紧急停止主机运转

共有三种方法:在驾驶员座椅控制面板上、轮机员座椅控制面板上、机舱机旁控制面板上按下紧急停车按钮,主机就会停止运转。

3. 操纵手柄操作

(1)在驾驶台操作操纵手柄遥控主机。

合上主机离合器后,主机转速由 640 RPM 上升到 1 000 RPM,过零位向前推动操纵杆,主机转速逐步升高,同时螺旋桨螺距角加大,推进力也逐步加大,船舶的前进速度增快。当主机转速升高到 1 680 RPM 时,螺距角根据船舶负荷变化而自动调整。操作操纵手柄回到零位,主机处于怠速状态,反之过零向后拉动操纵杆时,主机转速又慢慢升高,当螺旋桨螺距角过零后变成负螺距角,并慢慢变大,船体向后的推力变大,最终使船体向后退。

(2)机舱应急手动操纵主机和螺距。

首先将主机螺距控制转为机旁控制,同时操纵主机转速和螺距。按机旁控制面板上的主机增速键,主机转速上升,按主机减速键,主机转速下降。按螺距控制箱板上的螺距前进键,螺距增大;按螺距后退键,螺距角变小,一直按下去,螺距角变负,形成后推力。

二、调速系统工作原理

1. 调速系统分类

(1)机械式调速器;

(2)电子调速器。

2. 调速系统工作原理

柴油机装设调速器的主要目的是当外界负荷变化时,通过改变循环供油量来维持或限制柴油机规定转速。

(1)机械式调速器工作原理

机械调速器的原理是采用了具有一定质量的,与调速弹簧相平衡的飞锤或钢球作为感应元件,当转速发生变化时,飞锤或钢球的离心力会随之变化。离心力使得飞锤张开或闭合,带动了调速齿条,从而影响到供油量,使供油量向最大或最小供油量自动调整。当离心力与调速弹簧达到相互平衡时让供油量达到一个平均值。

机械式调速器构造简单、管理方便,但这种调速器不能保持柴油机在负荷变化前后的转速恒定不变。

(2)电子式调速器工作原理

电子调速器的发动机理想转速由转速设定电位器和转速微调电位器设定上,发动机的实际转速由安装在飞轮齿根部分的转速传感器所感受,转速传感器输出信号为与频率和转速成正比例的交流电压信号，该信号经 F/V 电路转换成直流电压，与转速设定值比较后得到转速偏差量，该偏差量经过 PID Ⅰ调节器运算放大后得出燃油供给量位置值，即执行器的稳态输出位置指令，该位置指令与电磁执行器的实际位置值比较后，得到实际位置偏差量，该偏差量经 PID Ⅱ调节器运算放大后，转化成电流控制方式向电磁执行器输出驱动电流，从而改变电磁执行器的运动位移，实现控制伺服电机带动齿条来控制油门大小。

三、换向系统工作原理

换向系统可通过齿轮箱、可变螺距或戽（喷水方式）实现换向。

1. 齿轮箱换向系统工作原理

齿轮箱换向系统换向输入转速一般控制在 500 ～800 转/分，转动操纵手柄至顺车（或倒车），在正常工作油温压力表递升至额定值约 3～5 s。若需调整延时时间，可将节流螺栓拧下，并拧松螺母，旋转节流螺钉即可，旋入为加快接合，旋出为减慢接合，调整结束拧紧螺母防松。

2. 可变螺距换向系统工作原理

可调螺距螺旋桨（简称调距桨）由桨叶、桨毂机构、配油器、液压系统及电子遥控系统等五大部件组成。

在驾驶台操纵操作杆，电液伺服控制系统通过配油机构，将方向和油量都受控制的高压油输入到位于螺旋桨桨毂中的伺服油缸，并通过转叶机构驱动桨叶，在全正车和全倒车范围内，无级调节螺距角。对于任一规定的螺距角，由主机驱动的以某一转速运转的螺旋桨将吸收的扭矩转化为推船前进的力或拉船倒退的力。

可调螺距螺旋桨的桨叶不固定在桨毂上，围绕垂直于桨轴的轴线转动。利用桨毂内的操纵机构转动桨叶，改变螺距角，从而改变推力的大小和方向，以适应舰艇前进、后退、停止和变速等要求。

可调螺距螺旋桨可在不同航行工况下充分利用主机的功率和转速，利用无级变速，但构造复杂，造价高，维修难度大。定距螺旋桨结构简单、经济安全，但不能在多种工况下充分发挥作用。通过改变螺旋桨的螺距，可以实现换向的工作状态。

3. 戽换向系统工作原理

喷水推进器（喷泵）配置有廊，当处于正车位置时，倒车廊的上部板与操舵喷管的底部是齐平的。倒车时通过将上部板放下，可实现换向后的工作状态。此时，喷射水流会偏转至前下方，产生倒车推力。当倒车在正中位置时，不管泵的转速多少对船舶的推力均为零。

第二节 操舵系统

一、操舵系统原则

操舵系统基于主-从原则，左舵为主，右舵为从，其原理为：每个舵杆上装配有一个势能仪,左舵上势能仪为控制器,右舵上势能仪提供反馈信号,由两个势能仪输出的信号,在放大器内进行比较。当通过操舵柄使左舵动作时,此舵上的势能仪产生一个变化值,输入放大器,放大器输出的信号便送到右舵的驱动器,使右舵的磁阀动作,从而使右舵与左舵达到一致。

应急操舵信号:

操舵装置 左舵—主动—舵反馈左舵

驾驶台操舵信号:

操舵装置 右舵—从动—舵反馈右舵

二、操舵机构工作过程

对操舵机构及倒车机构的操纵,通常是由液压伺服机构相连的电子遥控系统完成的。操舵及控制推力的控制器位于驾驶台。对推力的控制是由一个同时控制主机转速及倒车位置的同步控制器(或称组合控制器)来完成。

如果船舶装有超过一个喷水器,则可配备各喷水器相互独立的控制器,或各喷水器共用的控制器。

操舵控制器通常是各喷水器共用的舵轮或手柄。在机动式的操纵系统,操舵控制器可与推力控制器分开。操舵喷管的位置指示器及倒车戽的位置指示器装设在操纵台上。

如果有几个操纵台,则各操纵台被设计成同步的。而且设置了一个独立的备用操纵系统。此备用系统对操舵机构、主机转速控制、倒车戽控制等均设有各自的操纵器。这个备用系统是一个开口巡路系统,直接作用于各控制阀的电磁线圈。主机配备“电子-机械”或“电子-气动”转换器以作调速之用。

三、操舵控制系统

操舵控制系统是电子式的,它带有电动-液压阀以控制操舵喷管的位置。由驾驶室控制端发出的指示信号传送至“电子中央装置”,再由“电子中央装置”把控制信号传送到“电子中央”。

1. 系统的功能

操舵系统包括如下部件:

(1)在控制方面:有控制杆位置传感器。

(2)在“电子中央装置”:有三块印刷电路板。

(3)在机舱:有反馈传感器及电动-液压阀。

(4)印刷电路板包括一个脉冲放大器及一个函数发生器。

脉冲放大器带有用于操舵指令传感器的可调增量,而函数发生器为操舵喷管位置与驾驶台操纵杆位置之间提供可调的关系。印刷电路板计算出控制误差决定输往电动-液压比例控制阀的电流,该阀有两个电磁线圈,分别控制同服器的两个不同方向。

控制阀有一个重叠处,因此,为使系统内获得较小死区,采用了非线性的控制放大器。该控制放大器的特征是可用印刷电路板上的电位计来加以调整。

2. 操舵的方式

操舵有三种不同的方式,可由驾驶台控制面板的开关加以选择。

(1)该开关转到“中央桥”位置时,左右两个喷管共同由中央椅扶手上的一个“操舵转动手柄”操纵。

(2)该开关转到“各自手柄”位置时,左右喷管分别由各自的控制手柄操纵。

(3)该开关转到“右舷椅”位置时,左右喷管共同由右舷椅手上的“操舵转动手柄”操纵。

3. 自动驾驶仪操舵

来自自动驾驶仪的操舵指令信号(2.5 V~10 V)及接触器状况信号(开或关)各自被传送到电子中央装置。输出的操舵指令信号(电流信号)必须与自动驾驶仪一致。自动驾驶仪系统的接触器状况信号开关必须是与电压无关的。

4. 操纵方式转换条件及转换程序

操纵方式可由主控制站“控制模式(CONTROL MODES)”旋钮来选择。

(1)当旋钮指向“中央椅(CENTRE SEAT)”位置时,左右喷管共同由央椅扶手上的“操舵转动手柄”来操纵方向,加减速则由中央椅前方左边的控制柄来完成;当旋钮指向“各自手柄(SEPARATE LEVERS)”位置时,左右喷管分别由左右控制手柄操纵方向,控制加减速;

(2)当旋钮指向“右舵椅(STBD SEAT)”位置时,左右喷管共同由右座椅扶手上的“操舵转动手柄”来操纵方向,加减速则由中央椅前方右边的控制柄来完成。

第三节 高速船应急系统

船舶操纵系统在正常操纵时的各种参数都是由主机安全运行的要求确定的。主要辅机和操舵系统都有应急备用系统。当船舶正常操纵系统出现故障,船舶遇到紧急情况时,可以利用“应急操纵”按钮进行操纵或按下“应急停车”按钮,使主机迅速停止运转。这些应急系统实际上是对正常操纵系统的补充,使船舶安全操纵的可靠性得到加强。

一、应急操作

当船舶在航行过程中,遇到紧急情况时,为了确保船舶安全,必须进行迅速转向或迅速加速,必须切除原有的程序动作或安全保护系统的自动减速、停车功能,应急操作就是为了这一目的而设置的。操作时只要按下“应急操纵”按钮便可通过操纵手柄操纵。

二、应急停车

主机遥控系统除了可以利用操纵手柄使主机停车以外,通常还在驾驶台操纵台和机舱主机分装设有“应急停车”按钮,遇有紧急情况而需要主机立即停止运转时,我们只要按下驾驶台操纵台或机旁“应急停车按钮”,即可实现主机迅速停车。

三、应急操舵装置

当同步操舵装置失效或某一舵损坏时，可以利用操舵柄独立进行操舵。按下应急操舵按钮，应急操舵系统起作用，同时同步操舵系统的供电被切断，错误信号停掉，在同步系统供电失效时，操舵转为应急操舵模式。

四、应急电源

应急电源可以是发电机组，也可是蓄电池组，都置于船舶破损或防撞舱壁以上处，当应急电源是蓄电池组时，它能承担全部应急负荷而无须再充电，供电时间内电压能保持在额定值的 12%之内，当主电源发生故障时自动与应急配电板接通。

当船舶在狭窄水域、船只密集的港区航行时，两台发电机组都应工作，当一台发电机联接故障时，另一台发电机组随时可用，保证供电的可靠性。

五、应急控制装置

船舶操纵处所中，船员易于到达的位置应设应急控制装置。高速船上应急控制装置主要包括：

(1)起动固定灭火系统。

(2)关闭通风开口和停止通至装有固定灭火系统的处所的通风机械。

(3)切断主副机处所机械的燃油供给。

(4)从正常电源配电系统切除所有电源。

(5)停止主机和副机。

上述应急控制装置一般由气、电或液压控制，平时应经常进行试验，确保应急控制装置灵活可靠动作。

第四节 机舱集中控制与驾驶台遥控

一、机舱集中控制与驾驶台遥控相互转换条件及工作原理

集中控制是把主机和一些重要辅机，如发电机、燃油泵、滑油泵、海水泵、淡水泵等放在一个控制台进行操纵，集中控制可以使管理人员不必到机旁或现场进行操纵。

驾驶台遥控则通过驾驶台遥控操纵控制台把各种不同的车令信号等变为电的控制信号，使送到集中控制台的程序控制箱，由测速装置把主机实际工况也送到这里进行比较，再经过程序控制箱里的程序动作，向操纵设备发出改变主机运行状态的执行信号，从而达到遥控的目的。

在驾驶台和机舱集中控制台旁都设有操纵部位转换装置，用于选择操纵主机的地点。实际上目前高速客船机舱并没有机舱集中控制室，而只是在机旁设置集中控制台，并装设

控制操纵地点选择按钮。驾驶台在操纵控制台上也设有操纵地点选择按钮。按下驾驶台遥控操纵按钮，主机、辅机的运行便由驾驶台遥控操纵。若再次按下驾驶台遥控操纵按钮，主机、辅机的运行是由机旁操纵控制。在转换操纵地点时，必须注意主机的转速一定是处于怠速状态。当驾驶台遥控操纵系统出现故障，转换为机旁操纵控制应急时，驾驶台与机旁操纵台的有线和无线两套通信装置必须保持畅通，以便轮机员在机旁操纵时能按驾驶台的指令进行正确的操纵。

二、驾驶台对主、辅机等设备运转的监控要求

为了使轮机员在主、辅机运转时不用去机舱就能很好地了解机舱内机电设备的运行情况，在驾驶台操纵台旁设置了集中监视屏和各种监控仪表。

1. 主、辅机设备的技术规范要求

为了达到驾驶台遥控主、辅机设备运转监控的目的，首先要对主、辅机设备的技术规范做出要求。

(1) 机舱环境温度应不低于规定值。

(2) 曲轴箱内，主轴承、连杆大端轴承、凸轮轴轴承等部位润滑良好，各连接件紧固无松动现象。

(3) 高温管道隔热应覆盖完好。

(4) 起动空气瓶应达到额定贮气压力，空气压缩机应能随时起动补气。

(5) 润滑油油位正常，油质符合要求，系统温度、压力、流量在正常范围内。

(6) 膨胀水箱水位正常，水质符合规定要求，补水功能正常，调整系统温度、压力、流量在正常范围内。

(7) 活塞冷却液的液位正常，冷却液质量符合规定要求，系统温度、压力、流量在正常范围内。

(8) 推力轴承润滑油油质良好，油位正常。

(9) 机舱舱底水位应处于警戒线以下。

(10) 机舱与驾驶台联系电话、操纵杆功能应正常。

(11) 各系统的压力、温度、液位报警装置工作正常。

(12) 试验并证实主机操纵系统的遥控、集控、机旁手控转换功能及信号正常。

(13) 操纵台各种仪表的手动功能正常。

(14) 主机试车时应证实起动、正倒车运转、停车及换向功能正常。

(15) 电动液压舵机必须储备与系统相同牌号，或与原系统具有相同等级品质的可混兑使用的液压油，并且储备量不少于其系统的总油量，确认遥控操舵系统工作正常。

(16) 电机运转正常，供电、配电功能及应急供电正常，蓄电池及其充电、供电、自动转换情况良好。

2. 主机主要参数要求

以 MTU12V183TE92 系列柴油机为例，主机的主要参数见表 7-4-1。

表 7-4-1　柴油机主要参数

参数	最低	正常	最高
排气温度		385 ℃	400 ℃
淡水温度		85 ℃	95 ℃
淡水压力	0.1 bar		
机油温度		95 ℃	110 ℃
机油压力	1.5 bar		
主机转速	800 RPM	2 100 RPM	2 300 RPM
起动电压	26 V		
油门开度	2 mm		
齿轮箱油温		70 ℃	85 ℃
扫气压力			2.0 bar
海水压力	0.3 bar		

高速柴油机运行转速高,所以对其运行监控要求也很高。如对主、辅机运行工况参数的变化不密切监视,一旦疏忽观察,便很容易出现故障。为了遥控操纵主、辅机即方便又安全可靠,在设计集中控制、自动控制及自动化保护控制时设置了主、辅机主要参数越限报警及自动保护停车。例如超速保护停车、滑油低压保护停车、冷却水高温保护停车等。但是单靠这些自动保护装置确保主、辅机安全运行是不够的。要求操纵人员必须严格按照操作程序进行操纵,还必须熟悉主、辅机设备的工作原理,以及自动控制系统的原理,以防止误操作而造成事故。

第八章
高速船电力系统

高速船同其他船舶一样，为了在海上维持航行安全所需设备正常运行，均要配置由供电、配电和用电所组成的独立的电力系统。船舶电力系统应能安全、可靠、优质、经济的发送、分配和使用电能。

第一节 高速船电力系统概述

一、电力系统组成

船舶电力系统是由电源装置、配电装置、电力网和负载按照一定方式连接的整体，是船舶上电能产生、传输、分配和消耗等全部装置和网络的总称，如图 8-1-1 所示，是某高速船电力系统单线图。该系统图反映了船舶电力系统中电源、配电装置、电力网和负载之间的连接关系。

（一）电源装置

1. 船舶电源的类型

电源是将机械能、化学能等能源转变成电能的装置。

船舶电源装置通常采用柴油发电机组和蓄电池组。船舶电源可分为：主电源、应急电源和临时应急电源。

2. 船舶电源的要求

船舶主电源应至少由 2 套发电机组所组成，主电源可以是独立的原动机驱动的发电机，也可以是主机轴带的发电机，且两者可以组合使用。主电源要能够满足为保持船舶处于正常操作状态和正常生活所必需的所有电力辅助设备供电。主发电机组的功率，应能满足当任一发电机组停止工作或发生故障时，仍能保证对正常推进操作和安全所必需的设备供电，最低舒适居住条件也要得到保证，至少包括烹调、取暖、食品冷冻、机械通风、卫生和淡水等设备的供电。

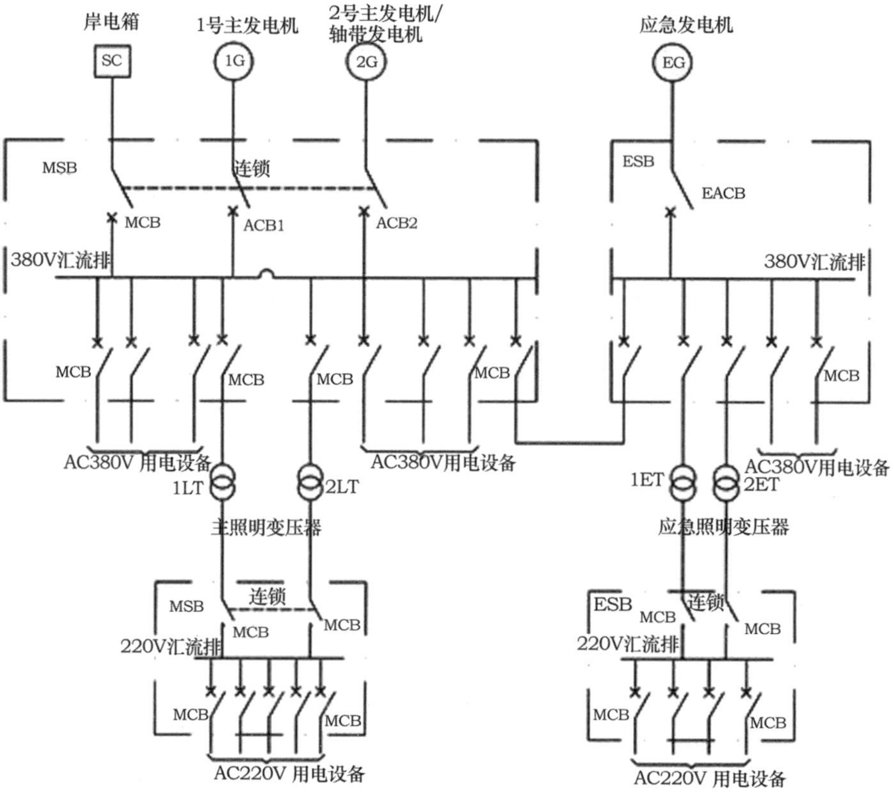

图 8-1-1　高速船电力系统单线图

高速船应备有一个独立的应急电源,应急电源可以是发电机,也可以是蓄电池组。应急电源在主电源供电失效时应能自动起动,并自动连接至应急配电板,向应急电气设备供电。自动起动系统和原动机的特性,应能使应急发电机在安全和实际可行的前提下尽快地承载额定负载(最长不超过 45 s)。

客船,以及部分货船(配置的应急发电机在主电源失电时不能自动起动自动供电的船舶)均应设置临时应急电源,临时应急电源一般是蓄电池组。

(二)配电装置

1. 船舶配电装置的类型

配电装置是用来接收和分配船舶电能,并对发电机、电网、用电设备进行切换、控制、保护、测量和调整等工作的设备。它是由各种开关、自动控制与保护装置、测量仪表及互感器、调节和信号指示等电气设备按一定要求组合而成的整体。

根据供电范围和对象的不同,船舶配电装置可分为主配电板、应急配电板、动力分配电板、照明分配电板、蓄电池充放电板和岸电箱等,如图 8-1-2 所示为某高速船主配电板外形图。

图 8-1-2 某高速船主配电板外形图

2. 船舶配电装置的要求

船舶主配电板一般装设于电源不远处，且有一定围蔽，大部分船舶安装于机器控制室，也可以直接安装于机器处所。主配电板的后面和上方不应设有水、油及蒸汽管、油柜以及其他液体容器。若不能避免时，则应有可靠的防护措施。主配电板的前后，均应铺有防滑和耐油的绝缘地毯或经绝缘处理的木格栅，且应留有足够宽度的通道，若配电板的结构型式可在前面和侧面进行维护检查和更换部件时，则允许不设后通道。主配电板内的汇流排应至少分成两部分，由断路器或其他经认可的装置来连接，发电机组和其他双套设备的连接应尽实际可行在这两部分中平均分配。

应急配电板应尽可能靠近应急电源安装，若应急电源为发电机，则应急配电板应与应急发电机安装在同一处所，但作为应急电源或临时应急电源用的蓄电池组，不应与应急配电板安装在同一处所，应急电源、临时应急电源和应急配电板应安装在规定的破损状态下船舶最终处所的水线以上部位和易于到达的处所内，且相对于主电源的位置应确保在主电源所在处所或任何机器处所发生火灾或其他事故时不致妨碍应急电源的供电配电。设有应急电源、临时应急电源和应急配电板的处所，应尽实际可能不与机器处所或主电源所在处所的界限面相毗邻。

（三）船舶电力网

1. 船舶电网的类型

船舶电网是全船电缆和电线的总称。其作用是将各种电源与各种负载按一定关系连接起来，它是连接电源和负载的桥梁。

船舶电网根据其所连接负载的性质可分为：动力电网、照明电网、应急电网和小应急电网等；根据供电电源可分为：主电网、应急电网、临时应急电网、弱电电网。

2. 船舶电网的要求

高速船舶电网一般为三线绝缘系统供电，交流系统最高工作电压低于 500 V，居住舱室内的照明设备和取暖器最高工作电压低于 250 V。船舶电网均应设有绝缘电阻监测装置,该装置能连续监测绝缘电阻,且能在绝缘电阻异常低时发出听觉或视觉报警信号的。但对局部二次配电系统,CCS 等船级社可允许采用摇表等手动绝缘检测设备。

在配电系统的每一不接地的极或相上均应设有短路保护。每一馈电线路应以同时分断所有极或相的多极断路器或多极开关加熔断器作过载和短路保护。电力和照明变压器的初级电路,应以多极断路器或多极开关加熔断器作短路保护和过载保护,过载保护也可设在次级电路中。

岸电箱至主配电板间的固定敷设连接电缆,应以断路器或开关加熔断器进行保护,此项保护应设于岸电箱中。由主配电板供电给应急配电板的互连馈线,应在主配电板上设有过载和短路保护。每一照明电路应设有过载和短路保护。

蓄电池组(除起动用蓄电池外)均应设有短路保护,其保护电器应尽可能靠近蓄电池组。电压表、测量仪表的电压线圈、接地指示器、指示灯以及它们的连接导线应采用熔断器加以保护。控制和保护用电器及设备的电压线圈应采用熔断器进行保护。

(四)负载

船舶电力负载即用电设备,主要有动力装置有辅机、甲板机械、舱室辅机、冷藏通风、厨房设备、照明设备、弱电设备、自动化设备等。

动力装置用辅机主要有燃油泵、冷却水泵、海水泵等。

甲板机械主要有舵机、锚机、绞缆机等。

舱室辅机主要有生活用水泵、消防泵、舱底泵、空压机、洗衣机等。

冷藏通风设备主要有空调、伙食冷藏设备、机舱通风机等。

厨房设备主要有电灶、电蒸锅、电烤炉、电热水器等。

船舶照明主要有工作场所和生活舱室安装的各种电气照明灯具及各种航行灯和信号灯。

弱电设备主要有无线电通信、导航和船舶内部通信设备、监控系统等。

自动化设备主要有自动化电站、主机遥控系统、自动舵系统等。

二、船舶电力系统特点

1. 工作条件比较复杂、环境恶劣

要求船舶电站的发电机、电器元件应当进行三防处理,即防潮、防霉菌、防盐雾,并具有抗振、抗倾斜的性能,满足表 8-1-1 所示要求,工作环境温度满足表 8-1-2 所示要求。

表 8-1-1　倾斜角

设备、组件	倾斜角(°)			
	横倾	横摇	纵倾	纵摇
应急电气设备、开关设备、电器和电子设备	22.5	22.5	10	10
以上以外的设备、组件	15	22.5	5	7.5

表 8-1-2 环境温度

介质	部位	温度(℃)	
		无限航区	除热带海区以外的有限航区
空气	封闭处所	0～45	0～40
	温度超过 45 ℃(或 40 ℃)和低于 0 ℃的处所	按这些处所的温度	按这些处所的温度
	开敞甲板	-25～45	-25～40
水		32	25

2. 输电线路短、短路电流大

船舶发电设备与用电设备之间的距离很短,线路阻抗小短路电流大,容易引起事故影响安全。各级船舶电网均应设置短路保护节,并具有选择性,以保证供电的连续性。

3. 参数易受负载影响,波动大

船舶电站容量相对较小,发电机组的转速(频率)和电压波动大,要求船舶发电机组要有较大的承受过载和强行励磁的能力。电气设备应能在表 8-1-3 规定的电压和频率偏离额定值的波动情况下可靠工作。

表 8-1-3 电压和频率波动范围

设备	参数	稳态(%)	瞬态	
			%	恢复时间(s)
一般设备	电压	+6 至-10	±20	1.5
	频率	±5	±10	5
蓄电池供电的设备	/			
充电期间接于蓄电池者	电压	+30 至-25	/	/
充电期间不接于蓄电池者	电压	+20 至-25	/	/

第二节 高速船电力系统操作及维护

电力系统的正确操作和管理是保障船舶安全航行的基础,船舶失去电力供应,将会变为瘫痪状态,船员不能对船舶进行操纵控制,无法保障船舶和人员的安全。在船舶运营过程中,轮机管理人员掌握供配电操作程序是非常必要的。

一、船舶配电装置的功能

船舶配电装置通过各种开关、测量仪表、指示灯等完成以下功能：

(1)正常运行时，手动或自动接通和断开电源至用电设备的供电网络，对电网供电或停止供电。

(2)测量和监视电力系统的各种电气参数(电压、频率、电流、功率、功率因数、绝缘电阻等)。

(3)调整电力系统中各电气参数(电压、频率等)。

(4)当电力系统发生故障或不能正常运行时，保护电路将自动切断故障电路、发出报警信号。

(5)对电路状态、开关状态以及不正常状态信号进行指示。

二、船舶电力系统的操作程序

正常营运的船舶电网可能出现状态有全船无电(瘫船状态)、应急电源供电、主电源供电、岸电供电等。

(一)主电源配电操作程序

在船舶电网无电状态下，根据船舶电力系统配置不同，可以先起动应急发电机，也可以直接起动主发电机(发电柴油机蓄电池起动)，本单元以电网无电直接起动主发电机为例来介绍，岸电供电操作在后续内容中另做说明。

1. 起动发电柴油机

检查发电柴油机的各个系统的阀件位置，润滑油、冷却水等的液位，机旁手动起动柴油机。柴油机起动成功后检查其滑油压力、冷却水温度、排烟温度、转速等参数是否正常，确保柴油机工作状态正常。

2. 检查调整发电机参数

在主配电板上，检查并调整发电机的电压和频率达到额定值(额定电压 400 V，额定频率 50 Hz)，图 8-2-1 为配电板式电压表和频率表。

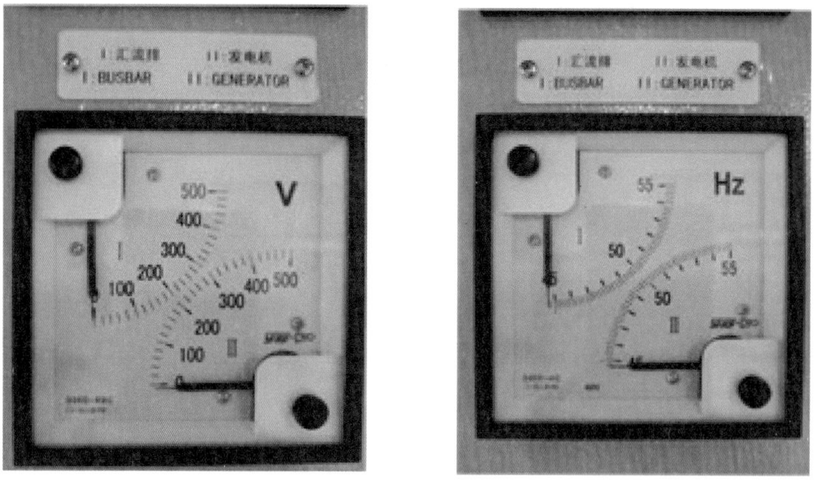

(a)电压表　　(b)频率表

图 8-2-1　配电板式电压表频率表

3. 合闸操作

在主配电板上，按下合闸按钮，图 8-2-2 为主开关分合闸操作按钮和指示灯，图 8-2-3 为发电机主开关面板。将主发电机电能供入船舶电网，并检查电网的电压和频率是否正常。

图 8-2-2 主开关分合闸按钮

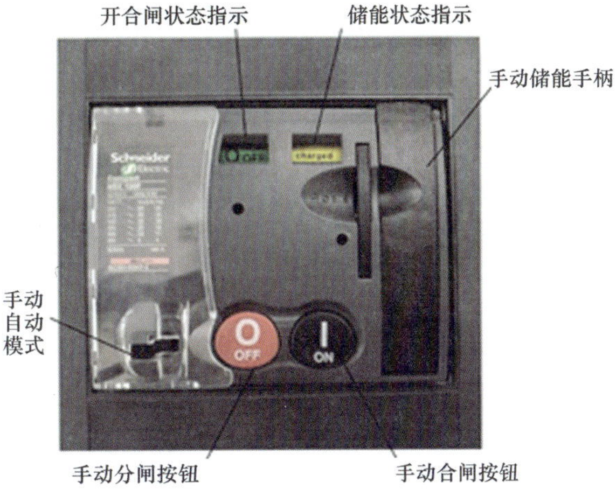

图 8-2-3 发电机主开关面板

4. 配电、起动负载

在配电板和分电箱上合上相应负载的配电开关，起动照明设备、通风设备、冷却水泵、空调等，起动需要负载，完成配电操作。

(二)并车操作程序

电力系统运行中，因电网负荷增大、在网发电机故障等需要将备用发电机并入电网，以增大电网带载能力，或实现运行机和备用机之间的切换，此时需要轮机员在主配电板上进行并车、解列操作。

1. 起动待并机

检查、起动备用发电机原动机，待起动成功后，检查、调整备用发电机的电压、频率是否正常。

2. 打开同步表

将发电机选择开关置于待并发电机位置，打开同步表，如图 8-2-4 为并车屏同步表和同步指示灯。

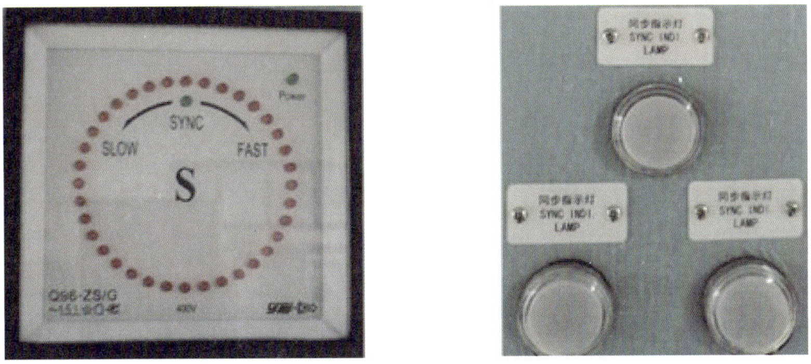

(a)同步表　　(b)同步指示灯

图 8-2-4 配电板式兆欧表

3. 同步操作

观察同步表的转动情况，并调整待并机的调速开关使其频率略高于电网频率，使同步表顺时针，每 3~5 s 转动一圈。

4. 合闸操作

待同步表转至 11 点位置时，按下待并机的主开关合闸按钮，发电机主开关合闸。

5. 均功操作

同时反向调节两台发电机调速开关（刚并入机往增大方向，原运行机往减小方向），直至两者功率表指示相同。操作过程中注意观察电网的频率，使其稳定在额定频率。如果频率偏离额定值，应同时同向调节两台发电机调速开关，直至电网频率在额定频率，完成并车操作过程。

（三）解列操作程序

1. 转移负载

同时反向操作两台发电机调速开关（解列机往减小方向，留用机往增大方向），直至解列机输出功率接近 0 为止（一般小于发电机额定功率的 10%以内）。

2. 分闸操作

按下分闸按钮，解列机脱离电网，空载运行 10 min 左右停机。

3. 电网状态检查

检查、调整电网电压、频率，确保电网参数正常。

（四）应急电源操作程序

正常情况下船舶电力系统是由主发电机供电，应急发电机处于备车停机状态，在主配电板失电的情况下，应急发电机会自动起动，建立电压后向应急配电板供电；在主配电板恢复正常供电后，应急配电板转换回由主配电板供电，应急发电机延时自动停机。

大部分船舶，主配电板向应急配电板供电具有单向性，即只能由主配电板向应急配电板供电，而不能由应急配电板向主配电板供电。个别船舶设有能迅速地转换至应急运行的转换装置，在符合船级社相关要求并经船级社认可的情况下，应急发电机可在船舶停泊期间向主电网供电。

应急发电机手动配电操作程序，与主发电机手动单机配电一致，此处不再详述。

三、船舶电力系统的维护保养

船舶电力系统安全稳定运行是保证船舶正常航行的重要条件，轮机管理人员必须做好船舶电站的日常管理工作。

1. 船舶电站运行中的监视与管理

（1）观察配电板上仪表读数，如：电压、频率、电流、功率等读数并做好记录。

（2）根据工况进行发电机的并联运行或解列，使电站合理、经济运行。

（3）合理分配并联运行发电机机组之间的有功及无功功率。

（4）检查运行中的发电机调压装置是否有不正常的振动和声响，若有异常，应查明原因，排除故障。检查发电机温度及轴承温度是否正常。

（5）经常注意配电板上兆欧表或地气灯所显示的船舶电网绝缘情况是否良好，如图

8-2-5 所示为配电板式兆欧表。如有绝缘不良，应及使检查和排除。整个配电板绝缘检查每日一次，并记入电气工作日志。

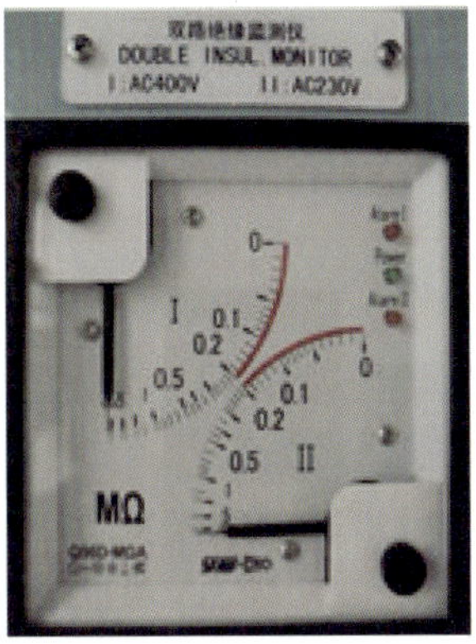

图 8-2-5 配电板式兆欧表

(6)对故障待修或正在检修的电气设备，在主配电板上断开电源时，必须在其相应的开关上悬挂告示牌，以免造成触电事故或设备损坏。

(7)检查主配电板、应急配电板上的主开关、继电接触器的通断状况是否在正确位置上。重负载开关应有明显的标志，以免引起误操作。如图 8-2-6 所示为配电板上色标板及开关标识。

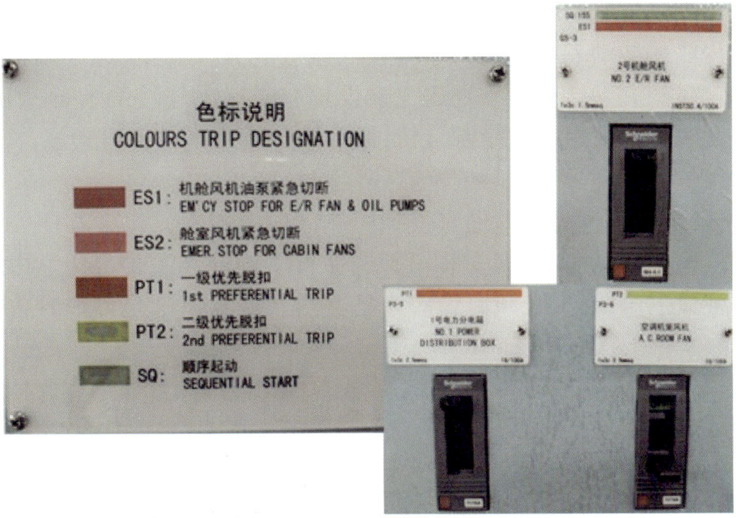

图 8-2-6 配电板上色标板及开关

(8)定期测试紧急切断装置功能，以确保发生紧急情况时，遥控切断机舱通风、供油设备。

2. 船舶电站停止运行后的管理

(1)电站在将要长期停止运行或者发电机、配电板将进行厂修前均应测量绝缘电阻，并做好记录，以备查考。

(2)配电板上所有开关、电阻器及仪表均应处于切断状态。有门锁的配电板应锁好。

(3)配电板停用期间，对有加热驱潮电阻装置者，应通电加热，严防油、水溅入发电机和配电板内。

3. 船舶电站经修理或长期停用后投入运行前的检查与要求

(1)检查发电机、配电板绝缘电阻值,最低不得小于 0.5 MΩ(检查时各分路开关应断开)。

(2)检查配电板上各电器及仪表是否正常,接线是否良好,特别是经过修理或改装的部位应注意接线与图纸是否相符。

(3)检查发电机内部是否有油、水、污垢及其他物件,并检查内外接线端子、电刷、刷握的位置及弹簧压力是否正常。

(4)检查发电机主开关保护装置整定值的标志是否在原来的正常位置上,如有变动必须调到正确位置。

(5)检查发电机转动是否有异常现象。

经过上述检查,如发现异常,需经过处理,达到正常要求后,才允许投入运行。

第三节 岸电供电操作

船舶进厂及靠港检修时,或某些船舶靠港停泊时,可以用陆地的电源来供电,称为接岸电。为了减少船舶柴油发电机运行中排放气体造成大气污染,近年来很多港口要求船舶靠港达到一定时间必须接岸电。在码头上设置有与岸电连接的装置,船舶靠码头后即可接用岸电。此时船上发电机组全部停机,既可减少靠岸时的值班人员,又便于对发电机组进行正常的维护和修理,还可以减少港区环境污染。

接岸电时,陆上电源通过电缆通常接到船舶的岸电箱上。岸电箱应安装在便于连接来自外部电源软电缆的场所,根据安装场所选择合适的外壳防护等级。岸电箱与主配电板间应以固定敷设的电缆连接,该电缆应有足够的载流量以满足停泊时各电气设备的用电需求。如图 8-3-1 所示为船舶岸电箱。

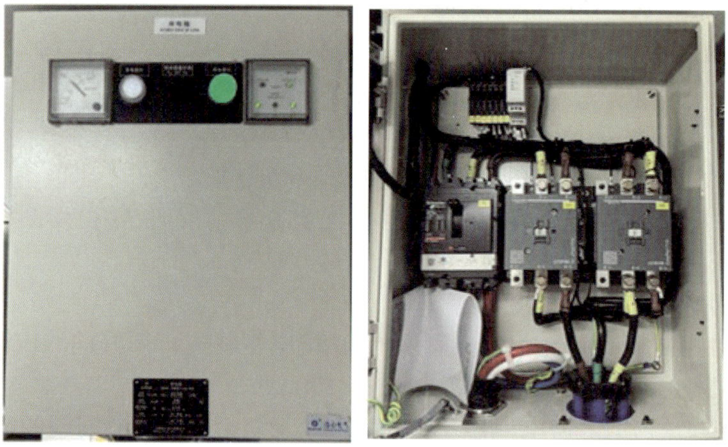

图 8-3-1 船舶岸电箱

岸电箱一般都有指示岸电端电压的电源指示灯或电压表、断路器（岸电开关）、岸电接线柱、相序指示器、相序转换接触器、负序继电器、电度表等装置，另外还有铭牌清楚标明船电的额定电压、额定频率及配电系统的形式。

岸电开关通常是带失压脱扣的装置式自动空气断路器，换接岸电的操作是在主配电板或应急配电板上进行的，在主配电板或应急配电板上除岸电开关外，还设有岸电指示器，以指示岸电电缆已经接通。

一、换接岸电的操作步骤

1. 连接岸电电缆

将岸上电力电缆拖至船舶上，接在岸电箱的岸电接线柱上，合上岸上配电开关，岸电电源指示灯亮。

2. 判断相序

根据岸电箱上相序测定器判定岸电与船电间相序是否一致，只有相序一致才可进行转接岸电操作。当相序不一致时应断掉岸上配电开关，调换相序后再合上岸上配电开关。对于具体相序转换接触器的船舶可以直接在岸电箱转换相序。

3. 岸电箱合闸

在相序正确的前提下，合上岸电箱中的配电开关，此时，船舶电网仍有船舶发电机供电，岸电电源送至配电板上的岸电开关。

4. 其他准备工作

转接岸电前尽可能减少电网负荷，如关闭中央空调、电加热装置、空压机（先打满空气瓶）等，以保护电站主开关，同时减小合闸对主电网的冲击。对不同的船舶，一些重要的助航设备，宜先关机，以减少频繁失电对它们造成的不良影响，并将电站工作模式置于手动（包括应急发电机模式在手动位置，防止其在换电过程自动起动）。

5. 转接岸电操作

在主配电板上分断发电机主开关，电网失电后立即合上岸电开关，此时船舶电网已经接成岸电供电。

6. 停止发电机

岸电供电稳定后，延时停止发电柴油机。

二、接岸电的注意事项

船舶接岸电时，应严格按照操作规程作业，并应注意以下事项：

（1）接岸电时岸电与船电的电流种类、额定电压、额定频率应一致。

（2）当岸电是三相四线制时，需将岸电的中性线接在岸电箱上接船体的中线接线柱上。只有船体与岸电中性线相联后，才可接通岸电。

（3）合上岸电箱上的开关，只有当岸电相序与船电相序一致时才可到主配电板前进行转接岸电操作。

（4）船舶接岸电时严禁船舶发电机合闸供电，只有在岸电切除后发电机才可合闸供电，船舶发电机主开关与岸电开关之间设有互锁装置。

（5）使用岸电过程中，注意电网参数变化，控制好船舶上使用的电力负荷，防止过载。

第四节 船用蓄电池

船用蓄电池作为船舶应急电源或临时应急电源使用，主要有两类，即酸性蓄电池和碱性蓄电池。酸性蓄电池常用于柴油机的起动和应急照明。碱性蓄电池主要用于无线电通信设备，大容量碱性蓄电池在船舶中使用较少，本节主要以酸性蓄电池为例做介绍。

一、蓄电池的结构与工作原理

1. 酸性蓄电池的结构

酸性蓄电池主要由容器、极板和隔板三部分组成。盛装电解液和支撑极板的容器具有防酸泄漏、耐腐蚀和坚固等特性。船用酸性蓄电池的容器多数采用塑料槽和硬橡胶槽。船用酸性蓄电池的极板常采用铅锑合金制成的栅格式，栅格中压入活性物质。正极板的活性物质是二氧化铅（PbO_2），负极板的活性物质是海绵状纯铅。为了增大容量，蓄电池的正极板和负极板都制成好多片，分别并联在一起，构成蓄电池的正极和负极。蓄电池的正、负极板间通过隔板互相绝缘。每一组正负极板所组成的单电池的电压约有 2 V 左右，在船舶实际应用时常将 6 个相同的单电池串接起来成为一组，构成 12 V 额定电压。

2. 酸性蓄电池的工作原理

酸性蓄电池采用比重为 1.28～1.31（对应浓度为 27%～37%）的稀硫酸作为电解液，是利用铅、二氧化铅和硫酸的化学反应来储存电能和释放电能的。

当蓄电池的正、负极板插入稀硫酸溶液时，极板之间将产生 2 V 左右的电动势，蓄电池放电时，正负极板上的活性物质与稀硫酸发生化学反应，逐渐变成硫酸铅，电解液变成水。对蓄电池进行充电时，使极板恢复成原来的二氧化铅和绒状铅，电解液变为稀硫酸。

硫酸在蓄电池充、放电中参与了化学反应。充电时，电解液中硫酸的浓度增加，电解液的比重也会相应地增加；放电时，电解液中硫酸的浓度降低，电解液的比重也会相应地降低。因此，蓄电池在充、放电过程中电压、电解液比重都在发生相应的变化。通常电解液比重的变化要比电压的变化来得明显，所以一般都用比重计测量电解液比重来判断蓄电池充、放电的程度。

目前常用酸性蓄电池有普通蓄电池和免维护电池，如图 8-4-1 所示。

（a）普通蓄电池

（b）免维护蓄电池

图 8-4-1 酸性蓄电池

普通电池电压稳定、价格便宜，但比能低（即每公斤电池存储的电能）、使用寿命短和日常维护频繁。

免维护电池耐振、耐高温、体积小、内阻小、自放电小、抗过充电能力强、低温起动性能好、起动电流大、电量储存时间长、使用寿命一般为普通电池的2倍,在使用寿命内基本不需要补充蒸馏水。在充电系统正常情况下,不需从拆下进行补充充电。但在保养时应对其电解液的比重进行检查。

大多数免维护蓄电池在盖上设有一个孔形液体比重计(温度补偿型),它会根据电解液比重的变化而改变颜色,可以指示蓄电池的存放电状态和电解液液位的高度。当比重计的指示眼呈绿色时,表明充电已足,蓄电池正常;当指示眼绿点很少或为黑色,表明蓄电池需要充电;当指示眼显示淡黄色,表明蓄电池内部有故障,需要修理或进行更换。

普通电池电解液比重的测量需要用到玻璃管式比重计,如图8-4-2所示。

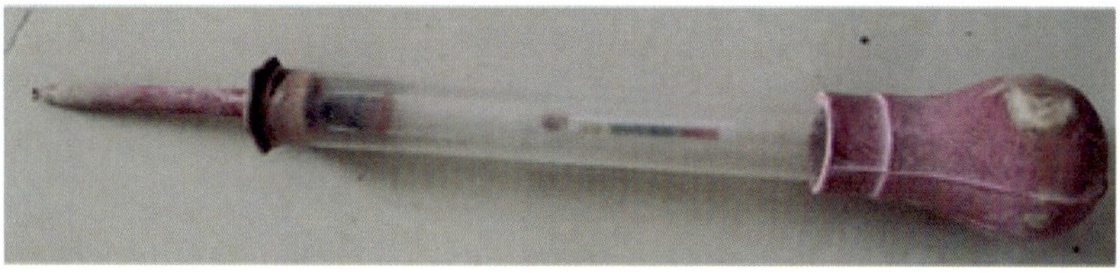

图8-4-2 玻璃管式比重计

3. 酸性蓄电池的容量

容量是描述蓄电池储存电能能力大小的物理量,单位是安培小时(A·h)。它是用充足电的蓄电池放电到规定终了电压(一般为额定电压的90%)时所放出的能量来表示,以放电电流 I 与放电时间 t 的乘积来描述。

酸性蓄电池通常是以10 h的放电电流为标准放电电流(即经过10 h使蓄电池放完电的放电电流),额定容量是指在电解液温度为25 ℃,以10 h放电电流连续放电至中止电压时所输出的容量。

蓄电池的容量与放电电流的大小及电解液的温度有关,如果超出标准放电电流进行放电,不但会降低容量,而且会严重影响蓄电池的使用寿命。

二、蓄电池的充电

(一)蓄电池充电的种类

蓄电池充电分为初充电和经常充电两种。

1. 初充电

新的或长期库存的蓄电池,必须经过初充电后,才能投入使用,具体操作参看蓄电池说明书,在此不做详述。

2. 经常充电

蓄电池的维护性经常充电一般采用分段恒流充电方法,分为两个阶段,分别采用不同的电流进行恒流充电。充电初期,蓄电池用较大电流充电,当蓄电池发出气泡,电压上升到2.4 V左右时,改用第二阶段较小的充电电流充电。

(二)蓄电池的充电方法

1. 恒压充电法

充电过程中充电电压始终保持不变。这种方法装置简单、方法容易。用这种方法刚开始充电时,充电电流大,随着蓄电池电压的上升,充电电流逐渐减小,到充电后期电流很小,会使极板深处得不到很好的还原,电能储藏不足。所以这种方法充电时间较长。

2. 恒流充电法

充电过程中充电电流始终保持不变。由于充电过程中电池电压逐渐升高,为保持充电电流不至于减小,充电电源的电压就必须不断提高。这种方法由于充电电流大,所以充电时间可以缩短。但在充电后期充电电流仍不变,会造成电解液中的水分解,形成很多气泡,这不仅损失电能,而且容易使极板上的活性物质过量脱落而损坏极板。

3. 分段恒流充电法

先以第一阶段充电电流充电,充电电流为额定容量的 10%,约 10 h 后有气泡从电池内泛起,蓄电池电压上升至每个电池为 2.4 V 左右。然后转入第二阶段充电,充电电流大小为第一阶段充电电流的一半,约 3~5 h 后,再调整电解液的比重,使其达到 1.285 左右,然后再继续充电 1 h,使蓄电池内的电解液比重上下均匀一致,充电过程即告结束。

4. 浮充电法

蓄电池直接和直流电网并联,电网向其负载供电的同时也向蓄电池进行充电。当外负荷减小时,电网电压会略有升高,充电电流就会自动增加;反之,则自动减小。由于这种充电方法充电电流是浮动的,故称浮充电法。电网一旦因故失电,蓄电池可立即向负载供电。

5. 快速充电法

快速充电法就是在 2~3 h(甚至更短)内将蓄电池充电充满的方法。这种方法是用大电流来充电的,因此蓄电池应处在冷却系统下充电,否则温度升高会导致极板弯曲而损坏。

(三) 蓄电池的过充电

蓄电池在使用过程中往往因长期充电不足、过放电或外部短路等原因使极板硫化,从而使充电电压和电解液的比重都不容易上升。这时需对蓄电池进行过充电。

通常对长期担负工作的蓄电池,每月至少进行一次过充电。对负荷较轻的蓄电池,也应每 2~3 个月进行一次过充电。

酸性蓄电池过充电的方法是在正常充电之后,停止充电 1 h,再改用正常充电率的一半电流充电,至冒气泡后停止 1 h 后再充,如此反复进行,直到充电装置刚一合闸蓄电池就发出强烈气泡为止。

(四) 蓄电池充放电状态的识别

1. 通常酸性蓄电池充电结束的标志是

电解液的比重上升为 1.275~1.31,或单个电池电压变化:

(1) 刚充电时电压即上升至 2.1 V;

(2) 随着充电时间的增长,电压缓缓增至 2.3 V;

(3) 再充电几个小时后,电压升至 2.6 V 左右基本维持不变,说明此时电池已充满电。

2. 酸性蓄电池放完电的标志是

电解液的比重下降至 1.13~1.18,或单个电池电压的变化:

（1）刚放电时电压即降至 2.0~1.95 V；

（2）随着放电时间的增加，电压缓缓降至 1.9 V；

（3）再放电时电压很快降至 1.8~1.7 V，说明此时电池已放完电。

三、蓄电池的维护与保养

1. 蓄电池维护保养要求

（1）每 7 天左右检查一次电压、电解液高度（高低液位线之间，或高于隔板以上 15 mm）及比重，并做好记录。如低于规定值应及时补充蒸馏水（普通蓄电池）、进行充电，然后清洁表面。

（2）不经常使用的蓄电池，每月至少检查一次，并进行补充电。

（3）蓄电池表面，每 3 个月进行一次彻底清洁，清洁时先用干净布擦除接头处的氧化物，然后再涂上牛油或凡士林、防止氧化。

2. 蓄电池维护保养注意事项

（1）注意保持蓄电池表面清洁，不要有油渍污垢在上面，决不允许在上面放置金属工具、物品，以防短路损坏蓄电池。

（2）保持极柱、夹头和铁质提手等处的清洁，如出现电腐蚀或氧化物等应及时擦拭干净，以保证导电的可靠性。平时应将这些零件表面涂上凡士林，防止锈蚀。

（3）平时注意盖好注液孔的上盖，以防船舶航行时电解液溢出，或海水进入到蓄电池里（普通蓄电池）。必须保持通气孔畅通。

（4）蓄电池放电终了，应及时按要求进行充电。

（5）蓄电池室内严禁烟火。

（6）保持蓄电池室通风良好。

第九章 高速船监控系统

监控系统是船舶自动化的重要组成部分,可以辅助操作人员监控船舶运行中各种设施设备运行参数变化情况,能够降低船舶营运成本、提高安全可靠性和经济效益。

第一节 高速船监控系统概述

高速船监控系统是通过各种传感器检测高速船机电设备运行状态及参数,并通过人机界面进行指示,一旦运行设备发生参数越限或故障,系统自动发出声、光报警信号。监控系统可即时反应当前设备的基本运行状况,参数及其他信息。

根据自动化程度不同,监控系统还有报警记录打印、参数和状态的定时或召唤打印以及参数的分组显示、闭锁报警、自检测试等功能,并把报警信号延伸到驾驶台。

高速船监控系统包括主机监控系统仪器、辅机监控系统仪器、舱室液位监控系统、全船火警监控系统仪器等。

一、监控系统常用的仪表仪器

1. 高速船监控系统参数类型

机舱中需要监视的参数可分两类:一类是开关量,另一类是模拟量。

(1)开关量

开关量是指只有两个状态的量。这两个状态通常表现为开关的断开和闭合。在船舶中,开关量可以反映设备的运行状态,系统被控参数是否超上、下限等。

(2)模拟量

模拟量是指连续变化的量,在船舶中,模拟量主要用来反映设备的具体参数大小,来判断设备的运行状态及性能。

2. 监控系统常用的仪表仪器

(1)检测装置

图 9-1-1 为常见开关量信号检测装置,如图 9-1-2 所示为常见模拟量信号检测装置。

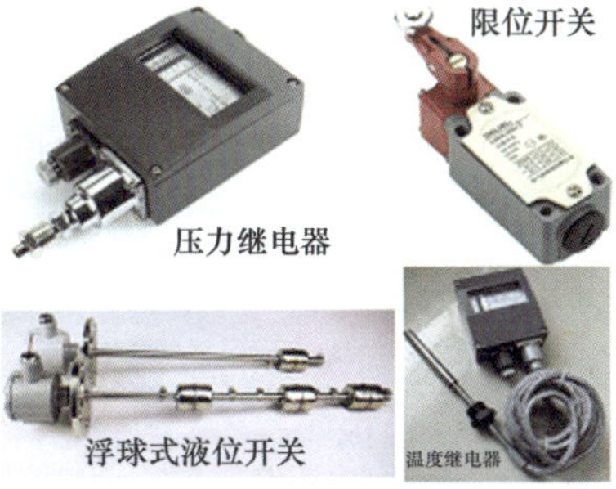

图 9-1-1 常见开关量信号检测装置

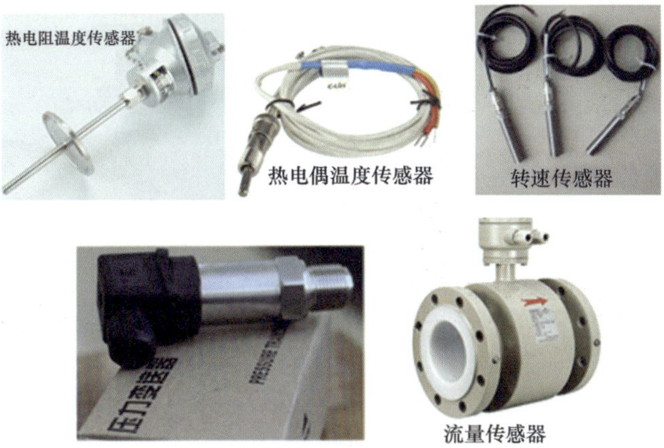

图 9-1-2 常见模拟量信号检测装置

(2)显示装置

参数显示是指通过模拟仪表、数字仪表或者计算机屏幕对所有监测点的运行参数进行显示,即模拟量显示。状态显示指的是反映设备运行状态的开关量显示,通常采用绿色指示灯表示系统或设备的正常运行,红色灯指示灯表示报警状态。对于采用计算机屏幕的系统,则还可以在屏幕界面中采用文本来进行状态显示。如图 9-1-3 所示为驾驶台船舶监控系统部分显示面板。

图 9-1-3 驾驶台船舶监控系统部分显示面板

二、监控系统检测功能

目前船舶监控系统都是采用微型计算机控制，按照扫描监测的方式，不断采集各个监测装置的状态和信息，并对其进行分时处理。

对于开关量参数主要包括设备是运行处于状态还是停止状态，设备是正常工作还是出现故障，阀门、水密门等是打开还是关闭，液位高位还是低位，压力在高限还是低限等。监控系统能对这些开关量进行显示，需要报警的则发出声光报警。

对于模拟量参数主要有主机、副机的燃油、滑油、冷却水、排气等系统的压力、温度相关参数，船舶舱室的液位、舱容等参数。监控系统应能对这些模拟量进行实时显示，如果参数超过预定的范围，则应发出越限声光报警。

如图 9-1-4 所示为船舶舱室监控界面，如图 9-1-5 所示为液位指示面板，如图 9-1-6 所示为副机监控界面，如图 9-1-7 所示为主机监控界面。

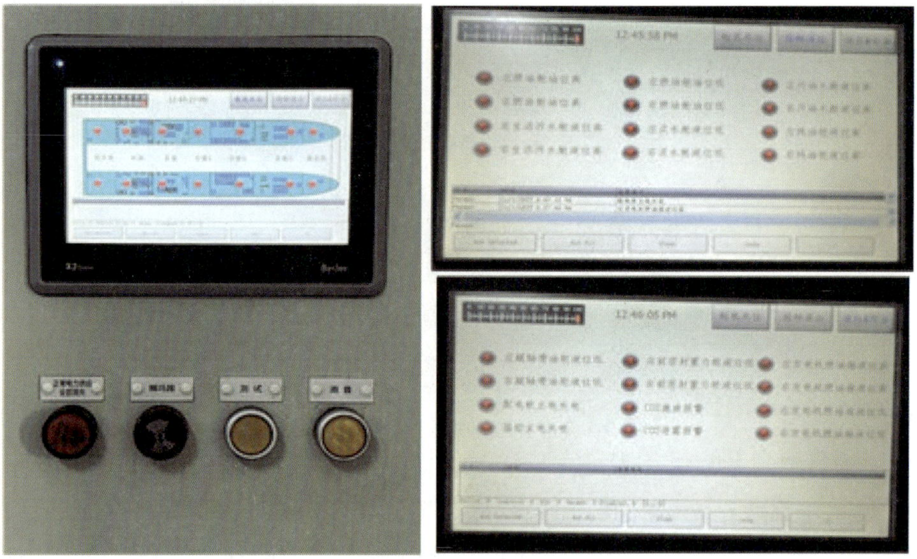

图 9-1-4　船舶舱室监控界面

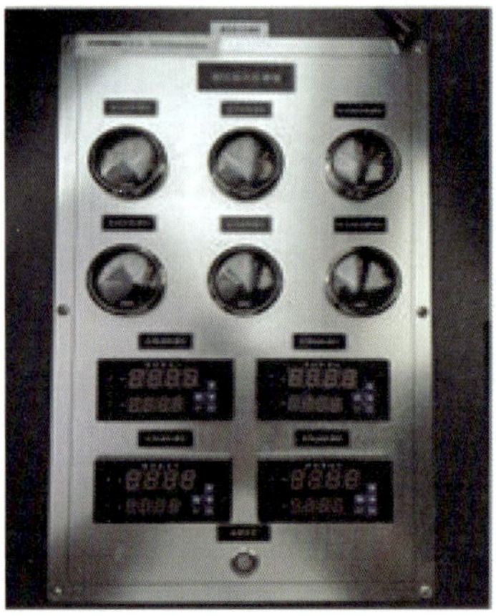

图 9-1-5　液位指示面板

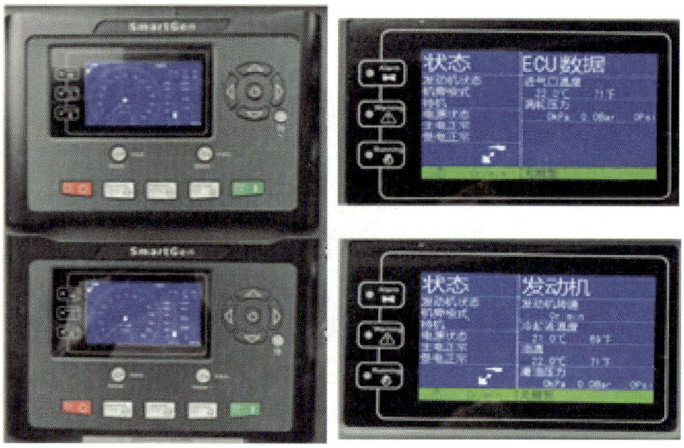

图 9-1-6　副机监控界面

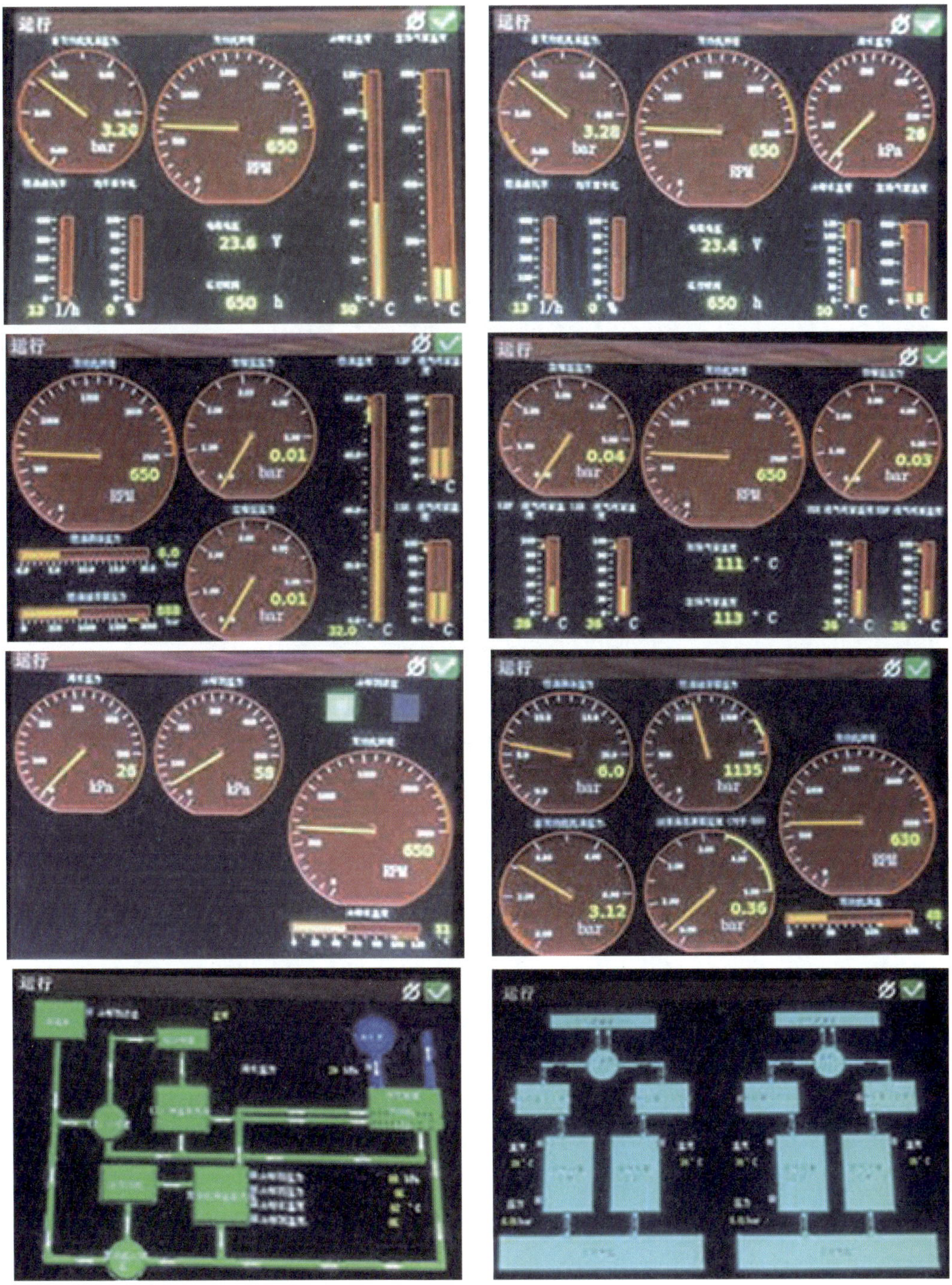
运行
3.28
bar
650
RPM
23.6 V
650 h
运行
3.28
bar
650
RPM
28
kPa
23.4 V
650 h
运行
650
RPM
0.01
bar
6.0
0.01
bar
32.0 °C
运行
0.04
bar
650
RPM
0.03
bar
111 °C
113 °C
运行
28
kPa
58
kPa
650
RPM
运行
6.0
bar
1135
bar
630
RPM
3.12
bar
0.36
bar
运行
运行

图 9-1-7　主机监控界面

三、监控系统的报警功能

1. 报警类型

(1)常规报警

大多数导致报警发生的原因均无法在报警发生之后自行消失,只有进行了相应的处理才能使状态恢复正常,这类报警称为常规报警或长时报警。

(2)短时报警

船舶机舱中有些比较重要的设备设置了备用机组,系统设备故障时会发出报警,备用设备将自动运行,系统运行参数在短时间内自动恢复正常,故障消失,这类报警称为短时报警。

2. 报警状态显示

船舶监控系统中,严重故障的报警光色一般采用红色,普通故障一般采用黄色。在显示界面中,一般参数或状态显示无底色,则表示没有报警;显示红底闪光,表示有报警没确认;红底平光,表示报警被确认但还存在报警。

3. 声光报警功能

声光报警是监控系统最根本的功能,在正常运行期间,监视与报警系统不会发出报警指示和声响报警。只要监测点的状态发生异常或者出现参数越限,则系统应立即发出声响报警,并且相应的报警指示灯(或屏幕文本字块)快速闪烁,指示报警内容,以便问题得到及时处理。报警系统应能对同时发生的所有故障发出报警信号。对某个故障的报警及应答不应妨碍对其他同时发生故障的报警及应答。报警信号应一直保持至得到应答。

对报警信号应答后,可消除听觉信号并改变视觉信号(如闪光转为平光等),视觉信号应保留到故障消除为止。故障消除后,报警装置应自动恢复到正常工作状态。

报警发生后,要求值班人员按消音按钮进行消音和报警确认(按确认按钮或点击闪烁文本)。对于常规报警,报警确认后,报警指示灯由闪烁转为平光(或者闪烁文本转为高亮)。当监视点状态或参数恢复正常时,报警指示消失,即报警灯熄灭(或者高亮消失)。

对于短时报警,系统也会立即发出声光报警,但往往由于监测状态在短时间内自动恢复正常,报警指示将由"快闪"转为"慢闪",但声响报警还将继续,直到按下消音按钮,声光指示消失。

4. 闭锁报警功能

闭锁报警就是根据动力设备不同的工作状态,封锁一些不必要的监视点报警。监控系统一般设置有自动闭锁和手动闭锁。

船舶在停港期间,由于主机处于停车状态,主机的冷却系统、燃油系统、滑油系统等均停止工作,与这些系统相关的参数都会出现异常。因此,监控系统会自动对与这些系统有关的监视点进行报警闭锁,即为自动闭锁报警。

在船舶营运过程中,因设备故障导致其状态在报警和正常之间反复切换,且短时不能排除,此时可以有操作人员手动对该报警信号进行闭锁,但后面值班人员应该加强巡视,对故障设备重点关注,防止故障恶化引起更严重故障,影响船舶安全。

5. 自检与测试功能

监控系统正常工作的前提是系统本身没有故障。为了确保监控系统本身的工作可靠性,对诸如输入通道、电源电压和保险丝等重要环节,应具有自动监测功能。出现异常时,系统将自动发出相应的系统故障报警。

在监控系统的控制面板上,一般都设有试灯按钮和功能测试按钮。按试灯按钮,所有指示灯都要亮,不亮的指示灯需要换新。按功能测试按钮,所有监视点均进入报警状态;否则,未报警的监视点表示相应监视通道有故障。测试功能可协助进行故障定位。

四、监控系统的安全保护功能

安全保护功能主要是为保护船舶发动机安全运行而特设的一个功能系统。船舶规范要求发动机应设有安全装置,以防止超速、润滑油失压、冷却介质断流和高温、运动部件故障和超负荷等。

发动机系统故障导致安全装置动作时,系统要有预先报警。但有完全断裂或爆炸系统的危险,安全装置要立即动作停机。安全装置一般还设有针对自动停车功能的越控装置,船舶操作人员要根据船舶实际情况,以船舶安全为首要目的,在保证船舶安全的前提下,执行停车动作。如果停车会影响船舶安全,操作人员可以通过越控装置实现安全保护功能的取消,不执行停车动作,但有完全破损或爆炸危险情况时,应立即执行停车动作。一般越控按钮应放置在保护罩内,以防止误操作。上述安全装置应定期进行试验,以确保保护功能正常。

第二节 高速船监控系统的维护与保养

高速船监控系统通常集监视、报警和控制于一体,无论是日常的操作还是管理维护,需要对船舶情况非常了解,并且具有一定的设备操作经验。在日常的管理和维护保养中,应从如下各方面着手。

1. 外观检查与维护保养

(1)日常做好各显示器、各报警单元等设备的除尘等清洁工作,使其处于良好的工作环境。

(2)定期对线路接线端子进行检查是否松动,并拧紧。

(3)定期检查备用电池充电情况,并根据电池的使用寿命及时更换。

2. 系统测试

(1)经常通过自检按钮检查各指示灯是否工作正常。

(2)定期采用自检功能检查系统本身线路、检测装置是否有故障,若有故障,及时修复。

第十章 高速船轮机管理

高速船轮机长应根据船舶实际配员情况，合理分工，做好机舱的日常管理和维护，并参与船舶应急工作。

第一节 高速船轮机部职责

一、轮机部职责

各公司根据高速船的实际情况，确定轮机部职责，总体而言，基本上应包括如下各个方面：

（1）负责全船机电设备的管理，确保机电设备的正常运行，保证设备的正常技术状况。

（2）负责编制机电设备年度和航次预防检修计划，并组织实施，负责厂修轮机工程的监修和质量把关。

（3）负责轮机部年度配件计划的上报及在船配件的维护保管。

（4）执行船舶防污染和“三废”处理的有关规定。

（5）发生事故、险情时，组织抢救，并及时报告船长和上级有关部门。

（6）负责轮机部图纸、技术文件、轮机日志、车钟记录和其他原始资料的记录、建档、检查和管理。

（7）贯彻执行上级颁布的有关船舶机务、安全生产管理方针、制度、技术标准、操作规程等，负责本部门 SMS 的运行、日常监控。

二、轮机部值班制度与值班职责

（一）轮机部值班制度

（1）值班人员应按规定准时上岗，坚守岗位，认真操作，未经允许不得擅自离岗。

（2）机舱值班人员应严格按照《安全操作规定》等有关规定进行操作，并定时对相关设备的运行状况进行检查。

（3）机舱值班人员应随时注意车钟信号，正确而迅速地执行驾驶台命令，对有主机遥控装置的船舶，必须注意警报信号。

（4）当机舱主要设备出现问题，必须减速或停车时，应立即通知驾驶台，经同意后，方可减速或停车，但若危及人身和主机安全时，可先停车，但必须以最快的方式，及时通知驾驶台。

（5）值班人员应加强检查，做到"四勤"，注意检查各运行设备的油、水压力及温度。

（6）运行中的机电设备每 2 h 检查 1 次；艉轴、舵机、空调、锅炉（如有）每小时检查一次，并在轮机日志上做好检查记录；各主要阀门，应急设备应每航行班检查一次，使之保持良好备用状态。

（7）轮机长应根据规定，在船舶驶经大桥、船闸、重要滩漕、进出港口时，下机舱检查、监班。

（8）值班人员应对掺混装置、加油装置、油管路进行检查，使之保持正常状态。

（9）值班人员应密切注意舱室、舱底积水，及时处理过多的积水。

（10）值班人员应着装整齐，不得穿背心、拖鞋进入机舱工作，不得做与值班无关的事，不得看书报、谈笑打闹等。

（11）应按要求记载轮机日志。

（12）要严格遵守《环境保护法》及主管机关的相关规定，认真做好油类及污水处理工作，防止水域污染，并按规定填写油污记录薄。

（二）轮机员的值班职责

1. 轮机员停泊值班岗位职责

（1）停泊值班时，轮机部必须有轮机员负责，值班轮机员是轮机部停泊值班负责人，有责任处理轮机部的有关事宜，并负责填写轮机日志，使机电设备处于适航状态。

（2）当开动有关机电设备时，应严格按照操作规程，注意工作参数是否正常。

（3）经常检查各电器设备及接岸电情况。

（4）经常检查管系、阀门的开关使用情况。

（5）根据领导的布置，进行维修保养作业及完成其他工作；

（6）验收供应船送来的燃、润料，装驳时，应在现场监督，防止溢出驳错。

（7）认真做好开航前的有关部门准备工作；

（8）保持机舱清洁，严格遵守防污染规定，防止污油污水排出船外。

2. 轮机员航行值班岗位职责

（1）航行值班时，轮机部必须有轮机员负责当班。

（2）加强巡回检查，做到勤听、勤看、勤摸、勤嗅，经常检查并正确调整使用中的机电设备，保证转速、压力、温度、电压、电流、油量及水量等工作参数正常。

（3）严格遵守操作规程，安全使用各机电设备，正确操作管理各水、电、油、气系统的阀门，驳运燃、润料。

（4）及时迅速地排除机电设备的故障，当无法排除时应立即报请轮机长下机舱指导解决，并同时报告值班驾驶员。

（5）如发现主、副机等有重大故障时，值班轮机员有权停车，同时报告驾驶员和轮机长。

（6）应经常保持燃油、滑油日用柜和空气瓶有足够的存量。

第二节 轮机部日常安全管理

高速船轮机部的安全管理工作应该遵循的法规有《国际高速船安全规则》《中华人民共和国海上交通安全法》《国际海上人命安全公约》《中华人民共和国高速客船安全管理规则》等法规要求，主要关注以下各方面内容：

（1）自动报警系统，配备时应处于工作状态并投入使用。

（2）灭火设备应定期试验，并随时可用。

（3）消防总管应随时可用，并定期进行压力试验。

（4）通风筒、进气口和水密门都应保持关闭。

（5）常用的救生设备，包括救生筏、救生衣和遇险信号应予以提供并便于使用。

（6）应急电源、应急发电机和（或）应急空气压缩机均应保持在工作状态并每周进行试验。

（7）舱底泵、滑油泵、强力风机等的遥控切断应在工作状况下进行检验和试验。

（8）对含有高速旋转部件的机器设备，其设计和安装应考虑到防止高能量碎片可能危及人员和船舶安全，应尽可能装设罩壳等防护设施。

（9）对于全垫升气垫船，应在空气螺旋桨的进风口处设置必要的防护装置，防止人员吸入桨内。

（10）蒸汽管、油管、水管、油柜和其他液体容器应避免设在配电板上方及后面。若不可避免时，则应有可靠的防护措施。

（11）所有遥控阀均应设有与遥控操纵机构无关的就地手动操纵装置，且使用手动装置进行启闭后，遥控系统的功能应不因此而受到影响。

（12）延伸至露天甲板的所有空气管开口，应装设有效而适当的自动关闭装置，以防在恶劣的气候条件下海水涌入船内。

（13）贮存易燃、易爆物品或可能积聚有毒气体、易爆气体的舱室，均应设有安全和有效的通风装置。

（14）当电气设备的外壳温度超过 80 ℃时，应加防护措施或在布置上予以安排，以防止工作人员偶然触及而灼伤。

附件 1
知识对照表

目录	理论考试大纲		评估大纲	
	船长和驾驶员	轮机长和轮机员	船长和驾驶员	轮机长和轮机员
第一章　高速船基本知识				
第一节　高速船的概念、类型和特点	1.1 高速船的概念、类型和等级 1.2 各类型高速船舶的操纵性能和航行特性	1.1 高速船的概念、类型和等级 1.5 高速船的特性		
第二节　高速船控制、操纵和推进系统概述	1.3 主推进动力装置的类型、结构和工作原理 1.4 高速船操纵系统的构成 1.7 船上所有推进和控制系统,包括通信和航行设备、操纵、电气、液压与气动系统,以及舱底泵和消防泵 1.8 控制、操纵和推进系统的故障模式和针对故障采取的正确措施	1.2 高速船所有推进和控制系统,包括通信和航行设备、操纵、电气、液压与气动系统,以及舱底泵和消防泵方面的知识 1.3 控制、操纵和推进系统的故障模式和针对故障采取的正确措施		
第三节　高速船操纵特性和限制的操纵条件	1.5 高速船操纵特性和限制的操纵条件	1.4 船舶的操纵特性和限制的操纵条件		

（续表）

目录	理论考试大纲		评估大纲	
	船长和驾驶员	轮机长和轮机员	船长和驾驶员	轮机长和轮机员
第四节　高速船安全管理法规	1.6 避碰相关法律法规	6.1 高速船相关安全法规		
第二章　高速船消防、救生和通信管理				
第一节　高速船消防管理		6.4 高速船消防系统、应急照明系统和有关救生规定	4.1 消防总布置图防火器具及系统的处所及使用	2.15 机舱消防系统的使用
第二节　高速船救生设备			4.2 救生设备的存放处所及使用 4.3 逃生应急出口的处所和作用	1.1 船舶救生设施，包括救生艇筏装置的位置与使用
第三节　高速船通信管理	2.2 驾驶台通信和航行程序 2.3 应急情况下通信联络的方法	5.2.1 驾驶室通信和航海程序		
第三章　高速船破损控制				
第一节　破损控制和水密完整性	3.1 完整浮力、水密及风雨密完整性的相关要求	5.2.2 完整与破舱稳性，以及破损情况下船舶的残存能力		
第二节　破损控制系统和设备			4.4 水密门的水密操作 5 破损控制体系与设备	1.2 破损控制设施和系统的位置和使用，包括水密门和舱底泵的操作
第三节　船上破损控制计划和组织	3.2 船上破损控制计划和组织			
第四章　高速船安全生产和管理				
第一节　高速船日常安全管理	4.1 高速船的日常管理			

（续表）

目录	理论考试大纲		评估大纲	
	船长和驾驶员	轮机长和轮机员	船长和驾驶员	轮机长和轮机员
第二节　高速船旅客管理	2.7 客船上的旅客的管理			
第三节　高速船货物作业与管理	2.5 货船上货物及车辆系固的知识	5.3 货物和车辆的存放系固系统	4.5 货船上的货物及车辆系固操作	
第四节　高速船应急管理	4.2 高速船的应急管理 2.1 应急情况下乘客撤离程序 2.4 客船上应急情况下与旅客联络的方法 2.6 船舶操纵和应急程序			
第五章　高速船的航行与操作				
第一节　驾驶台监控系统与助航仪器			1 驾驶台监控系统仪表的名称、功用 6 助航仪器的使用	
第二节　高速船操作			2 船舶操作	
第三节　航行与风险控制			3 航行及风险控制	
第六章　高速船动力装置				
第一节　高速船推进装置		2.1 主机的类型和特点 2.2 推进装置的组成和原理		
第二节　舵系统		2.3 舵的类型、特性、组成和工作原理		
第三节　减速齿轮箱		2.4 减速齿轮箱的类型和工作原理		

（续表）

目录	理论考试大纲		评估大纲	
	船长和驾驶员	轮机长和轮机员	船长和驾驶员	轮机长和轮机员
第四节　高速船提升（防浪）装置		2.5 船舶首尾提升（防浪）装置的结构和基本原理		
第五节　轮机自动化		2.6 轮机自动化		
第六节　动力装置的操作与维护保养		2.7 高速船动力装置的维护与保养 2.8 合理储备燃油		2.6 主推进动力装置的起动条件、起动方法及运行管理
第七章　轮机操纵系统				
第一节　轮机操纵系统的工作原理		3.1 起动、停车系统工作原理 3.2 调速系统工作原理 3.3 换向系统工作原理 3.9 备用操纵系统的组成、工作原理 3.10 轮机操纵系统定期维护与保养		2.7 主机正常起动和应急起动操作 2.8 主机紧急停车和重新起动的操作
第二节　操舵系统		3.4 操舵系统 3.5 操纵方式转换条件与转换程序		2.13 应急舵的使用和管理 2.14 舵机的使用和管理
第三节　高速船应急系统		3.6 高速船应急系统		
第四节　机舱集中控制与驾驶台遥控		3.7 机舱集中控制与驾驶台遥控相互转换条件及工作原理 3.8 驾驶台对主辅机等设备运转的监控要求		2.1 驾驶台轮机操纵系统的按钮和功用 2.2 驾驶台驾驶操纵系统的按钮和功用 2.4 机舱操纵系统按钮、操纵手柄的功用以及声光报警时的处理 2.9 驾驶台/机舱操纵方式转换的程序

（续表）

目录	理论考试大纲		评估大纲	
	船长和驾驶员	轮机长和轮机员	船长和驾驶员	轮机长和轮机员
第八章　高速船电力系统				
第一节　高速船电力系统概述		4.1 操纵系统的主工作电路 4.2 操纵系统的应急电路 4.4 操纵电路系统的维护保养 4.3 高速船供配电组成及岸电管理		2.10 操纵系统电源供电操作程序 2.11 操纵系统应急电源供电的操作程序
第二节　高速船电力系统操作与维护				
第三节　岸电供电操作				2.12 岸电供电操作程序及蓄电池管理
第四节　船用蓄电池				
第九章　高速船监控系统				
第一节　高速船监控系统概述		5.1 高速船监控系统（5.1.1-5.1.4）		2.3 驾驶台机电设备监控系统仪表、仪器的功用以及声光报警的处理 2.5 机舱机电设备监控系统仪表、仪器的功用以及声光报警的处理
第二节　高速船监控系统的维护与保养		5.1.5 高速船监控系统的维护与保养		
第十章　高速船轮机管理				
第一节　高速船轮机部职责		6.2 轮机部职责		
第二节　轮机部日常安全管理		6.3 轮机部日常管理		

附件 2
中华人民共和国高速客船安全管理规则

（2006 年 2 月 24 日交通部发布　根据 2017 年 5 月 23 日交通运输部《关于修改〈中华人民共和国高速客船安全管理规则〉的决定》第一次修正根据 2022 年 7 月 8 日交通运输部《关于修改〈中华人民共和国高速客船安全管理规则〉的决定》第二次修正）

第一章　总则

第一条　为加强对高速客船的安全监督管理，维护水上交通秩序，保障人命财产安全，依据《中华人民共和国海上交通安全法》《中华人民共和国内河交通安全管理条例》等有关法律和行政法规，制定本规则。

第二条　本规则适用于在中华人民共和国通航水域航行、停泊和从事相关活动的高速客船及船舶所有人、经营人和相关人员。

第三条　中华人民共和国海事局是实施本规则的主管机关。

各海事管理机构负责在本辖区内实施本规则。

第二章　船公司

第四条　经营高速客船的船公司应依法取得相应的经营资质。

第五条　船公司从境外购置或光租的二手外国籍高速客船应满足《老旧运输船舶管理规定》的要求。

第六条　船公司在高速客船开始营运前，应编制下列资料：

（一）航线运行手册；

（二）船舶操作手册；

（三）船舶维修及保养手册；

（四）培训手册；

（五）安全营运承诺书。

上述各项手册所应包含的内容由主管机关确定。安全营运承诺书应包括船舶名称，船舶所有人、经营人或者管理人，营运水域或者航线等信息，并承诺依法合规安全营运。

船公司应将拟投入营运的高速客船在取得船舶国籍登记证书 7 日内，向主要营运地的海事管理机构备案，并附送本条第一款所列材料。

第七条　海事管理机构收到高速客船备案材料后，对材料齐全且符合要求的，应当向社会公布已备案的高速客船名单和相关信息并及时更新,便于社会查询和监督。

对材料不全或者不符合要求的,海事管理机构应当场或者自收到备案材料之日起5日内一次性书面通知备案人需要补充的全部内容。

第八条　高速客船备案事项发生变化的,应当向原办理备案的海事管理机构办理备案变更。

高速客船终止经营的,应当在终止经营之日30日前告知主要营运地的海事管理机构。

第九条　经营高速客船的船公司应当建立适合高速客船营运特点的安全管理制度,包括为防止船员疲劳的船员休息制度。

第三章　船舶

第十条　高速客船须经船舶检验合格,并办理船舶登记手续,持有有效的船舶证书。

第十一条　高速客船应随船携带最新的适合于本船的航线运行手册、船舶操作手册、船舶维修及保养手册和培训手册。

第十二条　高速客船必须按规定要求配备号灯、号型、声响信号、无线电通信设备、消防设备、救生设备和应急设备等。高速客船上所有的设备和设施均应处于完好备用状态。

第四章　船员

第十三条　在高速客船任职的船员应符合下列要求:

(一)经主管机关认可的基本安全培训并取得培训合格证,其中船长、驾驶员、轮机长、轮机员以及被指定为负有安全操作和旅客安全职责的普通船员还必须通过主管机关认可的特殊培训并取得特殊培训合格证。

(二)船长、驾驶员、轮机长、轮机员按规定持有相应的职务适任证书。

(三)取得高速客船船员职务适任证书者,在正式任职前见习航行时间不少于10 h和20个单航次。

(四)男性船长、驾驶员的年龄不超过60周岁,女性船长、驾驶员的年龄不超过55周岁。

在非高速客船上任职的船员申请高速客船船长、大副、轮机长职务适任证书时的年龄不超过45周岁。

(五)船长、驾驶员的健康状况,尤其是视力、听力和口语表达能力应符合相应的要求。

第十四条　主管机关授权的海事管理机构负责高速客船船员的培训管理和考试、发证工作。有关培训、考试、发证的规定由主管机关颁布实施。

第十五条　高速客船应向办理船舶登记手续的海事管理机构申领最低安全配员证书。高速客船的最低配员标准应满足本规则附录的要求。

第十六条　高速客船驾驶人员连续驾驶值班时间不得超过2个小时,两次驾驶值班之间应有足够的间隔休息时间,具体由当地海事管理机构确定。

第五章　航行安全

第十七条　高速客船航行时应使用安全航速,以防止发生碰撞和浪损。高速客船进出港口及航经特殊航段时,应遵守当地海事管理机构有关航速的规定。

高速客船在航时,须显示黄色闪光灯。

第十八条　高速客船在航时，值班船员必须在各自岗位上严格按职责要求做好安全航行工作。驾驶台负责瞭望的人员必须保持正规的瞭望。无关人员禁止进入驾驶台。

第十九条　高速客船在港口及内河通航水域航行时，应主动让清所有非高速船舶。高速客船在海上航行及高速客船与其他高速船舶之间避让时，应按避碰规则的规定采取措施。高速客船在特殊航段航行时，应遵守海事管理机构公布的特别航行规定。

第二十条　海事管理机构认为必要时可为高速客船推荐或指定航路。高速客船必须遵守海事管理机构有关航路的规定。

第二十一条　遇有恶劣天气或能见度不良时，海事管理机构可建议高速客船停航。

第二十二条　高速客船应按规定的乘客定额载客，禁止超载。高速客船禁止在未经批准的站、点上下旅客。

第六章　安全保障

第二十三条　高速客船应靠泊符合下列条件的码头：

(一)满足船舶安全靠泊的基本要求；

(二)高速客船靠泊时不易对他船造成浪损；

(三)避开港口通航密集区和狭窄航段；

(四)上下旅客设施符合安全条件；

(五)夜间有足够的照明；

(六)冬季有采取防冻防滑的安全保护措施。

第二十四条　海事管理机构应当定期公布符合上述条件的码头，督促高速客船在符合条件的码头靠泊，并落实各项安全管理措施。

第二十五条　高速客船对旅客携带物品应有尺度和数量限制，旅客的行李物品不得堵塞通道。严禁高速客船载运或旅客携带危险物品。

第二十六条　高速客船应每周进行一次应急消防演习和应急撤离演习，并做好演习记录；每次开航前，应向旅客讲解有关安全须知。

第二十七条　高速客船应建立开航前安全自查制度，制定开航前安全自查表并进行对照检查，海事管理机构可对开航前安全自查表进行监督抽查。

第二十八条　高速客船应当按规定办理进出港口手续。国内航行的高速客船应当按规定办理进出港报告手续。国际航行的高速客船可申请不超过 7 天的定期进出口岸许可证。

高速客船不得夜航。但航行特殊水域的高速客船确需夜航的，应当向当地海事管理机构申请船舶进出港口许可，经批准后方可夜航。

第二十九条　高速客船及人员遇险，应采取措施积极自救，同时立即向就近水上搜救中心报告。

第七章　法律责任

第三十条　违反本规则的，由海事管理机构依照有关法律、行政法规以及交通运输部的有关规定进行处罚。

第三十一条　高速客船违反本规则经海事管理机构处罚仍不改正的，海事管理机构可责令其停航。

第三十二条　海事管理机构工作人员违反规定，滥用职权，玩忽职守，给人民生命财产造成损失的，由所在单位或上级主管机关给予行政处分；构成犯罪的，依法追究其刑事责任。

第八章　附则

第三十三条　本规则所述“高速客船”系指载客 12 人以上，最大航速（米/秒）等于或大于以下数值的船舶：$3.7\nabla^{0.1667}$，式中“∇”系指对应设计水线的排水体积（米^3）。但不包括在非排水状态下船体由地效应产生的气动升力完全支承在水面上的船舶。

本规则所述“船公司”系指船舶所有人、经营人或者管理人以及其他已从船舶所有人处接受船舶的营运责任并承担船舶安全与防污染管理的所有义务和责任的组织。

第三十四条　外国籍高速客船不适用本规则第二、三、四章的规定，但应满足船旗国主管当局的要求。

第三十五条　本规则未尽事宜，按国家其他有关法规和我国加入的国际公约执行。

第三十六条　本规则自 2006 年 6 月 1 日起施行。交通部 1996 年 12 月 24 日发布的《中华人民共和国高速客船安全管理规则》（交通部令 1996 年第 13 号）同时废止。

附：高速客船最低安全配员

一、沿海及国际航线

安全配员	$P<200$ 人	$P\geq200$ 人
$T<2H$	船长 1 人 轮机长 1 人 驾驶员 1 人 轮机员 1 人 普通船员 1 人	船长 1 人 轮机长 1 人 驾驶员 1 人 轮机员 1 人 普通船员 2 人
$2H\leq T<4H$	船长 1 人 轮机长 1 人 驾驶员 1 人 轮机员 1 人 普通船员 2 人	船长 1 人 轮机长 1 人 驾驶员 1 人 轮机员 1 人 普通船员 3 人
$T\geq4H$	船长 1 人 轮机长 1 人 驾驶员 2 人 轮机员 1 人 普通船员 2 人	船长 1 人 轮机长 1 人 驾驶员 2 人 轮机员 1 人 普通船员 3 人

注：1. 普通船员中应至少有 1 人为水手。

2. 客运部和无线电人员的配员参照《中华人民共和国船舶最低安全配员规则》的海船最低安全配员表进行核定。

3. T——单航次航行时间；P——载客定额；H——小时。

二、内河航线

安全配员	$P<200$ 人	$P\geq200$ 人
$T<2H$	船长 1 人 轮机员 1 人 驾驶员 1 人	船长 1 人 轮机长 1 人 驾驶员 1 人 普通船员 1 人
$2H\leq T<4H$	船长 1 人 轮机长 1 人 驾驶员 1 人 普通船员 1 人	船长 1 人 轮机长 1 人 驾驶员 1 人 普通船员 2 人

（续表）

安全配员	$P<200$ 人	$P \geqslant 200$ 人
$T \geqslant 4H$	船长 1 人 轮机长 1 人 驾驶员 2 人 轮机员 1 人 普通船员 2 人	船长 1 人 轮机长 1 人 驾驶员 2 人 轮机员 1 人 普通船员 2 人 *F*

注：1. 普通船员中应至少有 1 人为水手。

2. 客运部人员的配员参照《中华人民共和国船舶最低安全配员规则》的内河船舶最低安全配员表进行核定。

3. T——单航次航行时间；P——载客定额；H——小时。

附件 3
内河高速客船安全航行技术条件(节选)

(GB 40557—2021,2022 年 3 月 1 日实施)

4　基本要求

4.1　高速客船应经船舶检验合格,并办理船舶登记手续,持有有效的船舶证书。

4.2　船长、驾驶员和轮机员应持有有效的内河船舶船员适任证书和内河客船船员特殊培训合格证、内河高速船船员特殊培训合格证上岗。

4.3　其他在船上以任何职业从事或参加船舶业务的工作人员应通过海事管理机构要求或认可的业务培训,掌握和具备安全管理、紧急应变等方面的常识及技能。

4.4　高速客船航行应满足船舶检验机构核定的航区、抗风等级要求,并遵守当地水上交通运输主管部门发布的安全航行限制规定。

4.5　高速客船每次开航前应对重要部位及设备进行自查,并按照附录 A 的要求填写开航前安全检查表,确保其处于适航状态。

4.6　高速客船应实施船舶进出港报告制度。在预计离港或抵港前应向离港或抵港的海事管理机构报告进出港信息;在固定航线每天多次往返航行且单次航程不超过 2 h 的,应每天至少报告一次进出港信息;夜航的高速客船应按航次报告进出港信息。

4.7　高速客船进出港报告信息应包括:

a)船长开航前声明,船长声明包括但不限于附录 B 的要求;

b)航次动态;

c)在船人员信息;

d)客货载运信息;

e)拟抵离时间和地点;

f)其他需要报告的信息。

4.8　高速客船开航前应对乘客进行安全告知,至少包括但不限于以下内容:

a)救生设备位置和使用方法;

b)应急出口、疏散路线及集合地点;

c)水上求生方法。

5　船舶操纵

5.1　水翼船

5.1.1　航行状态操纵

5.1.1.1　排水状态操纵

水翼船在排水状态应充分考虑水翼装置对船舶操纵带来的影响。

5.1.1.2　过渡状态操纵

5.1.1.2.1　加速之前应确认载荷均衡、横倾角不大于本船允许值；当横倾角大于允许值时，用小舵角平缓地向倾侧一舷操舵直至达到要求，未消除到允许横倾角之前不应进入翼航状态。

5.1.1.2.2　不应延长进入翼航的时间。如果船舶无法按正常时间过渡到翼航状态，在查清原因及排除故障之前不应继续向翼航状态过渡。

5.1.1.2.3　船舶加速时宜尽可能保持直航，在进入翼航状态的过程中，不应急速回转或操急舵；如需急速改变航向，应减速使船舶转为排水状态后再操舵。

5.1.1.3　翼航状态操纵

5.1.1.3.1　不应大角度回转，以防止稳性不足造成船舶倾覆。

5.1.1.3.2　避免在横浪中翼航，如果波浪使翼航受到限制，应及时调整航向。

5.1.1.3.3　当船尾出现明显的“八”字形波，并伴有航速下降和主机过载等现象时，应立即减速，检查水翼或其立柱是否挂有异物。如有异物，应由翼航状态转为排水状态，并采取有效措施解脱异物，未清除异物前不应翼航；如无异物，应查明原因并及时排除，排除前不应翼航。

5.1.1.3.4　与其他船舶会遇或通过水上设施时，应保持安全距离，在船行波大的情况下，应选用对其他船舶或水上设施不构成危害的状态航行。

5.1.1.3.5　应根据越浪能力选择适当的航速，以避免船体与水面发生严重拍击。

5.1.1.3.6　当波高达到翼航最大允许值时，应立即转为排水状态航行。

5.1.2　靠、离泊及锚泊操纵

5.1.2.1　船舶驶靠泊位时，应根据船舶吨级、尺度、操纵性、当时通航环境条件转为排水状态航行，并检查遥控操纵装置的有效性。

5.1.2.2　驶离泊位时，船舶与泊位间应留有 1.0~1.5 m 距离，不应以护舷材作为支点驶离泊位。

5.1.2.3　船舶航行中需应急抛锚时，应立即向主管机关报告，并按指定区域锚泊。

5.2　气垫船

5.2.1　侧壁气垫船操纵

5.2.1.1　船舶驶离泊位时，主机应在低速工况下运行，驶出适当距离后再逐步提高到额定转速；空载航行时，应通过调整浮态来保证船舶垫航稳定性。

5.2.1.2　改变航向时，如遇大风天气且主机以低速运转，应防止掉头时船舶受风侧漂。

5.2.1.3　通过浅滩，应提前确认有足够的水深并快速通过。

5.2.1.4　通过有漂流物的航道时，应防止漂流物阻缠推进器；当推进器处有异物时，应立即停车并予以清除。

5.2.2 全垫升气垫船操纵

5.2.2.1 船舶在垫升状态时不应有明显的横倾、纵倾。

5.2.2.2 在正常起飞及航行中,应平稳变速。

5.2.2.3 航行中应密切注意船舶航行状态变化;在顺风航行或高速航行的情况下,若发现船舶有纵向失稳或埋舷时,应采取降速、转移人员或调整压载的方法予以调整。

5.2.2.4 回转时应降低航速,不应全速满舵回转。

5.2.2.5 在大风中掉头时,应防止船舶受风侧漂。

5.2.2.6 高速航行时不应突然关停主机造成迫降,防止围裙受损。在水面上需紧急制动时,应将主机转速降低并使船舶转为半垫升或排水状态。

5.2.2.7 通过船舶密集水域时,应降低航速使船舶处于低飞高或半垫升状态。

5.2.2.8 通过障碍、沟壑或在滩上、冰上航行时,应减速。

5.3 滑行艇

5.3.1 在航行中应平稳变速。

5.3.2 不应全速满舵回转。

5.3.3 大风中顶风航行,不应横向受风航行。航行中应调整航速和航向,以减轻船体受风浪冲击。

5.3.4 在波高接近本船允许极限值时,应减速行驶。

5.3.5 船舶颠簸严重时,应留足富余水深,谨慎驾驶,防止船舶触浅。

5.4 双体船

5.4.1 航行中应使用安全航速,在全速航行时不应使用满舵回转。

5.4.2 考虑到高速航行时兴波带来的影响,通过狭窄水域、要求减速河段或接近他船时,应适当减速,并保持安全距离通过,防止船吸或浪损而导致事故。

5.4.3 喷水推进的船舶,在靠离码头或需要减速的情况下,应充分考虑舵效降低对操纵的影响。

5.4.4 当机器发生故障需要单机航行时,继续运转的主机不应开全速,应严格控制主机转速,确保主机的排温、水温等主要参数不超过正常值。

5.4.5 大风浪中航行,应根据可航水域实际情况及时调整航速和航向,以减轻船体受风浪冲击。

6 航行与避碰

6.1 高速客船应在规定或推荐航路内航行。

6.2 高速客船应按内河助航标志指示的信息航行,当助航标志损坏、失常,无法确保安全航行时,应减速行驶或停航。

6.3 航道水深不能满足船舶航行要求时应停航。

6.4 航道中有碍航物时,船舶应减速、绕避。

6.5 在非明水期内,除全垫升式气垫船外,其他类型的高速客船均应停航。

6.6 高速客船遭遇恶劣天气危及航行安全时,应果断采取安全措施,立即向当地海事管理机构报告,并及时向附近船舶进行通报。

6.7 高速客船未经批准不应夜航。

6.8 高速客船航行中,如推进系统受损,未修复前不应航行。

6.9　驾驶人员应保持正规瞭望，使用安全航速航行，谨慎驾驶；并随时注意周围环境和来船动态。与非高速客船相遇时，及早表明避让意图，采取有效的避让行动，直至驶过让清。

6.10　高速客船与高速客船相遇，存在碰撞危险时，应及早使用有效手段，统一避让意图，按照避碰规则要求进行避让；本船船行波较大的情况下，应主动减速航行。

6.11　能见度不良时，应加强瞭望，按规定鸣放声响信号，并使用甚高频无线电话、雷达、船舶自动识别系统（AIS）等设备确定来船动态，明确避让意图，及早采取避让措施。

7　船员与值班

7.1　船员适任条件

7.1.1　船长、驾驶员应全面熟悉拟任职船舶技术性能和操纵性能。

7.1.2　船长、驾驶员应熟悉航道、抵离港口和泊位设施情况，以及当地海事管理机构对高速客船的要求。

7.1.3　船长、驾驶员应掌握恶劣天气下和特殊航段船舶操纵的有关知识和技能。

7.1.4　所有船员应熟悉应急计划，具备能够及时处理遇到紧急情况和自救的能力。

7.2　船员值班

7.2.1　高速客船驾驶人员连续驾驶值班时间不应超过 2 h，两次驾驶值班之间应有足够的休息时间；高速客船连续航行超过 2 h，应由 2 个驾驶人员互相替代驾驶船舶。

7.2.2　船舶停泊时应留有足以保证船舶安全的船员值班，确保满足应对可能发生的紧急情况的需要。

8　乘客行李与携带物品

8.1　高速客船对乘客行李或携带物品应有尺寸和重量限制。每位乘客随身携带的行李或物品总体积不应超过 0.3 m^3；每一件自带行李，重量不应超过 20 kg，体积不应超过 0.2 m^3，长度不应超过 1.5 m（杆形物品 2 m），残疾乘客乘船，另可随身携带自用的残疾人专用车一辆。

8.2　乘客行李或携带物品不应堵塞通道，高速客船应根据船舶及乘客情况，指定乘客行李存放处所，并加强看管，防止乘客行李或携带物品在船上无序堆放。

8.3　全部乘客登船后，乘务员应检查行李或携带物品是否放置妥当并系固完好，发现行李或物品阻挡通道，应及时妥善处置。

8.4　下列物品不应携带上船：

a）违禁品或易燃、易爆、有毒、有腐蚀性、有放射性以及有可能危及船上人身和财产安全的其他危险品；

b）各种有臭味、恶腥味的物品；

c）其他限制运输的物品。

附录A

高速客船开航前安全检查表

船名:__________ 港口:__________ 下一港:__________

序号	检查项目及要求	检查结果		
		是	否	不适用
驾驶台				
1	船舶证书、文书、图书资料、船员证书是否齐全有效	□	□	□
2	船舶配员是否满足最低配员要求	□	□	□
3	导助航、通信设备是否状态良好、工作正常	□	□	□
4	号灯、号型、声响信号等是否功能良好	□	□	□
5	船舶自动识别系统(AIS)是否工作正常,是否及时更新船舶动态参数	□	□	□
6	是否完成离港前保安检查	□	□	□
救生、消防部分				
7	救生(助)艇、救生筏及其属具是否配备齐全,登乘装置、应急照明状态是否良好	□	□	□
8	个人救生设备(救生圈、救生衣、浸水保温服等)是否配备齐全,状态是否良好	□	□	□
9	探火和报警装置(驾驶台、机舱、控制室等)状态是否良好	□	□	□
10	主、应急消防泵及其管系状况是否良好	□	□	□
11	固定式、移动式灭火装置、个人消防装备状况是否良好	□	□	□
12	防火分隔、防火门、防火挡板、速闭阀等装置状况是否良好	□	□	□
甲板部分				
13	船体及甲板结构是否良好	□	□	□
14	风雨密和水密装置、设备、设施状况是否良好	□	□	□
15	乘客行李及携带物品绑扎、系固是否牢固,放置位置是否合理	□	□	□
16	系泊设备状态是否良好	□	□	□
17	载重线和水尺标识是否清晰	□	□	□

（续表）

序号	检查项目及要求	检查结果		
		是	否	不适用
18	船舶是否处于超载状态	□	□	□
机舱部分				
19	船舶是否满足港口所在地有关管理机构关于恶劣天气限制开航的要求	□	□	□
20	主电源和应急电源是否正常	□	□	□
21	操舵装置工作状态是否良好	□	□	□
其他				
22	船舶是否满足港口所在地管理机构关于恶劣天气限制开航的要求	□	□	□
23	实载乘客数是否符合乘客定额要求	□	□	□
24	客舱旅客通道是否顺畅	□	□	□
25	是否在每次开航前向旅客讲解有关安全须知	□	□	□
26	是否按规定控制载荷分布采取措施防止乘客行李及携带物品移位	□	□	□
27	航道、气象、水文条件是否影响到航行安全(风力是否低于船舶抗风等级、能见度是否影响航行安全、水位是否未超过停航封渡水位线)	□	□	□
28	渡运水域水位线超警戒水位线但未到停航封渡水位线的,载客、货量是否木超过核定的乘客定额和载重量的 80%	□	□	□
29	船内公共广播系统和船内对讲系统是否正常	□	□	□

填表要求：

1. 船舶在进行自查时根据本船实际情况在“是”“否”“不适用”相应的项目下方的方框中划“√”。

2. 本自查表内每一项要求均包含多项内容,如果选择“是”则表示该要求的所有方面均符合要求,有一项不符合 则选择“否”。

3. 对选择“否”的项目,要在“航海日志”或“轮机日志”中准确记载所存在的问题,并及时进行整改。

船长签名：__________　　　　日期：__________

附录 B

高速客船船长开航前声明

____________海事局(处)

____________轮于______年______月______时在____________码头/泊位装载乘客______人,载货______吨,开往____________港。

兹声明如下:

□船舶载客未超乘客定额;

□船舶救生、消防设施设备满足要求,随时可用,船舶处于适航状态;

□船舶船员满足《船舶最低安全配员证书》的要求,船员适任证书和特殊培训证书齐全有效,船员适任;

□《船舶签证申请单》所填船员名单与实际船员一致;

□驾引人员熟悉本航次航道变化情况,熟悉相关操作技能;

□已对船舶可能发生的紧急情况进行了标明,制订了船舶应急响应措施和应急训练演习计划,并按计划组织开展了应急训练和演习;

□遇大风、大雾等恶劣天气不冒险航行,不抢航;

□未夹带危险货物;

□油污水及生活垃圾已妥善处理;

□已按规定留足富余水深;

□本航次已采取措施控制船舶水面实际高度与航经跨河建筑物之间留有足够的富余高度。

__________轮船长(签名)

______年______月______日(船章)

参考文献

[1] 中国海事服务中心. 高速船操作与管理[M]. 北京:人民交通出版社,2015.

[2] 中国海事服务中心. 高速船特殊培训知识更新[M]. 大连:大连海事大学出版社,2017.

[3] 刘明桂. 海上危机管理. 2 版. [M]. 北京:人民交通出版社,2013.

[4] 吴晓光, 吴启锐. 高速船快速性[M]. 北京:国防工业出版社,2015.